Deutschbuch

Arbeitsheft

Lösungen

6

Cornelsen

220001747

Wissenschaftlich arbeiten – Referat und Facharbeit

Seite 4–8

1 Richtig ist Antwort B.

2 a Mögliche Schlagwörter (thematischer Schwerpunkt „Heimatlosigkeit im Leben und Werk Mascha Kalékos"): Mascha Kalé-ko, Neue Sachlichkeit, galizischen, jüdisch, Pogrom, Berlin, emigrierte, Vereinigten Staaten von Amerika, Heimweh, Jerusa-lem, isoliert, einsam

b **Internetlinks:** unter „Weblinks"; **Angaben zur Herkunft der Informationen (Quellen):** unter „Einzelnachweis"; **weiterfüh-rende Literaturhinweise:** unter „Literatur"

3 (Hinweis: Position und Reihenfolge der Einträge/Buttons hängen vom verwendeten Browser ab.)
a Die Schlagwörter stehen ganz oben in der URL-Zeile: „Kaléko" und „Heimweh".
b Der Button, mit dem man Bilder suchen kann, befindet sich in der zweiten Zeile an der vierten Stelle. Der Suchzeitraum befindet sich in der Zeile darunter (Letztes Jahr ▼: „1. Januar 2005 bis 31. Dezember 2015").
c Zeilen in grüner Schrift = L, Zeilen in blauer Schrift = A, schwarze Textzeilen unten = T, Datum (vor Textblock links) = D

4 a Die Informationen in den wiedergegebenen Textauszügen erscheinen auf den ersten Blick seriös, aber die Adressen der Websites enthalten keinen Hinweis auf eine zuverlässige Organisation, von der die Inhalte stammen (keine Zeitung, Zeit-schrift, wissenschaftliche Einrichtung oder dergleichen). Die Informationen müssen auf jeden Fall weiter geprüft werden, z. B. durch Abgleich mit anderen Informationen auf einer seriösen Internetseite.
b Die Zuverlässigkeit der Informationen kann man weiter prüfen, indem man schaut, ob diese auch auf anderen Internet-seiten genannt werden. Außerdem könnte man herausfinden, ob der Autor der Texte ein Experte auf seinem Gebiet ist.

5 Mögliche weitere Funde zu den Schlagwörtern „Kaléko" und „Heimweh" können nach folgendem Muster notiert werden:

Bibliografische Angaben	Notizen
Toka Paulsen: Mascha Kaléko: Ich habe Heimweh, aber wonach? http://example.net/nie_vergessen/?p=5617 (aufgerufen 2. 4. 2016)	Überblick über die Biografie mit Zitaten von Kaléko
Herta Grüber: Fremde in der Heimat – Blick auf Deutschland http://www.example.com/dla/museum/literaturvermittlung/mascha_kaleko_online/ fremde_in_der_heimat_blick_auf_deutschland/index.html (aufgerufen 2. 4. 2016)	kurzer biografischer Überblick, Postkarte von Kaléko, Links zu drei Gedichten

6 a (Es empfiehlt sich, die Informationen zu Kalékos Leben und Werk in verschiedenen Farben zu markieren. Ggf. kann man auch noch verschiedene Farben für verschiedene Lebensphasen [Deutschland, Exil, nach dem Exil] nutzen.)
Mögliche Markierungen:

Leben: M1:	von der Heimatlosigkeit geprägt, vom Leiden an der Unzugehörigkeit (Z. 1) – In Deutschland eine polnische Jüdin, in Israel eine deutsche Jüdin, in Amerika eine unbelehrbare Europäerin. (Z. 2–3) – 1938 emigriert Mascha Kaléko nach Amerika (Z. 14) – Israel (Z. 14) – überall einsam, überall unglücklich (Z. 15)
M2:	von Galizien nach Frankfurt am Main ausgewandert (Z. 1) – Übersiedlung nach Marburg (Z. 3) – 1918 Berlin (Z. 3) – Gefühlen der Heimatlosigkeit, Verlassenheit und Vaterlosigkeit (Z. 4)
M3:	in New York kreist ihr Denken um Berlin (Z. 1) – vergebliche Versuche einer Annäherung an Berlin (Z. 8)
Werk: M1:	Gedicht „Die frühen Jahre" (Z. 3) – Sie dichtete ihr Leben, und sie lebte ihre Dichtung. (Z. 7) – „Zur Heimat erkor ich mir die Liebe". (Z. 8) – „Ich bin ein Blatt, zu früh vom Baum gerissen. / Ob alle Liebenden so einsam sind?" (Z. 9–10) – „Das lyrische Stenogrammheft", „Das kleine Lesebuch für Große" (Z. 12)
M2:	„Ein Fremdling bin ich damals schon gewesen, / Ein Vaterkind, der Ferne zugetan …" (Z. 5)
M3:	„Ich hatte einst ein schönes Vaterland" (Z. 1 ff.) – „Und alles fragt, wie ich Berlin denn finde …/ Wie ich es finde? Ach, ich such es noch!" (Z. 11)
M4:	Heimweh, wonach? (Titel) – Fremde sind wir nun im Heimatort. (Vers 7)

b **Zur Person: Leben:** Herkunft: Galizien – Gefühle: Heimatlosigkeit, Unzugehörigkeit – in Deutschland = polnische Jüdin, in Israel = deutsche Jüdin, in Amerika = unbelehrbare Europäerin
Deutschland: nach Frankfurt am Main ausgewandert – nach Marburg umgezogen – seit 1918: Berlin – Gefühle: Heimatlo-sigkeit, Verlassenheit und Vaterlosigkeit
Exil: seit 1938 USA (New York) – seit 1960 Israel (Jerusalem) – Gefühle: Einsamkeit, Unglück, Sehnsucht nach Berlin
nach dem Exil: vergebliche Versuche einer (Wieder-)Annäherung an Berlin
Werk (Zitate): Deutschland: Gedicht „Die frühen Jahre" – Sie dichtete ihr Leben, und sie lebte ihre Dichtung. – „Zur Heimat erkor ich mir die Liebe". – „Ich bin ein Blatt, zu früh vom Baum gerissen. / Ob alle Liebenden so einsam sind?" – „Das lyri-sche Stenogrammheft", „Das kleine Lesebuch für Große"
Exil: Gedicht „Im Exil"
nach dem Exil: „Ein Fremdling bin ich damals schon gewesen, / Ein Vaterkind, der Ferne zugetan …" – „Ich hatte einst ein schönes Vaterland" – „Und alles fragt, wie ich Berlin denn finde … / Wie ich es finde? Ach, ich such es noch!" – „Heimweh, wonach?" – „Fremde sind wir nun im Heimatort."

7 Hier könnten z. B. weitere Gedichte Mascha Kalékos recherchiert werden, die sich mit dem Motiv der Heimatlosigkeit beschäftigen (z. B. jene, die in Auszügen in M1, M2 und M3 zitiert werden), oder Informationen zu ihrer Situation im Exil (Veröffentlichungen in der Exilzeitung „Aufbau", unterstützt ihren Mann, indem sie für ihn dolmetscht, finanziert die Familie über das Verfassen von Werbe-/Reklametexten ...).

8 Mögliche Ausarbeitung des Lückentextes über das Strukturdiagramm:
Die Einleitung beginnt mit **einem Zitat (aus einem Gedicht)**, in dem es um **das Thema Heimatlosigkeit** geht. Auf dieser Grundlage wird die Frage **nach der literarischen Verarbeitung von Erlebnissen entwickelt**. Der Hauptteil ist so aufgebaut, dass zunächst **Mascha Kalékos Biografie erläutert** und dann ein **Überblick über ihre Lyrik zum Thema Heimatlosigkeit gegeben** wird. Das ist sinnvoll, weil das Publikum **zuerst einen guten Überblick über ihre Erfahrungen und ihr Heimweh bekommt. Erst dann erfährt man, wie sie diese literarisch umsetzt. Am Schluss wird zusammengefasst, inwiefern sich Mascha Kalékos Situation in ihrer Lyrik spiegelt.**

9 a Mögliche andere Struktur:
Einleitung: Verweis auf eigene/gegenwärtige Erfahrungen mit Migration/Verlust der Heimat → Verweis darauf, dass Menschen auch in früheren Zeiten vor diesen Herausforderungen standen, und Informationen, wie z. B. Mascha Kaléko dies literarisch verarbeitet hat.
Hauptteil: Situation in Deutschland: Mascha Kalékos Biografie und die entsprechende Verarbeitung in lyrischen Texten; Exil: Mascha Kalékos Biografie und die entsprechende Verarbeitung in lyrischen Texten; nach dem Exil: Mascha Kalékos Biografie und die entsprechende Verarbeitung in lyrischen Texten
Schluss: Gegenwartsbezug aus der Einleitung aufgreifen und mit der Situation Mascha Kalékos in Beziehung setzen

●●● b Mögliche Begründung:
Es ist interessanter, nicht mit einem Zitat aus Mascha Kalékos Lyrik, sondern mit einem Gegenwartsbezug zu beginnen. Denn damit orientiert man sich eher an der Lebenswelt der Zuhörer/-innen bzw. Leser/-innen. Die Verse aus dem Gedicht könnten die Zuhörer/-innen bzw. Leser/-innen evtl. eher abschrecken.
Im Hauptteil könnte es sinnvoller sein, immer abwechselnd Aspekte ihrer Biografie und die entsprechende Verarbeitung in literarischen Texten vorzustellen, weil man dann den Zusammenhang zwischen konkreten Erlebnissen und den Gedichten besser erfassen kann. Am Schluss sollte der Gegenwartsbezug entsprechend der Einleitung wieder aufgegriffen werden.

10 a Die Folie beschränkt sich nur auf das Wesentliche. Dies wird besonders deutlich daran, dass sie in Stichpunkten nur vier wesentliche Eckdaten aus Mascha Kalékos Leben nennt. Außerdem ist die Schrift gut lesbar: Es wird eine Schriftart ohne Serifen verwendet und nur mit Fettdruck gearbeitet (also ohne weitere Unterstreichungen, Kursivdruck usw.). Der Hintergrund ist durch die hellblaue Farbgebung sehr ruhig und lenkt nicht von der Schrift ab.
b Bei der abgebildeten Folie handelt es sich um eine Strukturierungsfolie: Sie fasst nur die wenigen Eckdaten aus Mascha Kalékos Leben übersichtlich zusammen.

12 Du kannst z. B. Folien erstellen, die als Beispiel ein kurzes Gedicht Mascha Kalékos zeigen, oder Folien mit Fotos von ihr, die der Auflockerung dienen.

13

Vortrag		Facharbeit
– schriftlich nur Moderationsfolien – Weiteres wird mündlich vorgetragen	– klar eingegrenztes Thema – Gliederung in Einleitung, Hauptteil, Schluss – sorgfältig recherchierte Informationen	– ausformulierter Fließtext – Deckblatt – Inhaltsverzeichnis – Literaturverzeichnis – Anhang – Selbstständigkeitserklärung

Einen Essay verfassen

Seite 9–14

1 Richtig sind die Aussagen B, C, G und H.

2 – Erörterung: Ziel: argumentativ eigenen Standpunkt darlegen. Essay muss keinen festen Standpunkt vertreten, kann auch informieren, unterhalten, anregen.
– Erörterung: festes Gliederungsschema, Essay kein festes Gliederungsschema, eher „Gedankenspaziergang"
– Erörterung: ausschließlich sachliche Sprache. Essay kann z. B. Ironie oder Umgangssprache nutzen, übertreiben, mit Sprache spielen.

3 Kernaussagen:
M1: Glück beruht auf einer Geisteshaltung der Genügsamkeit.
M2: Das Empfinden von Glück beruht auf Körpersignalen.
M3: Glück ist die Erfahrung von Sinn.

4 b Mögliche Abstracts:

M 1 Zentral für das Glück ist nach Raj Raghunathan das Vertrauen darauf, dass alle Voraussetzungen zum Glücklichsein bereits vorliegen. Eine Geisteshaltung hingegen, die stets von einem Mangel ausgehe, stehe dem Glücksempfinden im Wege. Wichtige Faktoren von Glück seien: Befriedigung der Grundbedürfnisse, Gefühl persönlicher Freiheit, soziale Geborgenheit, Gelingen beim Ausüben von Tätigkeiten.
Man solle sich nicht zu sehr von Anerkennung abhängig machen und sich weniger mit anderen vergleichen.

M 2 Stefan Klein betont, dass Glück nicht nur ein geistiger, sondern auch ein körperlicher Zustand sei. Ohne entsprechende Körpersignale könnten wir kein Glück empfinden. So zeige sich Freude z. B. an einer schnelleren Zirkulation des Blutes, einem Anstieg der Hauttemperatur und einer Entspannung der Muskulatur.

M 3 Nach Wilhelm Schmid ist Glück Sinn, und Sinn sei die Erfahrung von Zusammenhang. Als wichtige Dimensionen von Sinn nennt Schmid: körperliche Sinnlichkeit, emotionalen Reichtum, geistiges Erfassen von Zusammenhängen (Sinnerfahrung im Denken), Erfahrung von nicht rational erfassbaren Zusammenhängen, wie sie z. B. von Religionen vermittelt werden.

5 Beispiel für eine Mind-Map:

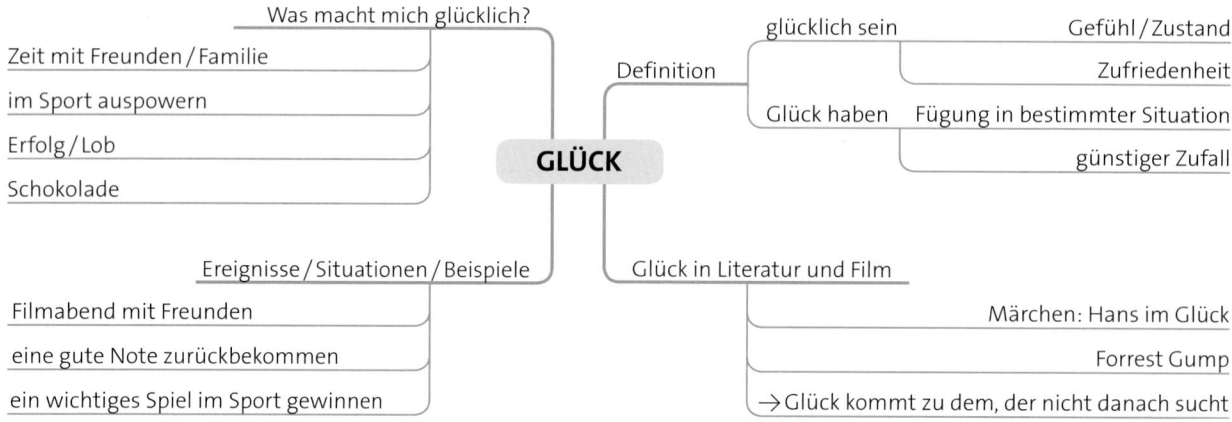

7 Mögliche Reihenfolge: 1. Definition von Glück, 2. wie wir (körperlich) Glück erleben, 3. was uns glücklich macht (Beispiele aus verschiedenen Bereichen), 4. eigene Glücksmomente, 5. Glück durch soziale Bindungen, 6. Zusammenhang von Glück und Erfolg, 7. Glückssuche als lebenslanger Prozess

12 **Mein Glücksplan**

Der chinesische Philosoph und Lehrer Konfuzius sagte einmal: „Wer ständig glücklich sein möchte, muss sich oft verändern." Mist! Das hatte ich mir ganz anders vorgestellt. Mein Plan: Ich habe einmal ganz großes Glück im Lotto und bin ab diesem denkwürdigen Datum ständig glücklich wie ein Hund hinter der Wursttheke. So detailliert mein Plan auch ausgearbeitet sein mag, so wirft er doch auch Fragen auf: Was macht vegetarische Hunde glücklich und was ist denn eigentlich das Glück, nach dem alle streben?

Zunächst einmal der Versuch einer Definition: Wir müssen zwischen zwei Aspekten des Glücks unterscheiden. Zunächst gibt es den Begriff „Glück" im Zusammenhang mit „Glück haben", also in eine Situation kommen, aus der einem durch einen günstigen Zufall oder eine Fügung positive Möglichkeiten erwachsen. So kann man im richtigen Moment am richtigen Ort sein und eine Person treffen, die einem Chancen für die Zukunft eröffnet. Der zweite Aspekt ist der des „Glücklichseins". Hierbei handelt es sich um das Gefühl oder den Zustand von Zufriedenheit. Während das „Glück haben" sehr punktuell sein kann, wird mit dem „Glücklichsein" häufig ein länger anhaltender Zustand verbunden, der sogar als Teil der Persönlichkeit gesehen werden kann. Daher ist es dieser Zustand, den viele Menschen als erstrebenswert ansehen. In Buchhandlungen gibt es inzwischen Regale voller Glücksratgeber, und in Seminaren üben sich Menschen darin, Glücksmomente bewusst wahrzunehmen. Schon Dostojewski sagte: „Der Mensch ist unglücklich, weil er nicht weiß, dass er glücklich ist. Nur deshalb. Das ist alles, alles! Wer das erkennt, der wird gleich glücklich sein, sofort im selben Augenblick." Doch ob er damit Achtsamkeitsseminare meinte, bei denen Menschen sich darin üben, sich selbst bewusster und liebevoller wahrzunehmen, sagte er nicht. Unzweifelhaft ist, dass Glück eine körperliche Komponente hat. Stefan Klein beschreibt in seinem Buch „Die Glücksformel", dass Glück immer dem Körper entspringt. Dort heißt es: „Wenn wir glücklich sind, pulsiert das Blut etwas schneller in den Adern. [...] Wenn Sie sich gut fühlen, entspannen sich die Muskeln an den Gliedmaßen und werden geschmeidiger. [...] So sieht das Glück aus. Wie alle Gefühle nimmt es seinen Ausgang ebenso sehr im Körper wie im Gehirn." Diese Abläufe im Körper sind bei allen Menschen ähnlich. Trotzdem kann es ganz verschieden sein, was Menschen glücklich macht.

Es gibt Momente des Glücks, an die erinnert man sich auch Jahre später noch, obwohl sie im Großen und Ganzen des Lebens nur wie ein Sandkorn am Nordseestrand wirken. Als ich mit 10 Jahren mit meiner Fußballmannschaft das Finale des Stadtpokals gewann, fühlte ich mich wie der König der Welt. Eine Zentnerlast war mir vom Herzen gefallen, weil ich beim Elfmeterschießen getroffen hatte. Das Hochgefühl trug mich noch tagelang durch den Alltag. Es können aber auch kleine Erfolge sein, das Lob der Eltern, das Lächeln der Freunde, die einem in der Erinnerung Glücksschauer über den Rücken laufen lassen. Mit der Zeit lernt man auch die kleinen Momente des Glücks schätzen, das Lieblingsessen am Wochenende, eine Tasse heiße Schokolade oder gemeinsam mit Freunden einen Film anzuschauen.

Ganz im Gegensatz zu diesem Empfinden des „kleinen Glücks" ist die Erwartungshaltung mancher Menschen, dass sich Glück nur in Momenten großer Erfolge empfinden lässt. Der Titelgewinn bei einer internationalen Meisterschaft muss es schon sein oder der Karrieresprung, der einen endlich über die anderen Mitarbeiter im Unternehmen stellt. Darin sieht der Glücksforscher Dr. Raj Raghunathan Gefahren und er rät, die eigene Einstellung zu ändern: Raghunathan verweist auf zwei Grundhaltungen, die man einnehmen kann. Die eine Haltung schaut auf das schon ausreichend oder sogar im Überfluss vorhandene Gute, die andere Haltung betont immer den Mangel. Wer den Mangel sieht, der sich vor allem im vergleichenden Blick auf andere zeigt, wird nicht zufrieden, egal, wie hoch das Niveau an äußerem Erfolg, materiellem Reichtum usw. bereits ist.

Viel wichtiger als der äußere Erfolg seien aber für das Glücklichsein Gefühle von Unabhängigkeit und sozialer Integration und die Gewissheit, etwas gut zu können. Dieses Gefühl von Kompetenz stelle sich leichter ein, wenn wir etwas mit Leidenschaft tun. Ein Hobby, das man mit Leidenschaft verfolgt, kann sich als ebenso glücksbringend erweisen wie eine soziale Gruppe, in der man das Gefühl von Zugehörigkeit empfindet. Wer sich im Verein oder in einem Ehrenamt engagiert, erhöht damit seine Chancen, glücklich zu sein. Diese soziale Komponente spricht auch Wilhelm Schmid in seinem Buch „Glück" an, in dem er die Suche nach Glück mit der Suche nach Sinn gleichsetzt. Zum Glück durch soziale Integration schreibt Schmid: „Jede Beziehung, die Menschen zueinander pflegen und die einen starken Zusammenhang zwischen ihnen stiftet, erfüllt sie offenkundig mit Sinn." Und dieser Sinn werde als Glück erfahren.

Die Glückssuche und die soziale Komponente des Glücks werden uns auch in der Literatur und in Filmen immer wieder vorgeführt. Wenn in dem Disney-Film „Cars" der rote Rennwagen Lightning McQueen am Ende das große Rennen nicht gewinnt, weil er seinem alternden Konkurrenten King nach einem Unfall über die Ziellinie hilft, verliert er zwar die Trophäe, gewinnt aber die Anerkennung der anwesenden Zuschauer und seiner neuen Freunde. Wie im antiken Drama, in dem der Held zwar sterben muss, aber moralisch siegt, trägt auch der kleine Rennwagen den moralischen Sieg über seine Widersacher davon. Und er ist am Ende sozial stärker in eine Gemeinschaft integriert als am Anfang, was nach Roland Zags Buch „Der Publikumsvertrag" entscheidend dafür ist, ob ein Rezipient eine Geschichte als befriedigend empfindet. Soziale Integration, so kann man schlussfolgern, ist Glück.

Die Aspekte der Glückssuche sind vielfältig und vielschichtig. Man kann noch so viel darüber lesen und meditieren, es gibt keinen garantierten Weg zum Glück. Manchmal versperrt gerade die angestrengte Suche nach dem Glück den Blick dafür, was glücklich macht. Man läuft Vorstellungen vom Glück hinterher, statt die Ansätze zum Glück, die das eigene Leben bereits bietet, stärker zu beachten und mehr auszukosten. Die Suche nach Glück scheint ein lebenslanger Prozess zu sein und somit Konfuzius' Aussage zu bestätigen: „Wer ständig glücklich sein möchte, muss sich oft verändern".

Ein Bewerbungsanschreiben verfassen

Seite 15–17

1 Shena kann sich bewerben: Ihr Alter passt, die Staatsangehörigkeit spielt keine Rolle, mit Abschluss der 10. Klasse sind die Pflichtschuljahre erfüllt.

2 Mögliche Markierungen, die für eine Bewerbung interessant sein könnten: **Fachliche Interessen,** die Mark für ein FÖJ qualifizieren; persönliche Fähigkeiten, die einen Projektträger interessieren; *besondere Kenntnisse.*
Mark Schneider ist in der 10 b. Angestrebter Abschluss: Fachoberschulreife. Lieblingsfächer: Deutsch und Kunst. *Computerkenntnisse: Word, PowerPoint.* Unser Überflieger leitet die MindCraft-AG! In seiner Freizeit engagiert er sich im Schwimmverein: Er trainiert die F-Jugend, *pflegt die Website* und organisiert Turniere. Seit drei Jahren ist Mark **Mitglied des NABU (Naturschutzbund),** weil es ihm wichtig ist, **sich für den Erhalt der Pflanzen- und Tierwelt einzusetzen.** Regelmäßig führt er im Frühling mit einer Gruppe des Ortsverbands **Vogelbeobachtungen** durch. Seit letztem Jahr unterstützt er außerdem den **Waldpädagogen bei geführten Wanderungen zum Thema „Singvögel in unseren Gärten":** Unbedingt mal mitgehen!

3 a Markierte Tätigkeiten: **Germanwatch** (Z. 11–18) – **Schutzstation Amrum** (Z. 3–16)
b A: G, A; B: G; C: A; D: G, A; E: A; F: G, A

4 a Mark bringt für beide Einsatzstellen wichtige Fähigkeiten, Kenntnisse und Interessen mit. Geeigneter ist aber die Schutzstation Amrum, da er sich besonders für den Tier- und Pflanzenschutz interessiert, was sich an seiner Begeisterung für die Vogelwelt zeigt. Außerdem zeigt sein Lebenslauf, dass er Erfahrung in der Arbeit mit Kindern hat und schon thematische Wanderungen durchgeführt hat.

b Mögliche Begründung:
Ich interessiere mich für ein FÖJ bei **der Schutzstation Amrum, da mir der Tierschutz wichtig ist und ich bereits viele Erfahrungen in der Umweltarbeit gesammelt habe, z. B. …** Für diese FÖJ-Stelle bin ich besonders geeignet, weil **ich Erfahrung in der Bildungsarbeit mit Kindern habe und regelmäßig Tierbeobachtungen durchführe. Außerdem bin ich seit drei Jahren Mitglied im NABU, kenne also die Arbeit in einer Naturschutzorganisation.**

5 Mögliches Bewerbungsanschreiben an die Schutzstation Amrum (Adressen sind frei erfunden):

Mark Schneider (Datum)
Platanenallee 18
71640 Ludwigsburg
Tel.: 07... / 12 34 5
Mail: mark.schneider@example.net

Geschäftsstelle Schutzstation Wattenmeer
Nationalparkhaus Infozentrum
Peter Büsum
Strandstr. 3
25813 Husum

Bewerbung um ein FÖJ auf Amrum 20XX

Sehr geehrter Herr Büsum,

mit großem Interesse habe ich auf der Website des „Nationalparks Wattenmeer" die Ausschreibung für ein Freiwilliges Ökologisches Jahr auf Amrum gelesen. Ich werde im kommenden Jahr an der Montessori-Gesamtschule in Ludwigsburg meine mittlere Reife ablegen, voraussichtlich mit sehr guten Ergebnissen. Bevor ich mich um einen Ausbildungsplatz bemühe, möchte ich gern ein FÖJ durchführen.

Für ein FÖJ bei der Schutzstation Amrum interessiere ich mich besonders, da mir der Tierschutz wichtig ist und ich bereits viele Erfahrungen in der Umweltarbeit gesammelt habe, z.B. bin ich seit drei Jahren Mitglied des NaBu (Naturschutzbund). Der Erhalt der Pflanzen- und Tierwelt liegt mir sehr am Herzen. Regelmäßig führe ich im Frühling mit einer Untergruppe des Ortsverbandes Vogelbeobachtungen durch. Seit letztem Jahr unterstütze ich den Waldpädagogen der Stadt Eschweiler bei geführten Wanderungen zum Thema „Singvögel in unseren Gärten".
In diesem Zusammenhang habe ich viel Erfahrung im Umgang mit Menschen gesammelt und ich kann gut mit Gruppen umgehen. Teamgeist und Verantwortungsbereitschaft habe ich auch beim SV Schwimmfreunde gezeigt, wo ich seit 20XX als Trainer der F-Jugend tätig bin. Ich pflege zudem die Website des Vereins und organisiere Turniere mit. Man schätzt mich dort sehr, weil ich immer die Ruhe bewahre und gut mit unterschiedlichen Menschen zurechtkomme. Eine Tätigkeitsbescheinigung des Vereins liegt bei.

Dass ich einige Routine in der naturnahen Bildungsarbeit mit Kindern, aber auch Familien habe und regelmäßig Tierbeobachtungen durchführe, empfiehlt mich sicher für ein FÖJ in der Schutzstation Amrum. Über eine Einladung zu einem persönlichen Gespräch würde ich mich sehr freuen.

Mit freundlichen Grüßen
Mark Schneider   Anlagen

6 a **A**: unseriöse Absender-Adresse; nicht an persönlichen Ansprechpartner adressiert; ungenaue Betreffzeile; Anhang fehlt; unpersönliche Anrede; Text des Anschreibens zu kurz, zu wenig informativ für den Adressaten
  B: unpersönliche Anrede; Smileys weglassen; Großschreibung der Anredepronomen; Signatur mit Kontaktdaten des Absenders fehlt
 b Mögliche E-Mail zu einer Bewerbung an Germanwatch:

Von: mark.schneider@example.net
An: paula.schumacher@berufimfokus.de
Betreff: Bewerbung FÖJ 20XX
Angefügt: Bewerbung_FÖJ_Mark_Schneider_20XX.pdf (1 MB)

Sehr geehrte Frau Schumacher,

vielen Dank für das freundliche Telefonat. Wie besprochen, sende ich Ihnen anbei meine Bewerbungsunterlagen.
Dank der informativen Auskünfte über die abwechslungsreichen Tätigkeiten im FÖJ bei Germanwatch bin ich überzeugt, dass ich der Richtige für den Einsatz in Ihrem Team bin.

Mit freundlichen Grüßen

Mark Schneider
Platanenallee 18
71640 Ludwigsburg
Tel.: 07... / 12 34 5
Mail: mark.schneider@example.net

Eine Praktikumsmappe erstellen

Seite 18–19

1 Beratung von Kunden, Vermessung der Baustelle, Planung einer Solaranlage in Kombination mit Pellet-Heizung, Inbetrieb-nahme einer thermischen Anlage, Einweisung der Kunden in die Bedienung, Anmeldung einer Photovoltaik-Anlage

2 a 8 Uhr: wieder die Letzte, die fangen alle so ätzend früh an zu arbeiten! Schnell fertig machen zum Kundengespräch. Mit Anton (echt cool, ich darf jetzt sogar den Chef duzen) zu Familie Petersen, Chef fährt viel zu schnell, wir sind pünktlich.
8:30 Uhr: Gespräch mit den Petersens über Umbau der Heizungsanlage, ich protokolliere die wichtigen Dinge, Anton be-rät, [...]. Ergebnis: Solaranlage zur Brauchwassergewinnung aufs Dach, dazu Pellet-Heizung – tolle Technik!
9 Uhr: Wir vermessen das Dach und die Rohrwege mit dem super Laser-Messgerät und legen den Platz für neuen Wasser-tank und das Pellet-Lager fest.
9:30 Uhr: nächste Baustelle, hier fehlt die Isolierung an den Anschlüssen, darf ich allein machen, ist gar nicht so einfach, ich brauche ziemlich lange / thermische Anlage wird in Betrieb genommen, Pumpen laufen, aber [...]
10 Uhr: [...] Anton und Lothar lassen mich nie zuhören, ich soll die Rohre aus dem Lieferwagen holen.
10 Uhr – Pause: Brote vergessen, hier gibt es gar nichts – kein Geschäft, gar nichts
10:30 Uhr: Ätzjob! Ich muss den genauen Weg der Rohre anzeichnen, hätte echt nicht gedacht, dass [...]
11:30 Uhr: Aufs Dach!!! Anlage liegt da schon, jetzt die Rohre biegen, Löcher vorbereiten, das machen wir zusammen, Lo-thar ist sehr zufrieden mit mir. [...]

b Möglicher Tagesbericht (bis 12:00 Uhr):

Um 8:00 Uhr begleitete ich meinen Chef zu einem Kundengespräch. Ein Einfamilienhaus sollte auf eine umweltfreundli-che Heizung umgerüstet werden. Man entschied sich für eine Solaranlage zur Brauchwassergewinnung, kombiniert mit einer Pellet-Heizung. Ich führte das Gesprächsprotokoll. Anschließend vermaßen wir das Dach und die Rohrwege mit dem Laser-Messgerät und legten den Platz für den neuen Wassertank und das Pellet-Lager fest. Ab 9:30 Uhr brachte ich auf einer anderen Baustelle die Isolierung an den Anschlüssen einer thermischen Anlage an. Anschließend wurde diese in Betrieb genommen. Danach brachte mein Chef mich um 10:00 Uhr zu einem Monteur in einem Neubaugebiet, wo ich einige Rohre auslud. Dann zeichnete ich die Wege der Rohre exakt an. Auf dem Dach wurden anschließend bis zur Mit-tagspause um 12:00 Uhr Rohre gebogen und Anschlusslöcher vorbereitet.

3 a Wertende Aussagen: so ätzend früh (Z. 1), echt cool (Z. 2), tolle Technik (Z. 7), super Laser-Messgerät (Z. 8), ist gar nicht einfach (Z. 10 f.), mehr Erklärungen wären echt gut, Mann!! (Z. 12 f.), Ätzjob! (Z. 17), er ist eigentlich ganz nett (Z. 21), ist okay, aber eher nicht das Ding fürs Leben (Z. 22), voll krass (Z. 29)

b **Z. 12 f. [Mann!!]** Ich hätte mir weitergehende fachliche Erklärungen gewünscht, damit ich besser verstanden hätte, was zu tun war. – **Z. 17 [Ätzjob]** Die Sorgfalt, die in diesem Beruf erforderlich ist, habe ich als sehr anstrengend erlebt. – **Z. 22 [eher nicht das Ding fürs Leben]** Das Installieren von Heizungsanlagen reizt mich als langfristige Berufsperspektive nicht.

4 ●●● Im Laufe meines Praktikums lernte ich über mich, dass mich technische Anlagen faszinieren. Aber deren Montage ist ziem-lich anstrengend und wenig abwechslungsreich. Als Berufswunsch kann ich mir darum eher ein Ingenieurstudium vorstellen als eine Ausbildung z. B. zum Anlagenmechaniker.

Argumentieren

Seite 21– 23

Eine Pro-und-Kontra-Erörterung verfassen

3 Richtig ist Streitfrage B.

4 a Mögliche Unterstreichungen (Thesen, Argumente, Beispiele):
CamEp: --- (nur Darstellung des Problems bzw. der Streitfrage)
Eddy#2: Auch Ego-Shooter können ohne Einschränkung als Sport angesehen werden, weil man dabei ja niemandem schaden will (und kann). Ich spiele selbst und weiß, wie viel Präzision, Konzentration und Disziplin dazugehören. Weil körperliche Fitness sehr wichtig ist, muss man wie im Leistungssport hart trainieren, wenn man spitze sein will. Immerhin dauern die größeren Turniere bis zu vier Tage. In vielen Ländern sind Ego-Shooter bereits als E-Sport anerkannt. Sie zählen sogar zu den beliebtesten Spielgenres, weil die Gewinner der größeren Turniere wie in anderen Sportarten auch hohe Gewinnsummen erhalten, teilweise sogar in Millionenhöhe.
Egbert: Gerade wenn man „Zocken" tatsächlich als Sport verstanden wissen will: Eine Sportart darf Gewalt nicht verherrli-chen oder gar verursachen! Ego-Shooter müssen darum im E-Sport verboten werden, da die Spieler innerhalb der Spiele sehr wohl zu Gewalthandlungen gezwungen werden. Möchte man erfolgreich sein, so muss man möglichst viele Gegenspieler virtuell erschießen – das wirkt sich auch auf das echte Leben aus.
Dani: Dass Gewaltdarstellungen gezeigt werden, kann man kritisieren. Ego-Shooter sollte man dennoch zulassen, weil es sich in der Regel um Spiele handelt, die erst ab 16 Jahren gespielt werden dürfen. Die älteren Jugendlichen und Erwachse-nen – so ist meine Erfahrung – können gerade im E-Sport-Bereich sehr gut einschätzen, dass die Darstellungen eben nichts

mit der Realität zu tun haben. Der Redakteur Michael Schmitz hat das selbst getestet und bestätigt: „Warum sollte mich ein Spiel dazu bringen, Leute umzulegen?" Die professionellen Spieler schaffen sich übrigens stets einen Ausgleich, spielen Fußball oder andere Sportarten.

Heidi_19: Ego-Shooter als Sport zu verstehen, das leuchtet mir gar nicht ein! Das muss verboten werden. Im Sport geht es um einen fairen Wettbewerb, aber sicher nicht ums „Killen" des Gegners. Jeder Wettkampf zeigt: Wer als Spieler/-in Erfolg haben will, muss viel trainieren. Diese Art von „sportlichem" Ehrgeiz ist gerade für Jugendliche gefährlich, denn sie hat Suchtpotenzial. Beim Sport steht die Bewegung im Vordergrund. Aber schon heute sitzen laut einer Studie viele Jugendliche länger als sechs Stunden am Rechner oder an der Konsole.

b **pro** = Eddy#2, Dani — **kontra** = Egbert, Heidi_19

5 Mögliche Argumente für eine Stoffsammlung pro „Ego-Shooter als E-Sport zulassen". Eine Kontra-Argumentation würde zu einer gespiegelten Anordnung der Argumente führen.

These: Ego-Shooter müssen im E-Sport zugelassen werden. (pro)	
Pro-Argumente (zulassen)	**Kontra-Argumente** (verbieten)
− Ego-Shooter schulen Präzision, Konzentration und Taktik − Spiele unterliegen der FSK (sind folglich keine Gefahr für Jugendliche) − es gibt große Turniere wie im Leistungssport	− Ego-Shooter verherrlichen Gewalt, bauen Aggressionsschwellen im Leben ab − viele Jugendliche trainieren/sitzen zu lange am Rechner (Suchtpotenzial) − fehlende Bewegung schadet der Gesundheit

6 A + 3 − B + 1 − C + 4 − D + 2

7 A + 4 − B + 2 − C + 5 − D + 3

8 Mögliche Fortsetzung der Einleitung A:

Ego-Shooter als E-Sport? Es handelt sich bei Ego-Shootern um Computerspiele, bei denen die Spieler aus der Ego-Perspektive eine Spielwelt erschließen. Dabei agieren die Spielfiguren mit einer Schusswaffe und bekämpfen andere Spieler. Im Folgenden möchte ich erörtern, ob es sich bei diesen Spielen um eine Sportart handeln kann oder ob man sie im Rahmen des E-Sports nicht doch besser verbieten sollte.

9 a Richtig ist Gliederung A, die Argumentation beginnt mit der Gegenthese und drei Argumenten (+ Beispielen), die die Gegenposition stützen.

b Ein Argument für diese Sichtweise ist ... (Z. 2 f.) − Studien zeigen (Z. 6 f.) − Kritiker geben zudem zu bedenken, dass ... (Z. 12) − nach dieser Definition (Z. 20 f.) − Aus der Perspektive der Gegner (Z. 24 f.) − wiegt am schwersten ... das Argument (Z. 26 f.) − Aus eigener Erfahrung weiß ich (Z. 31 f.)

c Mögliche Fortsetzung des Hauptteils (Gegenposition):

Befürworter vertreten die Position, dass „Ballerspiele" durchaus als Sportart verstanden werden können. Ein wichtiges Argument stellt sicher dar, dass Jugendliche durch solche Spiele eigentlich nicht gefährdet sein können. Die Freiwillige Selbstkontrolle stuft sie in der Regel als FSK 16 oder 18 ein. Folglich können die Jugendlichen derartige Spiele gar nicht kaufen. Ein weiterer Gesichtspunkt pro Ego-Shooter sind die Anforderungen, die an einen Spieler gestellt werden. Wer einem Spieler einmal zugeschaut hat, der weiß, dass hier beim Spielen ein hohes Maß an Präzision und Konzentration gefordert ist. Auch die körperliche Fitness, die man gerade bei langen Turnieren braucht, sollte man nicht unterschätzen. Studien haben gezeigt, dass nur etwa 10 Prozent aller Spieler in der E-Sport-Liga übergewichtig sind. Gegner wenden gern ein, dass Ego-Shooter angeblich aggressiv machen würden. Entscheidend ist jedoch für die Befürworter solcher Spiele, dass sie Präzision und Konzentration fördern. Spielziel ist weniger das virtuelle Erschießen, sondern es geht vielmehr um Geschwindigkeit und Kontrolle. Das macht den sportlichen Reiz aus!

10 Mögliches Fazit: Obwohl man bedenken muss, dass Kinder und Jugendliche noch keine Ego-Shooter spielen sollten, bin ich dennoch der Meinung, dass es eine interessante und reizvolle Sportart für ältere Spieler darstellen kann.

11 Möglicher Schluss: Ein sinnvoller Kompromiss könnte sein, dass man noch strenger kontrolliert und gerade bei größeren E-Sport-Veranstaltungen den Jugendlichen unter 16 Jahren den Zutritt verwehrt.

12 Mögliche dialektische Erörterung (Position: Ego-Shooter sind nicht als E-Sport-Art anzuerkennen.):

(Einleitung) Über zwei Stunden spielen Jugendliche im Schnitt täglich mit dem PC oder an Konsolen, viele entwickeln dabei gerade bei den bekannten Ego-Shooter-Spielen einen regelrecht sportlichen Ehrgeiz. Diese Ego-Shooter sind Computerspiele, bei denen der Spieler aus der Ich-Perspektive eine Spielwelt erschließt und dabei, in der Regel mit einer Schusswaffe ausgestattet, andere Spielfiguren bekämpfen soll. Neuerdings treffen sich viele Spieler, um diesem Spiel auch in E-Sport-Turnieren nachzugehen. In einem Liga-Betrieb, auch mit Zuschauern, spielen sie dann gegeneinander. Die Frage, ob es sich bei diesen Ego-Shootern tatsächlich um eine Sportart handeln kann oder ob man diese Gewaltspiele nicht doch lieber verbieten soll, wird kontrovers diskutiert. Was spricht eigentlich für und was gegen die Ego-Shooter im E-Sport?
(Hauptteil – Pro und Kontra im Wechsel) Ein Argument, das Kritiker solcher Ego-Shooter hervorheben, ist, dass Sport eine körperliche Betätigung darstellt. Dieser Definition folgt auch der olympische Sportbund, der ebenfalls die körperliche Anstrengung und Bewegung als zentrales Merkmal für Sport herausstellt. Da E-Sport lediglich den Umgang mit einem

Controller fordert, keineswegs aber als schweißtreibend bezeichnet werden kann, kann es nach dieser Definition nicht als Sport angesehen werden. Dem widerspricht ein Blick auf die Anforderungen, die an einen E-Sport-Spieler gestellt werden. So kann man festhalten, dass beim Spielen von Ego-Shootern ein hohes Maß an Präzision und Konzentration gefordert ist. Auch die körperliche Fitness, die man gerade bei langen Turnieren braucht, sollte man nicht unterschätzen. Studien haben gezeigt, dass nur etwa 10 Prozent aller Spieler in der E-Sport-Liga übergewichtig sind. Es ist aus der Perspektive der Gegner von Ego-Shootern als Sport zu bedenken, dass die Ego-Shooter Gewalt verherrlichen. Aus eigener Erfahrung mit Ego-Shootern weiß ich, dass man als Spieler quasi gezwungen ist, die gegnerischen Spieler zu erschießen. Das ist letztlich für den „Erfolg" in solchen Spiele entscheidend. Bei Ego-Shootern handelt es sich um Computerspiele, bei denen die Spieler aus ihrer Innensicht heraus eine Spielwelt erschließen. Bereits ein Blick in ein solches Spiel zeigt, dass die Spielfiguren mit einer Schusswaffe agieren und andere Spielfiguren bekämpfen. Befürworter solcher Spiele halten dagegen, dass diese in einem sportlichen Sinne Präzision und Konzentration fördern. Im Mittelpunkt stünden, so wird eingewendet, nicht das virtuelle Töten, sondern vielmehr Schnelligkeit und Disziplin. Das mache den sportlichen Reiz aus. Einwenden könnte man, dass viele Wissenschaftler solchen Computerspielen ein hohes Suchtpotenzial bescheinigen, das eine Gefahr für Jugendliche sei. Studien zeigen, dass bereits jetzt viele Jugendliche zwischen sechs und acht Stunden am Tag „zocken". Sie vernachlässigen soziale Kontakte und die Schule. Diese Sucht mit sportlichem Ehrgeiz zu verwechseln oder gar zu unterstützen, ist nicht empfehlenswert. Befürworter hingegen heben hervor, dass die Freiwillige Selbstkontrolle (FSK) Ego-Shooter meist erst ab 16 oder 18 Jahren freigebe, dass Jugendliche mithin nicht gefährdet seien, weil sie sie gar nicht kaufen könnten.

(Fazit) Meine Ansicht ist, dass Ego-Shooter keine Spiele sind, die man als E-Sport zulassen sollte. Natürlich können Erwachsene privat solche Spiele spielen, aber als Wettkampfsportart darf man sie keinesfalls anerkennen.

(Schluss) Wenn ich die Argumente für und gegen Ego-Shooter abwäge, dann komme ich zu dem Schluss, dass sie im E-Sport nichts verloren haben.

Seite 24–26

Erörtern im Anschluss an einen Sachtext

112 Mögliche Einträge für den Cluster: Schutz durch FSK, Gewalt als Stilmittel, Gewaltverherrlichung, Namen von Serien/Filmen, Wirkung im Film, Gefahr für Jugendliche, Realität vs. Fiktion, typischer Charakter

3 a + b Thesen, Argumente, Beispiele:

Gewaltige Vorstellung – Wie viel Gewalt ist in Filmen und Serien notwendig?
Von Mona Müller

456 Tote in den ersten vier Staffeln und das Morden geht weiter – in Serien wie „Game of Thrones" (GoT) rollen reihenweise die Köpfe, Gewaltszenen kennzeichnen jede Folge. Einer meiner Freunde kommentierte: „Das war doch viel zu brutal und blutrünstig – die ganze Zeit wurden eigentlich nur Leute verprügelt und ermordet – das war doch überhaupt nicht notwendig." Und das ist nicht das einzige Beispiel – so zeigen Untersuchungen, dass die Darstellung von Mord, Blut und anderen Gewaltszenen in Filmen in den letzten Jahren stark angestiegen ist – in 70 Prozent aller Filme und Serien wird Gewalt dargestellt.	Einstieg: Problemvorstellung anhand eines prominenten Beispiels
Es drängt sich die Frage auf, ob die Darstellung von brutalen Szenen, von Gewalt in der heutigen Zeit übertrieben ist oder ob es nicht manchmal auch notwendig ist: Gewalt in Serien und Filmen – sinnvolles, gar notwendiges Stilmittel oder blutrünstiger Unsinn?	thematische Ausweitung: gesamtgesellschaftlich relevantes Thema (Studienbezug) Fragestellung: Gewaltdarstellung in Serien und Filmen als notwendiges Stilmittel oder blutrünstiger Unsinn
Richtig eingesetzt, kann die Darstellung von Gewalt eine enorme Wirkung entfalten. Jeder Fan solcher Filme und Serien weiß, dass gerade Kämpfe, Morde und Schlachten bestimmte Szenen herausstellen, die Handlung zuspitzen. Dabei ist der Weg dahin sehr spannend, die Aufmerksamkeit der Zuschauerinnen und Zuschauer wird sichergestellt. Nun mag man einwenden, dass auch Filme ohne Gewaltdarstellung spannend sein können. Zugestanden. Aber deshalb nur noch harmonische Handlungen, liebevolle Happy-Ends, einfältig einfache Eintracht zeigen?	1. These 1. Argument (W): *Zuspitzung der Handlung und Spannungselement* Aufgreifen der Gegenseite: ironisierende Darstellung der Gegenthese 2. Argument (F) Lautmalerei („ein-")
Die Darstellung von Gewalt ermöglicht eine wesentlich fassettenreichere Zeichnung der Figuren. So ist die Anwendung von Gewalt – ob physisch oder psychisch – in vielen Filmen und Serien durchaus ein charakteristisches Merkmal des „Bösewichts", der Konflikte eben auf diese Art und Weise erschafft oder löst. Die Gewaltszenen gehören damit genauso zum Film wie die böse und gewaltvolle Seite zu den Filmcharakteren gehört.	2. These 3. Argument (aA): *Charakterisierung der Figuren*
Sicher: Man mag einwenden, dass die pure Darstellung von brutalen Szenen gewaltverherrlichend wirkt und gerade für Jugendliche schädlich sein kann. Dieser Schaden kann jedoch gar nicht entstehen, bedenkt man, dass man doch gerade diese Art von Filmen durch die Freiwillige Selbstkontrolle (FSK) für Jugendliche unzugänglich macht. So sind z. B. viele Folgen der Serie „Game of Thrones" erst ab 16 Jahren freigegeben.	Autorin greift erneut die Gegenseite auf, daraus abgeleitet: 3. These 4. Argument (F): *Freiwillige Selbstkontrolle, Beispiel aktueller Serien*

Die Darstellung von Gewalt in Filmen macht auch nicht – wie einige behaupten – aggressiv oder gewalttätig. Wer angriffslustig ist und zu Gewalt neigt, der sieht sich vielleicht auch gern Filme mit Gewalt an – aber umgekehrt kann nicht gelten: Wer solche Filme sieht, wird zu einem Gewalttäter. Einige Forscher nehmen sogar an, dass die Darstellung von Gewalt im Film abschreckend wirken könne und man daher im echten Leben sogar vor Gewalt zurückschrecke.

4. These
5. Argument (A): *Wirkung der Filme auf Gewaltpotenzial*

Vielleicht ist es sogar richtig, in Filmen und Serien diesen Teil der Wirklichkeit zu zeigen und diese damit bewusst zu thematisieren. Das mag Jugendliche auch veranlassen, sich mit den Themen auseinanderzusetzen – Gewaltdarstellung bedeutet ja nicht, dass man Gewalt verherrlicht.

5. These
6. Argument (aA): *Auseinandersetzung mit Themen stärken*

Dabei bin ich auch sicher, dass die Zuschauer/-innen durchaus zwischen der Gewalt im Film und der realen Gewalt unterscheiden können. Ich persönlich bin keineswegs aggressiver oder brutaler im echten Leben geworden, nur weil ich mir ab und an eine Folge GoT oder einen Tatort ansehe.

6. These: *Echte vs. fiktive Gewalt*
7. Argument (W): Eigene Erfahrung zum Verhalten direkte Anrede des Lesers

Wer sich gegen die Gewaltdarstellungen wendet, den möchte ich bitten, sich die Nachrichten anzusehen. Und hier geht es nicht um fiktive Leichen – hier wird echte Gewalt gezeigt. Das soll nun besser sein? Es gibt, das bedaure ich auch, nun einmal Gewalt. Aber wieso sollten Filme und Serien das dann nicht auch zeigen dürfen und damit den Zuschauern/-innen Möglichkeiten anbieten, Gewalt zu verarbeiten?

8. Argument (aA): *Darstellung echter Gewalt ist sowieso zugänglich* rhetorische Frage

c Mögliche Beschreibung der Grafik: Die Grafik veranschaulicht die Art und die Häufigkeit von Gewaltdarstellungen in Hollywoodfilmen zwischen 1975 und 2013. Blutige Szenen bewegen sich im Laufe der Jahre mit Schwankungen im unteren Drittel der Häufigkeit, die Spannung ist eher rückläufig, nur die Quote der Morddarstellungen steigt nach einer ersten Spitze zu Beginn der 1990er-Jahre seit ca. 2005 steil an. Die Grafik belegt, dass die Darstellung von Gewalt in Filmen bereits seit den 1970er-Jahren ein hohes Niveau hatte (alle drei Darstellungsarten zwischen 20 und ca. 35 Prozent aller Filme). Besonders die Darstellung von „Mordszenen" ist in den letzten Jahren angestiegen, was z. B. die These der Autorin stützt, dass die Darstellung von Gewalt in den letzten Jahren stark angestiegen sei (70 Prozent aller Filme und Serien).

4 Mögliche Ergebnisse der sprachlichen Analyse: **Überschrift:** Das Adjektiv „gewaltig" beschreibt im Wortsinne etwas „Eindrucksvolles". Hier bekommt es eine übertragene Bedeutung, denn eigentlich ist nur der Wortstamm „Gewalt" gemeint, hindeutend auf die Gewaltdarstellung, die Thema des Textes ist. Die Überschrift beinhaltet die Streitfrage. – **ironische Wendungen/Abwertung:** Ironisch wirkt die Darstellung einer Filmwelt ganz ohne Gewalt (Mittel: als Klimax angelegte Aufzählung, vgl. Z. 14 f., 8–20). Adjektive bauen ein abwertendes Wortfeld auf, das die scheinbare Gegenposition kennzeichnet (z. B. „harmonisch", „einfältig", „einfach", Z. 18). – **Wortwahl:** Die sachliche Wortwahl (Standardsprache) vermittelt die Ernsthaftigkeit des Anliegens. Die Verwendung des Wortes „vielleicht" (Z. 46) deutet auf einen Prozess der Positionsfindung hin, der aber bereits abgeschlossen ist. So verstärkt die Autorin den Eindruck, ihre abschließende Einschätzung sei gültig („Dabei bin ich auch sicher, dass die Zuschauer durchaus zwischen der Gewalt im Film und der realen Gewalt unterscheiden können." Z. 51 f.) – **Leseransprache:** Vertreter der Gegenposition werden direkt angesprochen (z. B. „Zugestanden ...", Z. 18; „Wer sich gegen die Gewaltdarstellungen wendet, den möchte ich bitten ...", Z. 54). Es entsteht der Eindruck, dass die Autorin sich ganz bewusst mit ihnen auseinandersetzt, um ihre eigenen Argumente umso überzeugender zu präsentieren. Eine rhetorische Frage („Das [echte Gewalt, gezeigt in Nachrichtensendungen] soll nun besser sein?" Z. 56) hebt hervor, dass Gewalt allgegenwärtig und damit alltäglich ist. Die rhetorische Frage im letzten Satz lenkt den Blick auf das Argument, Gewalt im Film helfe, die in der Realität erlebte Gewalt zu verarbeiten.

5 Mögliche Zusammenfassung der Intention: [...], dass die Darstellung von Gewalt aus ihrer Sicht **ein absolut notwendiges und sinnvolles Stilmittel darstellt, um bestimmte Szenen oder Charakterzüge von Figuren hervorzuheben. Dabei ist es ihr wichtig zu zeigen, dass es dabei auch um die Verarbeitung realer Umstände geht.**

6 a 1–5 = Pro; 6–10 = Kontra
b A + 10 – B + 7 – C + 8 – D + 4 – E + 5
c Mögliche Beispiele/Belege: Beispiel zu Argument **3:** Nimmt man etwa die „Tagesschau" als Beispiel, so wird deutlich, dass doch bereits um 20:00 Uhr in einem durchaus seriösen Format reale Gewalt in den kurzen Einspielern gezeigt wird. – zu **10:** Das kann anhand vieler erfolgreicher Filme in der Vergangenheit belegt werden. – zu **5:** Einige Forscher haben die sogenannte „Inhibitionsthese" aufgestellt. Diese besagt, dass die Gewaltdarstellungen in Filmen und Serien Angst auslösen können, wodurch die Bereitschaft zu echter Gewalt und Aggression gehemmt wird. – zu **9:** So hat die „Frankfurter Allgemeine Sonntagszeitung" immer wieder mit eigener Recherche festgestellt, dass die Urteile der FSK aus Sicht der Redaktion nicht streng genug sind. Viele der ab 12 Jahren freigegebenen Filme enthalten aus Sicht der Zeitung ein viel zu hohes Maß an Gewaltdarstellungen.

Seite 27–29

1 a + b Mögliche Ausarbeitung: [...] In dem Blogbeitrag **„Gewaltige Vorstellung – Wie viel Gewalt ist in Filmen und Serien notwendig?"** von **Mona Müller,** der **am 10. September 2015** veröffentlicht wurde, thematisiert die Autorin **die Darstellung von Gewalt in Filmen und Serien. Ihr Text wägt das Für und Wider der Frage ab, ob und ggf. wie viel Gewalt zur Entwicklung von Handlung und Figuren notwendig ist.**

3 a Kerngedanken: Z. 4–7 – Intention: Z. 8–11 – Sprachliche Mittel und deren Wirkung: Z. 12–18

   b sprachliche Verknüpfungen; Überleitungen:
   Schon die Überschrift „Gewaltige Vorstellung" zeigt ein gewisses Maß an Zustimmung. Die Autorin verweist darauf, dass […]. So zeigten Forschungsergebnisse, wie die Autorin hervorhebt, dass mittlerweile in „70 Prozent aller Filme und Serien" (Z. 7 f.) Gewalt gezeigt werde. Es bleibe die Frage, ob die Darstellung von Gewalt ein sinnvolles Stilmittel sei oder doch eher „blutrünstiger Unsinn". (Z. 11 f.)
   Die Meinung der Autorin lässt sich dem Text deutlich entnehmen. Sie vertritt die Position, dass […]. Mit ihrem Artikel möchte die Autorin über das Thema „Gewalt in Filmen" informieren. Die Autorin betont, dass […]. Sie möchte an die Leserschaft appellieren, die Gewaltverherrlichung in Filmen dennoch kritisch zu sehen.
   Der Text argumentiert in vorwiegend sachlicher Sprache. Manche Formulierungen […].

   c A „Es drängt sich die Frage auf …" (Z. 9) – „Dabei bin ich auch sicher, dass Zuschauer …" (Z. 50)
   B „Aber deshalb nur noch harmonische Handlungen, liebevolle Happy-Ends, einfältig einfache Eintracht?" (Z. 18 f.)
   C „harmonische Handlung" (Z. 18) – „einfältig einfache Eintracht" (Z. 18)
   D „Es drängt sich die Frage auf […] oder blutrünstiger Unsinn?" (Z. 9–12) – „Das soll nun besser sein?" (Z. 56) – „Es gibt, das bedauere ich auch, nun einmal Gewalt. Wieso sollten Filme und Serien das dann nicht auch zeigen dürfen und damit den Zuschauerinnen und Zuschauern Möglichkeiten anbieten, Gewalt zu verarbeiten?" (Z. 56–58)

5 b Mögliche Erörterung, gewählte Position: gegen Darstellung von Gewalt in Filmen und Serien

7 *(Einleitung)* Kaum ist der Fernseher an, hört man Schreie, sieht Blut und ist von Gewaltszenen gefesselt oder abgestoßen. Die Darstellung von Gewalt in Serien und Filmen nimmt zu. In dem Kommentar „Gewaltige Vorstellung – Wie viel Gewalt ist in Filmen und Serien notwendig?" von Mona Müller, der am 10. September 2015 veröffentlicht wurde, thematisiert die Autorin die Darstellung von Gewalt in Filmen und Serien und diskutiert dabei die Frage, ob und wie viel Gewalt zur Darstellung der Handlung und Figuren notwendig ist.
(Hauptteil, Textanalyse) Schon die Überschrift „Gewaltige Vorstellung" zeigt ein gewisses Maß an Zustimmung. Die Autorin betont, dass die Darstellung von Gewalt in den letzten Jahren zugenommen hat. Sie führt zudem an, dass, Forschungsergebnissen folgend, in „70 Prozent aller Filme und Serien" (Z. 7 f.) Gewalt gezeigt werde. Fraglich sei nur, ob die Darstellung von Gewalt zulässiges Stilmittel oder doch eher „blutrünstiger Unsinn" sei. Die Autorin vertritt die Position, dass Gewaltdarstellungen Filmen und Serien Tiefe verleihen und die Realität abbilden würden. Erst die Darstellung von Gewalt erzeuge Spannung. Dennoch appelliert sie an die Leser/-innen, Gewaltverherrlichung in Filmen kritisch zu betrachten.
Der Text argumentiert in vorwiegend sachlicher Sprache (vgl. Z. 9, Z. 50). Manche Formulierungen lassen die Position der Autorin auch sprachlich deutlich erkennen: Durch eine abwertend wirkende Aufzählung zeigt sie scheinbare Alternativen zu den Gewaltfilmen auf. Diese werden so ironisch abgewertet und durch die Verwendung entsprechender Adjektive als langweilig beschrieben. (vgl. Z. 18 f.) Die darin enthaltene Alliteration soll den Fokus auf diese Textstelle richten und überspitzt die Darstellung ironisch (vgl. Z. 18., Z. 19). Die Alliteration „einfältig einfache Eintracht" beinhaltet eine Aufzählung, die keinerlei Gewaltdarstellung mehr enthält. Mit rhetorischen Fragen spricht die Autorin den Leser an und regt diesen zum Nachdenken an (vgl. Z. 9–12, Z. 18–19, Z. 56–58).
(Hauptteil, Erörterung) Mona Müller hebt hervor, dass Gewaltdarstellungen in Filmen Spannung erzeugen können. Sie belegt dies damit, dass Kampfszenen die Handlung in besonderer Weise zuspitzen. Als Beispiel nennt sie die Serie „Game of Thrones". Dem ist entgegenzuhalten, dass nicht die Darstellung von Gewalt einer Handlung Spannung verleiht, sondern ein klug angelegter Spannungsbogen. Dialoge, Handlungen und tiefgründige Konflikte sind wesentlich spannender als die Darstellung roher Brutalität. Meiner Erfahrung nach ist es gerade umgekehrt: Die Gewaltdarstellungen lenken von der eigentlichen Handlung ab. Das kann anhand vieler erfolgreicher Filme in der Vergangenheit belegt werden. Mona Müller hebt hervor, dass Gewaltdarstellungen keine Gefahr für Jugendliche seien. Sie belegt das mit dem durchaus stichhaltigen Faktenargument, dass die Freiwillige Selbstkontrolle viele der brutalen Filme und Serien erst ab 16 oder 18 Jahren freigibt. Wenn im Text das Argument angeführt wird, so ist das zwar nachvollziehbar, jedoch blendet es aus, dass die Jugendlichen in Zeiten des Internets nahezu jeden Film ohne Alterskontrolle herunterladen und sehen können. So hält etwa jedes gängige Downloadportal im Internet jeden Film zu jeder Zeit für alle Menschen bereit. Die Autorin verweist darauf, dass die bloße Darstellung von Gewalt noch lange keine Gewalttäter erzeuge. Mit wissenschaftlichen Erkenntnissen belegt sie, dass Menschen sogar von der gezeigten Brutalität abgeschreckt werden und weniger Gewalt anwenden. Es mag richtig sein, dass diese Frage noch nicht endgültig geklärt ist. Dennoch widersprechen viele Studien diesem Argument. Die Darstellung von Gewalt in Filmen führe, so der bekannte Hirnforscher Manfred Spitzer, zu einer Abstumpfung, Menschen würden aggressiver und häufiger selbst Gewalt anwenden.
(Fazit) Wenn man bedenkt, welche verheerende Wirkung die Darstellung von Gewalt in Serien und Filmen auf Menschen haben kann, so kann ich mich nur gegen diese Art von Filmen wenden.
(Schluss) Meiner Meinung nach ist die Darstellung von Gewalt in Filmen und Serien insgesamt kritisch zu sehen. Ich bin überzeugt davon, dass man insbesondere Jugendliche von solchen Filmen fernhalten sollte, und empfehle daher, dass die Altersfreigabe durch die FSK etwas strenger gehandhabt werden sollte.

8 zur Textvorlage / ~~zur Argumentationsführung der Autorin~~ – ~~in das aktuelle Weltgeschehen~~ / in das Thema des Textes – ausführlich ~~wiedergegeben~~ / zusammengefasst – sprachlichen / ~~gedanklichen~~ – ~~Ideen~~ / Argumenten – ~~Intention~~ / Position – sinnvolle Verknüpfungen / ~~originelle Formulierungen~~ – ~~den Standpunkt der Autorin~~ / deinen Standpunkt – Absätze / ~~Gedankenstriche~~ – ~~Präteritum~~ / Präsens – ~~die direkte Rede~~ / die indirekte Rede

Eine Sachtextanalyse ausarbeiten

Seite 30–34

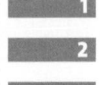

1 Mögliche Zusammenfassung des Themas: Das Thema des Zeitungsartikels sind die Chancen und Gefahren des Transhumanismus, der Überwindung der natürlichen Grenzen des menschlichen Körpers durch seine Digitalisierung.

2

4 a Mögliche Markierungen und Kommentare:
Fachwörter/Fremdwörter/Anglizismen, sprachliche Gestaltungsmittel, These, Argument, Beleg, Fazit:

2030 soll es so weit sein. Die Computer werden den Tod abschaffen. Wir werden nicht mehr leiden und nicht mehr sterben müssen. So verspricht es Ray Kurzweil, Pionier in der Forschung zu künstlicher Intelligenz und Kopf der transhumanistischen Bewegung. Einer Bewegung, die auf die Veränderung und Überwindung des menschlichen Körpers durch die Technologie setzt. Nach Kurzweil könnten schon bald Nanobots, sehr kleine Roboter in der Blutbahn, Viren, Bakterien und Krebszellen bekämpfen. Und der Moment der „Singularität", verspricht er schon seit Jahren, sei nah: Dann soll künstliche Intelligenz so weit entwickelt sein, dass sie mit der menschlichen verschmelzen kann. Das sei der Augenblick, an dem sich Mensch und Maschine so weit annähern, dass die digitale Kopie von Personen, der Download der Identität, möglich wird. Durch die Nanobot-Medizin werden Menschen nicht mehr altern; falls doch, wird ihre jeweilige Gehirn-Software auf robotische Avatare überspielt.	These/Kernaussage 1 Vertreter Pro Ellipse Fachbegriffe Zitat in indirekter Rede Anglizismen
Das klingt nach wilden Science-Fiction-Fantasien eines Spinners, den man nicht ganz ernst nehmen kann. Doch Ray Kurzweil ist Chefingenieur von Google, Träger von 19 Ehrendoktorwürden, Erfinder des Flachbett-Scanners sowie des ersten Sprach-Synthesizers.	Übertreibung, Tautologie Autoritätsargument Pro
Eine weitere Verheißung der Transhumanisten: Die Weiterentwicklung künstlicher Intelligenz könnte den Menschen nicht nur medizinisch helfen, sondern in Form von immer intelligenteren Geräten auch den Alltag weiter erleichtern. Solche Roboter könnten dann lästige Arbeiten übernehmen.	Ellipse These/Kernaussage 2
Dass dieser Weg in eine *schöne neue Welt* führt, in der die Menschen Seite an Seite mit immer klügeren technischen Gehilfen über ihre biologischen körperlichen Grenzen hinauswachsen, glauben aber nicht alle. Ängste, dass Menschen Wesen erschaffen, die ihre Schöpfer schließlich unterjochen, sind zwar mindestens so alt wie die *Geschichte von Frankenstein*. Neu ist aber, dass ranghohe Wissenschaftler und Tech-Unternehmer sie äußern. „Wir werden nicht mithalten können, wir werden nur eine überflüssige Spezies sein. Wie wir Menschen es mit lästigen Fliegen tun, so werden uns die Roboter ausmerzen", meint Hugo de Garis, einer der ersten Forscher zu künstlicher Intelligenz, schon seit Jahren. Und jetzt warnt auch Stephen Hawking: „Die Entwicklung von vollständig künstlicher Intelligenz könnte das Ende der menschlichen Spezies bedeuten." Sogar Bill Gates rät zur Vorsicht, und Nick Bostrom, Philosophie-Professor in Oxford, zählt die Entwicklung künstlicher Intelligenz neben einem Nuklearkrieg zu den schwersten Bedrohungen für die Existenz der Menschheit.	*Verweis auf fantastische Literatur* Gegenthese/Kernaussage 3 Vergleich Zitate Vertreter Autoritätsargumente Belege Kontra
Google, die EU und Thinktanks wie das der Singularity University von Ray Kurzweil wollen Krankheit und Leid bekämpfen und dafür die Grenzen der Natur überwinden. Doch überwinden ihre transhumanistischen Projekte damit auch die Menschheit an sich? Sind die existenziellen Bedenken berechtigt?	Wiederholung rhetorische Fragen: Einbezug der Leser
„Es liegt in unserer Hand, wofür wir künstliche Intelligenz einsetzen und welche Roboter wir erschaffen", sagt Miriam Leis, Mitglied der transhumanistischen Gesellschaft Deutschland und Thinktank-Managerin am Fraunhofer-Institut zur Technikfolgenabschätzung. Transhumanismus bedeutet für Leis zuallererst, sich mit den technischen Möglichkeiten zu befassen, die „neue Realität" zu erkennen. „Der Humanismus fragt, wie man das Beste aus der menschlichen Natur machen kann. Der Transhumanismus stellt diese Natur in Frage, um aus dem technischen Fortschritt das Beste für den Menschen zu machen."	Vertreterin Pro Zitate
„Solche Maschinen könnten wir für all die Tätigkeiten einsetzen, die früher Sklaven verrichten mussten und bei denen auch heute immer noch Arbeiter ausgebeutet werden. Menschen könnten sich dann der Kultur, den Künsten und der Wellness widmen, alle wären gebildeter, die Grundlagenforschung würde aufblühen." So Leis' Vision. „Doch man sollte nicht forcieren, Roboter zu erschaffen, die eigene Bedürfnisse entwickeln, die dann Lohn oder einen freien Sonntag fordern."	Argument Pro Ellipse

Aber könnte eine Maschine überhaupt Gefühle entwickeln, Ziele und Absichten verfolgen? Warum sollte sie das tun? Basieren Emotionen nicht auf Geburt und Tod? Und dem, was dazwischenliegt: dem Leben, das aus einer Vereinigung entsteht? Basieren Emotionen nicht darauf, dass ein Lebewesen nie autark ist? Ist das nicht der Grund dafür, dass Menschen Liebe, Begehren und Empathie kennen, Hunger, Angst und Schmerz? „Der Selbsterhaltungs- und damit auch der Fortpflanzungstrieb sind doch auch nur Programmierungen", antwortet Leis, „biologische Programmierungen." Und somit würden sie sich in der Maschine imitieren lassen? Genau so sieht es Ray Kurzweil. Unsere Körper, wie sie bislang funktionierten, seien wunderbar und hätten uns weit gebracht, jetzt aber würden wir aus guten Gründen ein nachhaltigeres Substrat für unsere Identitäten entwickeln, so Kurzweil. In seiner Perspektive kann ein Mensch nicht mehr sein als ein Netz aus Datenströmen, das sich, einem Computer gleich, programmieren lässt. Wenn es nach Kurzweil geht, ist die Angst vor dem Ende der menschlichen Existenz damit unbegründet: Es werden keine Roboter entstehen, die den Menschen überlegen sind, sondern die Menschen selbst werden sich durch die Maschinen zu einer höheren, intelligenteren, unsterblichen Spezies entwickeln.
„Das ist eine Illusion", sagt Raúl Rojas, Informatikprofessor an der Freien Universität Berlin (FU), der zu künstlicher Intelligenz und neuronalen Netzen forscht. Rojas wurde bekannt durch die Entwicklung von Fußball- Robotern, die für die FU im Robo-Cup zweimal den Weltmeistertitel gewonnen haben. Zurzeit arbeitet er an einem sich selbst steuernden Auto, mit dem er einen automatischen Fahrdienst für alle ermöglichen will. Rojas ist also weder technikfeindlich noch fantasielos – aber was die Transhumanisten verkünden, empört ihn. Es ärgert ihn, weil es seiner Ansicht nach unwissenschaftlich ist. „Wir wissen überhaupt nicht, wie ein Gehirn funktioniert, wo die Erinnerung sitzt, wie Träumen funktioniert. Der Mensch ist ein analoges, physikalisches System, das hoch komplex sowie ganz fein abgestimmt und geregelt ist und sich deshalb nicht diskretisieren, also nicht in Einzelteile zerlegen und als Zahlencodes abbilden lässt."
In seinen Augen liegt der Abbildungslogik von Ray Kurzweil ein dualistisches Verständnis des Menschen zu Grunde, das den Leib als Hardware sieht, der sich trennen lässt von der steuernden Software. „Aber man kann das ‚Ich' nicht vom materiellen Substrat trennen. Wir sind eben die Hardware, die uns trägt. Versagt die Hardware, ist leider Schluss", sagt Rojas.

Randnotizen:

rhetor. Fragen: Einbezug der Leser
Ellipse
Wiederholung

Argument Pro

Zitate in indirekter Rede

Fazit Pro

Gegenthese/Kernaussage 4

Vertreter und Autoritätsargument Kontra

Argument Kontra

Zitate

---

2 b Zutreffend ist Antwort B. Mögliche Begründung: Die Autorin stellt Aussagen/Zitate **pro** (Experten: Kurzweil und Leis) sowie **kontra** (Experten: Rojas, de Garis, Hawking, Gates und Bostrom) gegenüber.

3 a A + d − B + a − C + b − D + c
b **transhumanistisch:** Veränderung und Überwindung des menschlichen Körpers durch Technologie (Z. 3 ff.) – **Nanobot:** sehr kleiner Roboter in der Blutbahn (Z. 6 f.) – **Singularität:** Zeitpunkt der Verschmelzung künstlicher und menschlicher Intelligenz (Z. 7 f.) – **diskretisieren:** sich in Einzelteile zerlegen und in Zahlencodes abbilden lassen (Z. 85 f.)

4 Siehe bei Aufgabe 2 a oben.

5 Die Haltung der Autorin ist eher skeptisch. (Mögliche Begründung:) Die vielen rhetorischen Fragen unterstreichen ihren Zweifel an der Verschmelzung von Mensch und Maschine. Sie zitiert namentlich mehr skeptische Experten als Befürworter. Sie verwendet Begriffe wie „Spinner", „Verheißung" und „Vision" in Zusammenhang mit den Transhumanisten. Der Titel des Zeitungsartikels klingt ironisch. Die Anspielungen auf Film und Literatur verweisen auf die Welt der Fiktion.

6 Mögliche Zusammenfassung:
Pro: R. Kurzweil, M. Leis: Abschaffung von Tod und Leid durch Verschmelzung von künstlicher und menschlicher Intelligenz und durch Nanobot-Medizin; digitale Kopien von Personen, Download der Identität auf robotische Avatare; Roboter für Sklavenarbeit; das Beste für den Menschen, Bedenken: Roboter mit eigenen Bedürfnissen, Fazit: verbesserte Menschen statt Roboter – **Kontra: R. Rojas, H. de Garis, S. Hawking u. a.:** Sorge vor Unterjochung des Menschen durch künstliche Wesen, Ende der menschlichen Spezies, existenzielle Bedrohung; Mensch als komplexes System, das sich nicht kodieren und digitalisieren lässt; Identität kann nicht als „Software" vom Körper als „Hardware" getrennt werden

7 (Pro) Vertreter der **transhumanistischen Bewegung** sehen in der zukünftigen **Technologie** die Chance, die Natur des **menschlichen Körpers** zu überwinden. Der **Mensch** könne sich durch den Download **seiner Identität** zu einer höheren **Spezies** entwickeln, die in Gesundheit ein **ewiges** Leben führt. Außerdem könne sich der zukünftige Mensch um Kultur und **Wellness (oder: die Künste)** kümmern, während ihn **Roboter** von **lästiger Alltagsarbeit** entlasten.
(Kontra) Namhafte Experten halten dagegen, dass dies unwissenschaftlich und **illusorisch (oder: eine Illusion)** sei. Der menschliche **Geist,** wie z. B. das Erinnern und das **Träumen,** lasse sich nicht vom **Körper** trennen. Außerdem befürchten die Skeptiker der künstlichen **Intelligenz,** dass vom Menschen erzeugte **Wesen** den Menschen irgendwann **überlegen sein und ihn unterwerfen** könnten.

8 a Anzukreuzen sind A + a – B + b – C + b – D + a.

   b Mögliche Ausarbeitung: Einerseits zitiert Wiedemann bekannte **Experten / Autoritäten,** um das Thema neutral **zu beleuchten / darzustellen.** Andererseits nutzt sie Anspielungen auf Film und Literatur, Ellipsen und **rhetorische Fragen,** um ihre Leser direkt anzusprechen / einzubeziehen und um ihre eigene Position **herauszustellen / zu betonen / zu markieren.**

9 Richtig ist Antwort B.

Seite 35

1 Mögliche Einleitung: In ihrem Artikel „Transhumanismus: Bring mir den Kopf von Raymond Kurzweil!" für die Frankfurter Allgemeine Sonntagszeitung vom 12. 7. 2015 stellt Carolin Wiedemann die Chancen und Gefahren des Transhumanismus, der Überwindung der natürlichen Grenzen des menschlichen Körpers durch seine Digitalisierung, dar.

2 a Richtige Reihenfolge für den Schreibplan: 1 Pro künstliche Intelligenz: Chance auf gesundes, erleichtertes und ewiges Leben – 2 Gegenposition: Ängste vor existenzieller Bedrohung – 3 Skepsis der Autorin: rhetorische Fragen (existentielle Bedenken) – 4 Pro künstliche Intelligenz: Roboter als Alltagshelfer – 5 Skepsis der Autorin: rhetorische Fragen (Mangel an Emotionalität) – 6 Reaktion auf die Gegenposition: unbegründete Ängste – 7 Gegenposition: untrennbare Einheit von Identität und Körper

   b Mögliche Darstellung der Kernaussagen und des argumentativen Aufbaus *(Formulierungshilfen)*:

> Carolin Wiedemann *stellt zwei zentrale* Positionen zur Entwicklung künstlicher Intelligenz *vor, indem sie* deren Vertreter mit ihren Thesen und Argumenten *zitiert und* einander gegenüberstellt.
> *Die Autorin informiert zunächst* über den Ingenieur Ray Kurzweil und seine transhumanistische Bewegung. Sie *stellt* seine zentrale These vor, die Computertechnologie könne menschliches Leid und den Tod abschaffen, sobald eine Verschmelzung von künstlicher und menschlicher Intelligenz möglich sei. Die Nanobot-Medizin und der mögliche „Download der Identität" (Z. 11 f.) auf Roboter-Avatare versprächen ewiges Leben. *Außerdem ließe sich* das Alltagsleben durch Geräte mit künstlicher Intelligenz erleichtern.
> *Carolin Wiedemann kontrastiert* diese Zukunftsvision mit der skeptischen Haltung anderer namhafter Wissenschaftler und Unternehmer wie z. B. Stephen Hawking oder Bill Gates, die ihre Ängste in Bezug auf eine mögliche Überlegenheit künstlich erzeugter Wesen äußern: Künstliche Intelligenz sei eine der „schwersten Bedrohungen für die Existenz der Menschheit". (Z. 39) *Die Autorin stellt rhetorische Fragen bezüglich* der Berechtigung solcher Bedenken *und leitet damit wieder* zu den Befürwortern der Entwicklung künstlicher Intelligenz *über. Sie zitiert* Miriam Leis von der deutschen transhumanistischen Gesellschaft, die noch einmal die Verbesserung des menschlichen Lebens durch die Technologie der Zukunft betont. *So könnten z. B.* Roboter zu einer enormen Erleichterung des Alltagslebens führen, *indem* sie den Menschen ausbeutende Arbeit übernähmen, die „früher Sklaven verrichten mussten" (Z. 52 f.). Der Mensch könne sich „dann der Kultur, den Künsten und der Wellness widmen" (Z. 54 f.). *Allerdings solle man* keine Roboter mit eigenen Gefühlen entwickeln, die sich dann möglicherweise gegen den Menschen wenden könnten.
> *Die Autorin äußert in einer Kette von* rhetorischen Fragen *ihre Skepsis bezüglich* der Möglichkeit, künstliche Wesen mit Emotionen zu erschaffen, z. B.: „Basieren Emotionen nicht darauf, dass ein Lebewesen nie autark ist?" (Z. 61). Sie lässt die Befürworter Leis und Kurzweil darauf antworten, dass der Mensch, ähnlich einem Computer, auch nur programmiert sei, nicht mehr „als ein Netz aus Datenströmen" (Z. 69 f.). So würden keine dem Menschen überlegenen Roboter entstehen, sondern eine neue, verbesserte menschliche Spezies. Die Ängste der Skeptiker seien daher unbegründet.
> *Abschließend lässt Carolin Wiedemann* einen Vertreter der Gegenposition *zu Wort kommen:* Der Informatiker Raúl Rojas wird mit Argumenten gegen die freie Verfügbarkeit menschlicher Intelligenz zitiert. *Der Mensch sei* ein hoch komplexes System, dessen Geist sich nicht vom Körper trennen lasse. Versage die Hardware, also der Körper, sei „leider Schluss" (Z. 91).

   c Mögliche Darstellung der sprachlichen Mittel *(Formulierungshilfen)*:

> Wiedemann *will mit ihrem Artikel informieren und zugleich* zum Nachdenken anregen. *Einerseits* stellt sie beide Positionen relativ ausgewogen und informativ dar. *Andererseits* wird ihre eher skeptische Haltung gegenüber der Entwicklung künstlicher Intelligenz, wie sie die transhumanistische Bewegung sieht, deutlich.
> *So unterstreicht die Autorin z. B.* die Autorität sowohl Kurzweils als Chefingenieur (Z. 15 ff.) als auch Rojas als Informatikprofessor (Z. 75 ff.) und Erfinder diverser Technologien *und lässt* Experten beider Positionen durch Zitate unverfälscht *zu Wort kommen* (z. B. Z. 31 f., Z. 35 f., Z. 44 f., Z. 48–51, Z. 52–55, Z. 56 f., Z. 63 ff., Z. 75, Z. 82–86, Z. 89–91). *Damit zeigt sie, dass ihr an* einer fundierten und objektiven Darstellung *gelegen ist. Allerdings zitiert sie mehr* skeptische Experten als Befürworter (Kurzweil und Leis stellt sie de Garis, Hawking, Gates, Bostrom und Rojas gegenüber) *und erzeugt so* ein Übergewicht der Kontra-Positionen.
> *Auch ihre vielen* rhetorischen Fragen (Z. 42 f., Z. 58–63 und Z. 65) *unterstreichen* ihren Zweifel an den Ideen des Transhumanismus. *So nimmt sie Einfluss auf* ihre Leser, *indem sie* sich direkt an sie wendet und sie in ihre zweiflerische Fragehaltung mit einbezieht. *Durch* elliptische Sätze *hebt sie* das Wichtige in ihren Aussagen prägnant *hervor* (Z. 4 f., Z. 18, Z. 55 f., Z. 61 f.). *Außerdem nutzt* Carolin Wiedemann Anspielungen auf Film und Literatur, *um ihre eigene Position herauszustellen. Mit dem* zitierten Filmtitel („Bring mir den Kopf von …!", Titel), *der Anspielung auf den* dystopischen Roman „Schöne neue Welt" (Z. 22 f.) *und auf* „Frankenstein" (Z. 30) *weist sie* die transhumanistischen Gedanken *der Welt der Fiktion zu.*

3 Mögliche Schlüsse:

Ich finde die Ideen der Transhumanisten **faszinierend,** *denn* der technische Fortschritt kann zu einem verbesserten Leben der Menschen führen. Der Schritt in die Digitalisierung des Körpers ist nur eine Fortsetzung der Entwicklung heute schon existierender technischer Hilfsmittel. – (Oder:) *Ich finde die Ideen der Transhumanisten* **bedenklich** (oder: abstoßend), *denn* Menschen wären als technische Wesen nicht mehr Herren ihrer selbst. Durch die Digitalisierung ihrer Identität wären sie anfällig für Manipulationen wie z. B. Hackerangriffe.
Daher kann ich der Argumentation von **Kurzweil und Leis/Hawking, Gates, Rojas etc.** sehr gut/nur teilweise/nicht *folgen.*

4 Mögliche weiterführende Gedanken:
●●● **Chancen:** Schon heute ist es möglich, körperliche Funktionen durch technische Hilfsmittel zu optimieren, z. B. durch Brillen und Hörgeräte, Herzschrittmacher, Prothesen oder Fitnessarmbänder. Technologien wie GPS oder Smartphones sind im Grunde nichts anderes als Verstärker bzw. Ersatz für kognitive Fähigkeiten.
Gefahren: Diese ausgefeilte Technik würde auf lange Sicht wahrscheinlich nur den Wohlhabenden zur Verfügung stehen, sodass nur bestimmte Menschen unsterblich würden. Zudem würde die Unsterblichkeit der Menschheit neue, möglicherweise unlösbare Probleme aufwerfen wie etwa Überbevölkerung und Rohstoffkriege.

Eine politische Rede analysieren

Seite 36–40

1 b Der Anlass der Rede ist der 70. Jahrestag der Befreiung des größten nationalsozialistischen Vernichtungslagers, Auschwitz-Birkenau in Polen. Bundeskanzlerin Angela Merkel hielt die Rede am 26. Januar 2015 und damit einen Tag vor dem eigentlichen Jahrestag bei der offiziellen Gedenkveranstaltung des Internationalen Auschwitz-Komitees. Diese fand nicht vor Ort in Polen, sondern in Berlin an einem traditionsreichen und der Bildung und Aufklärung der Bevölkerung gewidmeten Veranstaltungsort, der sogenannten Urania, statt. Unter den geladenen Gästen befanden sich neben inländischen und ausländischen Politiker/-innen und Diplomaten auch zwei Auschwitz-Überlebende sowie junge Menschen aus Polen, Israel und Deutschland. Von diesen hatten einige die Veranstaltung auch mit vorbereitet.

2 a In der Randspalte sind Auffälligkeiten auf unterschiedlichen Ebenen notiert; manches davon findet sich in späteren Aufgaben wieder. Es sind natürlich auch andere und viele weitere Randbemerkungen möglich.
Der Übersichtlichkeit halber wurden nur einige sprachliche Mittel gruppenweise markiert:
Formen der Wiederholung, z. B. Anapher – Kontraste und Paradoxien – **Anreden, wir- und ich-Aussagen** (Anrede-, Personal- und Possessivpronomen) – Weitere sprachliche Mittel werden bei Aufgabe 8 aufgeführt.
Hinweis: Mehrfachmarkierungen der gleichen Stelle wären möglich/nötig (→ Zusammenwirken sprachlicher Mittel und inhaltlicher Aussagen), hier wird wegen der Übersichtlichkeit aber immer nur eine Kategorie markiert (ggf. aber zusätzliche eigene Unterstreichungen möglich).

Hinweis: Im folgenden Text sind auch Lösungen zu Aufgabe 5: thesenhafte, beschreibende und erläuternde Passagen, argumentative Aussagen, appellierende Aussagen und zu Aufgabe 6 a: Fahnenwörter, Stigmawörter angegeben.

Rede von Bundeskanzlerin Merkel anlässlich der Gedenkveranstaltung des Internationalen Auschwitz-Komitees zum 70. Jahrestag der Befreiung des Konzentrationslagers Auschwitz-Birkenau am 26. Januar 2015, gehalten in der Urania in Berlin	
Sehr geehrte Frau Fahidi, sehr geehrter Herr Turski, sehr geehrter Herr Heubner, sehr geehrte Botschafter, Herr Ministerpräsident Woidke, meine Damen und Herren, liebe junge Gäste,	persönliche Ansprache(n)
es ist für mich eine große Ehre und erfüllt mich mit Dankbarkeit, heute hier bei Ihnen zu sein und zu Ihnen sprechen zu dürfen.	persönliche Haltung
Der Jahrestag der Befreiung des Lagers Auschwitz-Birkenau durch sowjetische Soldaten jährt sich morgen zum 70. Mal. Auschwitz – dieses eine Wort steht für Millionen Einzelschicksale. Jedes Schicksal steht für sich. Jedes Schicksal erzählt auf seine Weise von unfassbarem Leid, von unsäglicher Quälerei bis hin zur systematischen Ermordung. Wie grausam all die vielen Lebenswege durchkreuzt und beendet wurden – das übersteigt letztlich **unsere** Vorstellungskraft. Eines aber wissen **wir:** Das Unvorstellbare ist geschehen; es war möglich.	Anlass sachlich Satzanfänge, Hervorhebung; Kontrast; Anapher; Aufzählung; klare Worte; Inversion – Betonung; Kontrast: jetzt: Wir-Form
Der Auschwitz-Überlebende und langjährige Präsident des Zentralrats der Juden in Deutschland Heinz Galinski hat einmal gesagt: „Auschwitz – dieser Name steht für Untaten einer bis dahin unbekannten Dimension, für Verbrechen nicht allein gegen die Menschlichkeit, sondern für Verbrechen an der Menschheit."	Zitat Galinski zu Auschwitz
Was dort geschehen ist, war ein fundamentaler Angriff auf den Kern dessen, was unser Menschsein ausmacht: auf die Würde des Menschen. Eine **wahnhafte Ideologie** sprach Menschen das Menschsein ab.	Paradox

[…] *Auschwitz* ist eine Mahnung, was Menschen anderen Menschen antun können. *Auschwitz* ist eine grausame Zäsur in der Geschichte der Menschheit. *Auschwitz steht für* den von Deutschland begangenen Zivilisationsbruch der Shoah. Dies verleiht dem Tag, an dem sich die Befreiung des Konzentrations- und Vernichtungslagers Auschwitz-Birkenau jährt, seine ganz besondere Bedeutung. Am morgigen 70. Jahrestag **erinnern wir an** die sechs Millionen ermordeten Juden. *Wir erinnern* an das grausame Schicksal der Sinti und Roma. *Wir erinnern an* das erbarmungslose Vorgehen gegen Gegner des Nationalsozialismus. *Wir erinnern an* die Menschen mit Behinderung, an Homosexuelle, an Zwangsarbeiter, an die leidgeprüften Menschen in den von Deutschland überfallenen Ländern. *Wir erinnern an* alle, die von Deutschland im Nationalsozialismus verfolgt, misshandelt, gequält, vertrieben und ermordet wurden.
Verbrechen an der Menschheit verjähren nicht. **Wir** haben die immerwährende Verantwortung, das Wissen über die Gräueltaten von damals weiterzugeben und das Erinnern wachzuhalten.
Liebe Frau Fahidi, lieber Herr Turski, Sie haben die Hölle des Konzentrations- und Vernichtungslagers Auschwitz-Birkenau als Jugendliche von 18, 19 Jahren erlitten und überlebt. **Ihre** Familien wurden dort ermordet. Die Bilder von einst und die *Trauer* tragen **Sie** tief in sich. *Ich trauere* mit Ihnen. *Ich trauere* mit all denjenigen, die gelitten und Angehörige verloren haben.
[…] Es ist kaum zu ermessen, wie viel Kraft es kostet, sich schmerzhafte Erfahrungen immer wieder vor Augen zu führen. Gleichwohl haben **Sie** mit dafür gesorgt, dass Erinnerung über Generationen hinweg wachbleibt – dass aus ihr auch künftig Lehren gezogen werden können. **Sie** haben **uns** damit ein großes, ein wichtiges Geschenk gemacht, für das ich **Ihnen** von ganzem Herzen danken möchte. Denn **wir** dürfen nicht vergessen. *Das sind* **wir** *Ihnen schuldig. Das sind* **wir** *den vielen* Millionen Opfern schuldig. Und das *sind* **wir** *uns selbst schuldig*, die wir heute leben und eine gute Zukunft gestalten wollen.
[…] Jeder, dem eine gute Zukunft Deutschlands am Herzen liegt, ist sich der immerwährenden Verantwortung nach dem Zivilisationsbruch der Shoah bewusst. Die Erinnerung an die grausamen Kapitel **unserer** Geschichte prägt unser Selbstverständnis als Nation. Bei **uns** muss jeder – unabhängig von Religion oder Herkunft – frei und sicher leben können.
„Nie wieder!" – Diese Botschaft ist für **unser** demokratisches Land, das in Frieden mit seinen Nachbarn lebt, geradezu konstitutiv. **Unser** Bekenntnis zu einem geeinten Europa ist ebenso wie das Bewusstsein der unermesslich hohen Bedeutung von Freiheit und Rechtsstaatlichkeit, Pluralität und Toleranz fest verankert. Doch so *kostbar* diese Werte auch sind, so *zerbrechlich* sind sie zugleich.
Freiheit, Demokratie und Rechtsstaatlichkeit verlangen stets **unsere** Aufmerksamkeit und **unseren** Einsatz. Das beginnt schon damit, alte und neue Vorurteile und Feindbilder als solche zu entlarven.
Welche furchtbaren Taten letzten Endes aus irregeleiteter Gesinnung erwachsen können, haben uns die Attentate in Paris einmal mehr vor Augen geführt. *Dort* richteten sich Hass und Gewalt gezielt gegen Menschen, die als Journalisten und Karikaturisten Gebrauch von ihrer Meinungsfreiheit gemacht haben. *Dort* richteten sich Hass und Gewalt gezielt gegen jüdische Kunden eines koscheren Supermarkts bzw. weil die Mörder annahmen, dort Juden anzutreffen. *Dort* zeigten sich zwei der großen Übel unserer Zeit: islamistischer Terrorismus und Antisemitismus.
Das Lebensprinzip der Demokratie ist unser Gegenentwurf zur Welt des Terrorismus. Und er ist stärker als der Terrorismus. Diese Überzeugung gilt es auch im Alltag immer und immer wieder zu bekunden, um jegliche Stimmungsmache auf Kosten bestimmter Gruppen zu bekämpfen – *ganz gleich,* von welcher Seite sie kommt; *ganz gleich,* gegen wen sie sich richtet.
Wir wollen keine hasserfüllten Parolen gegen angeblich Ungläubige oder Andersgläubige. *Wir wollen keine* hasserfüllten Parolen gegen Juden. *Wir wollen keine* hasserfüllten Parolen gegen Menschen, die in Deutschland ein neues Zuhause gefunden haben oder bei uns Zuflucht vor Krieg und Verfolgung suchen. **Uns** gegen jedes Aufkeimen von Antisemitismus und Menschenfeindlichkeit zu wehren, ist **unsere** bürgerschaftliche, gesellschaftliche und staatliche Pflicht.
[…] Was geschehen ist, können **wir** nicht ungeschehen machen. Doch nur im Bewusstsein **unserer** immerwährenden Verantwortung können **wir** eine gute Zukunft gestalten. Dieses Wissen lässt uns nicht ruhen und uns einfach darauf verlassen, dass sich schon andere finden werden, die sich um eine gute Zukunft kümmern.

Was bedeutet Auschwitz? – Auschwitz als Synonym für Unmenschlichkeit und Grausamkeit
→ Argument für/Rechtfertigung des Gedenktages
schonungslose Aufzählung aller Verbrechen

persönliche Anrede
Metapher

Ich-Aussagen

Metapher

wörtlicher Appell/Vorsatz
Aufzählung von Werten

Argument für den folgenden Appell
Aktualisierung: Benennung der Gegenseite

Argument/Beleg:
Paris steht für gemeinsame europäische Haltung;
Aufzählung

implizite Opposition gegen nicht genannte rechtsradikale Gruppierungen in Dtld.; Hinweis auf die „Flüchtlingskrise"

Argument: Weil gute Zukunft davon abhängt → implizite, suggestive Appelle
→ Auftrag/Vorsatz

Aus Erinnerung erwächst also ein Auftrag. Und so lautet die Botschaft des Gedenk-
tags an die Opfer des Nationalsozialismus: Vergangenes wird nicht vergessen.
Auschwitz fordert **uns** täglich heraus, **unser** Miteinander nach **M**aßstäben
der **M**enschlichkeit zu gestalten. Auschwitz geht uns alle an – heute und morgen,
nicht nur an Gedenktagen.

Alliteration

b Zutreffend sind die Aussagen A, C und E.

3 Gedankengang/Aufbau der Rede:
Sinnabschnitt 1, Z. 1–5: Anreden und persönliche Bekundung
Sinnabschnitt 2, Z. 6–22: Auschwitz und seine Bedeutung
Sinnabschnitt 3, Z. 23–34: Aufgabe des Gedenktags und Dimensionen des Erinnerns
Sinnabschnitt 4, Z. 35–47: Konkretisierung (direkte Ansprache der beiden anwesenden Auschwitz-Überlebenden)
Sinnabschnitt 5, Z. 48–60: Erinnern als Aufgabe für das heutige Selbstverständnis Deutschlands
Sinnabschnitt 6, Z. 61–67: Aktualisierung durch Bezug auf die Attentate in Paris
Sinnabschnitt 7, Z. 68–78: Ausrichtung und Verpflichtung auf gemeinsame Wertvorstellungen und Haltungen
Sinnabschnitt 8, Z. 79–88: Fazit, Schlussappell und Dank

4 Geringfügige Abweichungen sind möglich, die Grundtendenz in der Einschätzung sollte aber übereinstimmen. Lösungsvor-
schlag: 1 a = 1; 1 b = 2; 2 = 3; 3 = 6; 4 = 6; 5 = 1; 6 = 3

5 Markierungen von Beschreibungen, Argumenten und Appellen im Text s. o. zu Aufgabe 2 a

6 a Markierungen von Fahnenwörtern und Stigmawörtern im Text s. o. zu Aufgabe 2 a

b

Fahnenwörter	Stigmawörter
– Menschlichkeit (Z. 16), Würde des Menschen (Z. 18) – Demokratie (vgl. Z. 57 f.), Lebensprinzip der Demokratie (Z. 68) – Rechtsstaatlichkeit (Z. 58); bürgerschaftliche, gesellschaftliche und staatliche Pflicht (Z. 78) – frei und sicher (Z. 51 f.), Frieden (Z. 53) – Pluralität, Toleranz (Z. 56), Miteinander (Z. 85) – Trauer (Z. 38), Erinnern (Z. 34), Verantwortung (Z. 80), gute Zukunft (Z. 80)	– Menschenfeindlichkeit (Z. 77) – Nationalsozialismus (Z. 30, 84), Welt des Terrorismus (Z. 68 f.), islamistischer Terrorismus und Antisemitismus (Z. 67), Terrorismus (Z. 69) – wahnhafte Ideologie (Z. 18 f.), irregeleitete Gesinnung (Z. 61) – Hass und Gewalt (Z. 63) – alte und neue Vorurteile und Feindbilder (Z. 59) – Stimmungsmache (Z. 70), hasserfüllte Parolen (Z. 73 ff.)

7 a + b

Direkte Ansprachen	Zusammenhang / Wirkung	Ich-Aussagen
Z. 1–5: Anrede an Einzelpersonen und Gäste allgemein	**Zusammenhang:** Auf persönliche Anrede folgen persönliche Aussagen; dem individuellen Schicksal wird durch Mitempfinden begegnet. ←--------------→	Z. 4 f.: persönlicher Dank und Ehrbezeugung
Z. 35–47: Anrede an die beiden anwesenden Auschwitz-Überlebenden; direktes Ansprechen ihrer Biografie; Mitempfinden, Mittrauer, Schuldbekenntnis, Dank	**Wirkung:** Es entsteht kurzfristig inmitten der Öffentlichkeit eine „intimere", privatere Gesprächssituation.	Z. 38 f.: persönliche Trauer Z. 43 f. stellvertretender Dank

c Mögliche Textbelege und Wirkung: „unser Selbstverständnis als Nation" (Z. 50 f.) → Nation als Identitätsmerkmal – „Unser Menschsein" (Z. 18) → alle Menschen – „Wir erinnern […]" (Z. 25–31) → die Deutschen in der Gegenwart, die sich an die nationalsozialistische Vergangenheit erinnern – „Das sind wir […] schuldig […]" (Z. 45 ff.) → das heutige Deutschland als Nation – „unserer Geschichte" (Z. 50), „unser Selbstverständnis als Nation", „unser demokratisches Land" (Z. 53) → wir als Demokraten – „unser Bekenntnis zu einem geeinten Europa" (Z. 54 f.) → Deutschland als Teil Europas, wir als Europäer – „unser Gegenentwurf" (Z. 68) → gemeinsame Front gegen den Terrorismus – „Wir wollen ..." (Z. 73 ff.), „unsere […] Pflicht" (Z. 78), „lässt uns nicht ruhen […]" (Z. 81) → (etwas suggestive) Willensbekundung für alle, implizite/verborgene Appelle, Einschwören auf die Gemeinschaft, das Miteinander

8 Mögliche Textbelege: **Anaphern und Parallelismen:** Z. 8.: „Jedes Schicksal" (2x); Z. 20 ff.: „Auschwitz [ist/steht für]" (3x); Z. 25–31: „Wir erinnern" (4 bzw. 5x); Z. 63–65: „Dort [richteten sich/zeigten sich]" (3x); Z. 73–76: „Wir wollen keine" (3x) – **Aufzählungen:** Z. 9 f.: „von unfassbarem Leid, von unsäglicher Quälerei bis hin zur systematischen Ermordung"; Z. 25–31 (v. a. Z. 28 f.): „Menschen mit Behinderung, an Homosexuelle, an Zwangsarbeiter, an die leidgeprüften Menschen in den […]" und Z. 30 f.: „verfolgt, misshandelt, gequält, vertrieben und ermordet""; Z. 78.: „bürgerschaftliche, gesellschaftliche und staatliche Pflicht" – **auffälliger Satzbau:** häufig sehr kurze, prägnante Sätze, z. B. Z. 8, Z. 11 f., Z. 20–22, Z. 32, Z. 44–47 u. a. m.; insgesamt überwiegend parataktischer Satzbau, nur selten Hypotaxen, die aber ebenfalls übersichtlich bleiben, z. B. Z. 17 f., 22 ff., Z. 40 ff., Z. 54–56. Gelegentlich Inversionen (d. h. Abweichungen vom regulären Satzbau), z. B. Z. 10 f., Z. 61 f., Z. 76 f. – **Kontraste:** Z. 7 f.: „dieses eine Wort", „Millionen Einzelschicksale"; Z. 40 f./43 f.: „schmerzhafte Erfahrungen", [sich daran zu erinnern:] „ein wichtiges Geschenk"; Z. 56 f.: „so kostbar", „so zerbrechlich" – **paradoxe Aussagen:** Z. 11 ff.: „das übersteigt […] unsere Vorstellungskraft. […] Das Unvorstellbare ist geschehen […]"; Z. 18 f.: „[…] sprach Menschen das Menschsein ab" – **bildhafte Formulierungen** (z. B. Metaphern, Vergleiche): Z. 18: „Kern"; Z. 35: „Hölle"; Z. 43 f.: „Geschenk"; ansonsten eher wenig markante Alltags-

metaphern, z. B. Z. 10: „durchkreuzt"; Z. 41: „vor Augen zu führen"; Z. 48: „am Herzen liegt" − **besondere Wortwahl:** Fremdwörter (außer bestimmten thematisch begründeten Fachbegriffen wie „Shoa" und „Antisemitismus"), Neologismen, Euphemismen fallen hier gerade nicht auf; dafür aber viele ausdrucksstarke Adjektive, z. B. Z. 9: „unfassbarem", „unsäglicher"; Z. 18: „wahnhaft"; z. B. Z. 21: „grausam"; z. B. Z. 32: „immerwährend"; z. B. Z. 45 ff.: „schuldig"; z. B. Z. 57: „kostbar"; Z. 57: „zerbrechlich"; Z. 61: „irregeleiteter"; z. B. Z. 73 ff.: „hasserfüllt" − **Zitat:** Z. 14 ff. (von einem weiteren Auschwitz-Überlebenden) − **weitere sprachliche Auffälligkeiten:** Z. 15−20: Korrektur („correctio")/ dann auch Wortspiel („Figura etymologica"): „nicht allein gegen die Menschlichkeit [...], sondern [...] an der Menschheit" „Menschsein [...] Würde des Menschen [...] Menschen [...] Menschsein [...] Menschen anderen Menschen"; Z. 85 f.: Alliteration: „Miteinander nach Maßstäben der Menschlichkeit"

Seite 41

1 **Redner/-in, Titel:** Angela Merkel (Bundeskanzlerin), **Zeitpunkt des Vortrags:** 26.1.2015, **Thema:** Verhalten Deutschlands heute in Bezug auf seine historische Verantwortung für den Holocaust, **Redesituation/Anlass:** Befreiung des Konzentrationslagers Auschwitz am 27.01.1945, **Ort:** Urania/Berlin, **evtl. Adressaten/Publikum:** Überlebende des Konzentrationslagers, Politiker, Diplomaten, Jugendliche, die deutsche Öffentlichkeit.
Hinweis: Berücksichtige in Bezug auf das Thema deine Ergebnisse von Aufg. 2, S. 39.

2 a s. Ergebnisse von Aufg. 3, S. 39. Ordne die Reihenfolge der Argumente. Zusammenhängende Ausarbeitung s. bei Aufg. 3 unten im Hauptteil.
b s. Ergebnisse von Aufg. 4−8, S. 39−40. Ordne die Reihenfolge der Analyseergebnisse, notiere auch Textbelege mit Zeilenangabe und denke daran, die Wirkung zu berücksichtigen. Ausarbeitung s. bei Aufg. 3 unten im Hauptteil.
c Mögliche Fortsetzung: Intention der Rede ist es, der Opfer von Auschwitz zu gedenken, aber auch Lehren für die Zukunft aus dem Holocaust zu ziehen.

3 Mögliche Redeanalyse:

(Einleitung) Zum 70. Jahrestag der Befreiung des größten nationalsozialistischen Vernichtungslagers, Auschwitz-Birkenau in Polen, hielt Bundeskanzlerin Angela Merkel am 26. Januar 2015 bei der offiziellen Gedenkveranstaltung des Internationalen Auschwitz-Komitees eine Rede. Die Gedenkveranstaltung fand in Berlin in der sog. Urania statt, einem traditionsreichen, der Bildung der Bevölkerung gewidmeten Veranstaltungsort. Eingeladen waren neben inländischen und ausländischen Politikern und Politikerinnen sowie Diplomaten auch zwei Auschwitz-Überlebende sowie junge Menschen aus Polen, Israel und Deutschland. Von diesen hatten einige die Veranstaltung auch mit vorbereitet. Angela Merkel spannt einen Bogen von der Notwendigkeit des Erinnerns an die nationalsozialistischen Verbrechen über die daraus erwachsende andauernde Verantwortung hin zur Zukunftsgestaltung in einer von demokratischen Werten geleiteten Gesellschaft.
(Hauptteil, Gedankengang; s. Aufg. 2a) Kernaussage der Rede ist, dass Deutschland es den Opfern des Holocaust schuldig ist, an sie zu erinnern. Das formuliert Angela Merkel sowohl persönlich im Hinblick auf die anwesenden Auschwitz-Überlebenden als auch grundsätzlich für alle Opfer (vgl. Z. 45−47). Sie nennt zu Beginn der Rede unmissverständlich und direkt die einzelnen Gräueltaten des Nationalsozialismus beim Namen (vgl. Z. 25−31). Der erste Teil der Rede (Z. 6−22) ist Auschwitz und der Bedeutung des Gedenktags sowie des Erinnerns gewidmet (Z. 23−34). Die Gesamtheit der Opfer differenziert sie im Weiteren nach Gruppen, damit sich eine jede persönlich angesprochen und in ihrem Leid verstanden fühlen kann (vgl. Z. 27−31). Mit direkter Ansprache der beiden anwesenden Auschwitz-Überlebenden setzt ein weiterer Teil der Rede ein, in dem sich das zuvor Gesagte am individuellen Einzelschicksal konkretisiert (Z. 35−39). Von hier aus ergibt sich die Bedeutung des Erinnerns für das Selbstverständnis Deutschlands (Z. 48−60). Die Einsicht in die historische Verantwortung, das gemeinsame Trauern und die geteilte Erinnerung der heute Lebenden für die Vergangenheit sind ihr in diesem Zusammenhang wichtig (vgl. Z. 25−31, Z. 32 ff., 38 f.). Darüber hinaus vertritt Angela Merkel die Meinung, dass das aktive Erinnern dazu beiträgt, auch die Zukunft positiv gestalten zu können (vgl. Z. 48−52). Denn aus „irregeleiteter Gesinnung" (Z. 61) könnten furchtbare Taten (vgl. Z. 61) erwachsen, so die Rednerin, und die Erinnerung mahnt, Vergleichbares zu verhindern. Das Selbstverständnis Deutschlands als Demokratie mit allen damit verbundenen Werten, wie z. B. Freiheit, Toleranz, Rechtsstaatlichkeit (vgl. Z. 56), hat sich, so Merkel, aus der Auseinandersetzung mit und in klarer Abgrenzung zur nationalsozialistischen Geschichte entwickelt (vgl. Z. 53−60). Im letzten Drittel der Rede bezieht Angela Merkel die aktuelle Gegenwart mit ein, indem sie sich auf die zum Zeitpunkt der Rede nur zwei Wochen zurückliegenden Attentate in Paris bezieht (Z. 61−72). Von hier aus betont sie für ihr Publikum, aber auch für das ganze Land die Notwendigkeit gemeinsamer Werte (Z. 73−82). Diese garantierten in Zeiten neuer Anfechtungen durch Antisemitismus und Terrorismus ein friedliches und menschenwürdiges Dasein für alle in Deutschland Lebenden: Wenn jeder sich zu jeder Zeit für demokratische Werte einsetze, werde die Demokratie stärker sein als der Terror (vgl. Z. 69 f.). Die Rede endet mit dem Auftrag, aus der bewussten Reflexion der Vergangenheit heraus die Zukunft positiv zu gestalten. Das sind die zentrale Botschaft und der zukunftsweisende Appell, die die Rednerin für die heutige Gesellschaft aus dem Gedenktag zu Auschwitz ableitet.
(Redestrategien, s. Aufg. 2b) Dem Anlass der Rede folgend, kommen Redestrategien, wie sie z. B. in parteipolitischen Auseinandersetzungen zu beobachten sind, nicht zum Einsatz: Es wird nichts beschönigt oder verharmlost und auch nichts dramatisiert oder übermäßig emotional ausgedrückt. Stattdessen steht das Erzeugen eines Gemeinschaftsgefühls im Vordergrund: Überwiegend und sehr nachdrücklich redet Angela Merkel von „uns" und „wir" und macht damit deutlich, dass sie in dieser Situation als Repräsentantin aller Deutschen spricht. Dabei schließt dieses „wir" Vergangenheit und Gegenwart Deutschlands ein. In einem weiteren Sinne bekommt das Personalpronomen „Wir" an manchen Stellen auch eine europäische Konnotation oder kann allgemein für freiheitlich-demokratisch verfasste Gesellschaften stehen. Hieraus erwächst eine Polarisierung in der zweiten Hälfte der Rede, und zwar zwischen Deutschland als demokratischem Land, dem „Lebensprinzip der Demokratie" (Z. 68) einerseits, und dem Nationalsozialismus (historisch) wie der „Welt des Terrorismus"

(Z. 68 f.) (aktuell) andererseits. Mit Fahnen- und Stigmawörtern werden diese Pole voneinander abgegrenzt: Freiheit und Sicherheit (vgl. Z. 51 f.) werden „Hass und Gewalt" gegenübergestellt (Z. 63, Z. 65). Steht die Demokratie für Werte wie Pluralität, Toleranz, Miteinander (vgl. Z. 56, Z. 85), so wird sie bedroht durch „alte und neue Vorurteile und Feindbilder" (vgl. Z. 59). Innerhalb des Wortfelds „Mensch" werden diese Pole besonders deutlich, wenn auf der einen Seite immer wieder von Menschlichkeit und Würde des Menschen die Rede ist (vgl. Z. 16, Z. 18) und dem in kontrastiver Form „Menschenfeindlichkeit" (Z. 77) gegenübergestellt wird. Am markantesten geschieht dies in folgendem Paradoxon: „Eine wahnhafte Ideologie sprach dem Menschen das Menschsein ab" (Z. 18 f.). Während Angela Merkel die „Stimmungsmache" (Z. 70) und „hasserfüllten Parolen" (Z. 73–76) aktueller rechtsradikaler Bewegungen anprangert, bringt sie selbst Trauer zum Ausdruck und appelliert an „Verantwortung" für eine „gute Zukunft" (Z. 46–49.). Dabei arbeitet sie nicht mit ausgefeilten Argumentationen, sondern setzt durch die Wir-Formulierungen darauf, dass ihre Zuhörerschaft und ihr Land mit der von ihr formulierten Position und Haltung weitgehend übereinstimmen. Auch ihre Appelle formuliert sie nicht agitatorisch und explizit, sondern eher implizit und etwas suggestiv (z. B. Z. 73–78, Z. 81). Insgesamt handelt sie also rhetorisch und argumentativ sehr maßvoll, da sie sich grundsätzlich mit den versammelten Gästen in einem Konsens weiß, was die Verurteilung des Nationalsozialismus und die Notwendigkeit des Erinnerns angeht. Angela Merkel unterstützt ihre Argumentation durch eine klare Sprache und eine leicht verständliche Ausdrucksweise sowie durch rhetorische Mittel, die vor allem der Intensivierung und Einprägsamkeit ihrer Aussagen dienen. Der Klarheit der Sprache förderlich und dem Ernst des Redeanlasses angemessen ist, dass beinahe ganz auf sprachliche Bilder verzichtet wird (Ausnahmen: „Hölle", Z. 35; „Geschenk", Z. 44). Vergleiche und Metaphern können leicht missverstanden werden – diesen Gefahren entgeht die Rednerin, indem sie die Dinge unmittelbar beim Namen nennt. Dies wird zusätzlich unterstützt durch Aufzählungen (z. B. Z. 9 f., Z. 25–31, Z. 45 f., Z. 78), die etwas Allgemeines (zum Beispiel die „Opfer", Z. 46, oder die „Gräueltaten", Z. 34) genauer differenzieren. Angela Merkel verleiht ihren Aussagen sprachlich Anschaulichkeit und Nachdruck.

Leicht verständlich sind die Ausführungen dabei, weil kaum Fremdwörter verwendet werden, sieht man von einigen thematisch nötigen Fachbegriffen ab, z. B. „Shoa" (Z. 22) oder „Antisemitismus" (Z. 67). Meist formuliert die Rednerin kurze, prägnante Sätze, die jeweils eine Aussage auf den Punkt bringen (z. B. Z. 8, 11 f., Z. 20–22, Z. 32, Z. 44–47). Besondere Effekte erzielt die Rede durch Anaphern und Parallelismen. Dafür lassen sich besonders viele Beispiele finden, etwa „Jedes Schicksal" (2x, Z. 8); „Auschwitz [ist/steht für]" (3x, Z. 20 ff.); „Wir erinnern" (4 bzw. 5x, Z. 25–31); „Dort [richteten sich/ zeigten sich]" (3x, Z. 63–66); „Wir wollen keine" (3x, Z. 73–75). Diese Mittel der Wiederholung lassen aufhorchen und bewirken große Intensität. Die Aussagen prägen sich ein. Indem das Parallele zum Teil bei der zweiten oder dritten Wiederholung etwas variiert wird, vermeidet die Rednerin, dass die rhetorische Form überstrapaziert wird, und kann teilweise noch eine gewisse Steigerung der Aussage in diesem Zusammenwirken von Wiederholung und Variation bewirken. Neben solchen rhetorisch verdichteten Passagen gibt es auch Wiederholungen von festen Wendungen, die dadurch den Charakter von Leitmotiven bekommen, z. B. „immerwährende Verantwortung" und „gute Zukunft" (vgl. 48 f., Z. 80). Während zwischen diesen beiden Wendungen in Merkels Gedankengang eine kausale Beziehung besteht, arbeitet sie an anderen Stellen auch mit Kontrasten, z. B.: „dieses eine Wort" – „Millionen Einzelschicksale" (Z. 7 f.), „schmerzhafte Erfahrungen" – „ein wichtiges Geschenk" (Z. 40 f./43 f.), „so kostbar" – „so zerbrechlich" (Z. 56 f.). *(Intention, s. Aufg. 2c)* Intention der Rede ist es, der Opfer von Auschwitz zu gedenken, aber auch Lehren für die Zukunft aus dem Holocaust zu ziehen.

(Schluss mit Fazit) Die Ansprache von Bundeskanzlerin Angela Merkel halte ich dem Anlass sowohl sprachlich als auch inhaltlich angemessen, denn sie drückt großen Respekt vor den Opfern des Nationalsozialismus aus und scheut keine klaren Worte, wenn es um die schlimmen Taten der Deutschen in der Vergangenheit geht. Das ist gerade für junge Menschen wichtig, die diese schreckliche Zeit (zum Glück) nicht miterlebt haben, aber dennoch eine ungeschönte Vorstellung davon haben sollten. Für gelungen halte ich gerade im Hinblick auf die junge Generation auch, dass die Rede nicht bei der Geschichte stehen bleibt, sondern deutlich macht, was das mit uns heute zu tun hat. Ich finde es richtig, dass Merkel keinen Zweifel daran aufkommen lässt, dass die große Mehrheit der Deutschen in einer friedlichen und offenen Gesellschaft, die demokratischen Grundsätzen verpflichtet ist, leben will. Allerdings drückt sie das auf eine etwas suggestive, beschwörende Art und Weise aus, die rechtsradikale Bewegungen wie Pegida vielleicht nicht ernst genug nehmen. Sich mit solchen Bewegungen kritisch auseinanderzusetzen, gehört aber wohl an eine andere Stelle als in eine solche Gedenkrede.

 4 Möglicher weiterführender Gedanke: Je genauer man sich mit dem, was im Holocaust geschehen ist, befasst, desto sensibler wird man zum einen für einen respektvollen Umgang mit Menschen anderer Religion, Kultur etc. und zum anderen für mögliche Bedrohungen der Werte, die uns wichtig sind, wie z. B. Menschenwürde, Freiheit und Frieden. Durch die Beschäftigung mit der Geschichte sind wir schneller gewarnt, wenn sich rechtsradikales Gedankengut andeutet, und können angemessen darauf reagieren. Auch haben wir eine genaue Vorstellung davon, welche katastrophalen Folgen antisemitische, fremdenfeindliche oder intolerante Bestrebungen haben können, wenn sie immer mächtiger werden.

Eine Parabel analysieren und interpretieren

Seite 42–45

1|2 Die ersten Leseeindrücke könnten sein: Der Sachverhalt in Bezug auf die Verteilung des Erbes ist kompliziert und man muss genauer darüber nachdenken, um das Problem zu verstehen. Ferner stolpert man über die Aussage von Herrn K. am Schluss, weil diese allen gängigen Alltagsvorstellungen von „Freundschaftsdiensten" auf den ersten Blick entgegenläuft.

3 Richtig ist Antwort C.

4 a „alter Araber" (Z. 3), „Kamele" (Z. 5)

b Mögliche Erläuterung: Durch die Wahl des Ortes wirkt die Geschichte (C) **märchenhaft,** was die (E) **bildhafte** Dimension der Parabel unterstreicht.

5 Mögliche Zusammenfassung der Inhalte: **Rahmenhandlung:** Z. 1–3; Herr K. führt in die Geschichte ein – **Binnenhandlung:** Z. 3–23; Beispielgeschichte zum Thema Freundschaftsdienste, ein kluger, alter Araber hilft drei jungen Freunden beim Aufteilen einer Erbschaft gemäß Testament des Vaters – **Rahmenhandlung:** Z. 24–25, Herr K. kommentiert das Verhalten des Arabers, überraschende Position zum Thema Freundschaftsdienste

6 Mögliche Erläuterung: Die Binnenhandlung im mittleren Teil der Parabel drückt bildhaft aus, was Herr K. über „Freundschaftsdienste" denkt (Bildbereich). Die Rahmenhandlung beschreibt einführend das Thema. Der abschließende Kommentar von Herrn K. verweist auf das Gemeinte (den Sachbereich).

7 Zutreffend sind die Aussagen A, B, C, E und F. Nicht zutreffend ist D.

8 a Mögliche Begründungen: [...], um seinen Freunden zu helfen, denn **er stellt ihnen sein einziges Kamel zur Verfügung** (vgl. Z. 12 f.). [...], denn **er fordert ein, dass er bekommt, „was übrigbleibt"** (Z. 13 f.) – **das könnte ja auch mehr sein, als er einsetzt!**

b Passende Adjektive: aufopferungsvoll, eigennützig, durchdacht, klug.

c Zutreffend sind die Aussagen B und D.

9 Mögliche Analyse: Die Erzählform ist die eines Er-/Sie-Erzählers. In der Rahmenhandlung tritt Herr K. in einer kommunikativen Rolle auf und gibt eine „Geschichte zum Besten" (Z. 2 f.). Dies setzt voraus, dass er sich in Gesellschaft befindet, auch wenn diese Situation nicht genauer beschrieben wird. Als Leser/-in vermutet man zunächst, dass man unterhalten werden soll, was ja tatsächlich durch die komplizierte Rechenaufgabe mit ihrer überraschenden Lösung geschieht. Aber indem Herr K. die Binnenhandlung als Beispiel für eine „richtige" (Z. 1) Verhaltensweise einführt und am Schluss erklärt, worin für ihn das „Richtige" besteht, nimmt er eine belehrende, aufklärende Rolle ein. Wie die abschließende Lehre gemeint ist, muss der Leser jedoch selbst erschließen, indem er seine Auffassung von einem „Freundschaftsdienst" mit der von Herrn K. vergleicht.

10 a + b Mögliche Stichworte: wenige Sätze (kurze Erzählung); hypotaktischer Satzbau mit Einschüben, aber auch Parataxen; einfache Wortwahl (Verben: geben, kommen, sagen ...); schlichte Sprache; wörtliche Rede (szenische Gestaltung)

11 a Im Umkehrschluss besagt der Schlusssatz, dass es falsch ist, wenn man für einen Freundschaftsdienst Opfer bringt. Das könnte auch eine Gefahr für die Freundschaft darstellen.

●●● b Möglicher Appell: Bringe für deine Freunde keine Opfer, sondern unterstütze sie einfach und erwarte dafür keine Gegenleistung.

Seite 46–47

1 a Mögliche Ergänzung: [...] problematisiert, dass wahre Freundschaft heldenhafte Selbstaufopferung erfordert. Brecht stellt in seiner Keunergeschichte demgegenüber ein Modell vor, demzufolge man Freunden helfen sollte, ohne sich selbst dabei zu schädigen.

●●● b Mögliche Alternativen:

A „Wie leistet man Freunden einen guten Dienst? – das ist die Frage, zu der Bertolt Brecht seine Figur „Herr K." in der Parabel „Freundschaftsdienste" (entstanden um 1934) eine Beispielgeschichte als Antwort erzählen lässt.

B Herr K., die Hauptfigur in Bertolt Brechts Parabel „Freundschaftsdienste", die um 1934 entstanden ist, tritt als Erzähler einer Beispielgeschichte auf, in der ein weiser alter Araber seinen jugendlichen Freunden nicht durch ein großes Selbstopfer, sondern durch praktische Unterstützung einen freundschaftlichen Dienst erweist.

2 Mögliche Struktur des Schreibplans: Punkt 1: Inhalt/Kurzzusammenfassung der Handlung – Punkt 2: Verlauf der Geschichte (Aufbau) – Punkt 3: Figuren und ihre Beziehungen – Punkt 4: sprachliche Gestaltung/Erzählweise – Punkt 5: Interpretation/Deutung der Bildelemente

3 Gelungen ist Inhaltswiedergabe B, weil **sie geordnet, knapp und sachlich die Handlung zusammenfasst.**

4 Möglicher Beginn des Hauptteils:

(zu Punkt 1 von Aufg. 2, Inhalt/Kurzzusammenfassung) Herr K. erzählt, wie ein alter Araber drei Brüdern, ... *(Fortsetzung s. Aufg. 3).*

(zu Punkt 2 von Aufg. 2, Aufbau) s. Ergebnisse von Aufg. 8, unten

5 Mögliche Beschreibung der Figuren:

(zu Punkt 3 von Aufg. 2, Figuren) s. Ergebnisse von Aufg. 8, unten

6 Mögliche Analyse von Sprache und Erzählweise:

(zu Punkt 4 von Aufg. 2, sprachliche Gestaltung/Erzählweise) s. Ergebnisse von Aufg. 8, unten

7 Möglicher Schluss (auf der Grundlage der Anregungen):

Die Parabel „Freundschaftsdienste" regt dazu an, kritischer über solche Freundschaftsdienste nachzudenken, die im Nachhinein dazu genutzt werden, um moralischen Druck auszuüben und Gleiches in umgekehrter Situation einzufordern. Andererseits sollte aber nicht geringgeschätzt werden, dass Freunde/Freundinnen sich manchmal auch sehr selbstlos verhalten oder echte Opfer bringen: Warum sollte man dies tadeln?

8 Mögliche vollständige Analyse:

(Einleitung) In seiner Parabel „Freundschaftsdienste" (entstanden um 1934) problematisiert der Autor Bertolt Brecht die Vorstellung, dass wahre Freundschaft heldenhafte Selbstaufopferung erfordert. Er stellt ihr ein Modell gegenüber, demzufolge man Freunden helfen sollte, ohne sich selbst dabei aufzuopfern.

(Hauptteil) Die Parabel gliedert sich in eine Rahmenhandlung und eine Binnenhandlung. Der Rahmen besteht aus jeweils einem Satz am Anfang und am Ende, in denen Herr K. auftritt. Dass es ihm um das Thema „Freundschaftsdienste" geht, macht Herr K. deutlich, bevor er ein Beispiel dazu erzählt. Was genau ihm an dieser Beispielgeschichte wichtig ist, klärt er in einem abschließenden Kommentar.

Die Binnenhandlung drückt bildhaft aus, was Herr K. zum Thema „Freundschaftsdienste" denkt. Sie erzählt, wie ein alter Araber drei Brüdern, denen er freundschaftlich verbunden ist, nach dem Tod ihres Vaters beim Aufteilen ihrer Erbschaft von 17 Kamelen klug und weitsichtig hilft. Er gibt ihnen kurzfristig etwas von seinem eigenen Besitz, ein weiteres Kamel, und ermöglicht so auf pragmatische Weise die vorgesehene Aufteilung. Er selbst erleidet dabei letztlich keinen Verlust, weil er sein Kamel zurückbekommt. Dass „Kamele" (Z. 5) und ein „alter Araber" (Z. 3) in der Binnenhandlung auftreten, setzt diese in einen orientalischen Kontext und damit in eine fremde Umgebung. Dadurch bekommt sie eine märchenhafte Dimension, die durch weitere Elemente unterstützt wird: Eine eher wunderliche Erbschaftsregelung setzt die Handlung in Gang; die Geschichte spielt in einer historisch nicht zu bestimmenden Zeit; die Figuren sind drei Brüder und ein alter Mann, die namenlos bleiben und folglich als „Typen", nicht als Individuen erscheinen. Dass das Bildhafte stärker als bei einem Märchen nach einer Deutung verlangt, ergibt sich durch das Zusammenspiel mit der Rahmenhandlung.

Die Figurenkonstellation ist einerseits durch das Altersgefälle, andererseits durch die freundschaftliche Verbundenheit geprägt. Der Freund der drei jungen Männer verkörpert den Typus des weisen Alten. Auf den ersten Blick wirkt die Gabe des eigenen Kamels besonders selbstlos und großzügig (vgl. Z. 12 f.). Zunehmend aber überlegt man als Leser/Zuhörer, dass er womöglich doch eher gerissen ist und sich selbst einen Vorteil verschaffen will, denn er fordert ein, dass er bekommt, was übrig bleibt (vgl. Z. 14) – das könnte ja auch mehr sein, als er eingesetzt hatte! Am Ende zeigt sich jedoch, dass die Hilfe des alten Arabers weder aufopferungsvoll noch eigennützig war, sondern durchdacht und klug. Der Araber löst das Problem intelligent, indem er es versteht und seine Freunde anleitet, es ebenfalls zu lösen.

In der Rahmenhandlung tritt Herr K. in einer kommunikativen Rolle auf: Er gibt „eine Geschichte zum Besten" (Z. 2 f.), was voraussetzt, dass er sich in Gesellschaft befindet. Jedoch wird diese Situation nicht genauer beschrieben. Die mathematische Natur des Problems verleiht der Geschichte den Charakter einer Knobelaufgabe, die auf amüsant-clevere Art das Denken aktiviert. Die Situation der Erbschaft von 17 Kamelen ist genau auf die verblüffende mathematische Lösung als Pointe hin konstruiert. Der Leser kann sich an der kniffligen Aufgabe und ihrer überraschenden Lösung vergnügen. Aber indem Herr K. die Geschichte als Beispiel für eine „richtige" (Z. 1) Verhaltensweise einführt und er am Ende erklärt, worin für ihn das „Richtige" besteht, nimmt er auch eine belehrende, aufklärende Rolle ein. Dabei nimmt er seinen Zuhörern bzw. dem Leser jedoch nicht die ganze Denkarbeit ab, sondern provoziert durch seinen Schlusskommentar ein Weiterfragen: Wieso ist es richtig, dass ein Freundschaftsdienst keine besonderen Opfer verlangt? Man fühlt sich aufgefordert, Herrn K.s Ansicht von einem richtigen Freundschaftsdienst mit den eigenen Vorstellungen davon zu vergleichen.

Sprachlich wird der Leser mit wenigen, allerdings recht komplexen Sätzen zur Reflexion am Schluss hingeleitet. Es wird in der Er-Form erzählt, der Erzähler ist auf das Wesentliche konzentriert und schreitet zügig voran. Während die Binnenerzählung zu Beginn mit wörtlicher Rede szenisch gestaltet wird, beschränkt sie sich im weiteren Verlauf auf das Erzählen der Vorgänge. Die Sprache zeichnet sich durch große Schlichtheit aus, sowohl bei den Bezeichnungen der Figuren (z. B. „der Ältere", „der Zweite", „der Araber") als auch bei der Beschreibung ihrer Handlungen: Es werden einfache Verben wie „sagen" (Z. 4, Z. 10), „haben" (Z. 11, Z. 12), „teilen" (Z. 11, Z. 14, Z. 16), „übrigbleiben" (Z. 14, Z. 20 f.) „bedanken" (Z. 15) verwendet. Diese kommen allerdings oft wiederholt bzw. korrespondierend vor (z. B.: „bringt mir nur, was übrigbleibt" (Z. 14) – „...blieb [...] ein Kamel übrig. Dies brachten sie, [...] zurück" (Z. 20–23), wodurch die Geschichte besonders in sich geschlossen wirkt.

(Schluss) Tatsächlich kann diese Parabel aus der Reihe der Keunergeschichten dazu anregen, kritischer über allzu aufopferungsvolle Freundschaftsdienste nachzudenken. Sie zeigt, dass freundschaftliche Unterstützung möglich ist, ohne dass sich der Unterstützende selbst aufgibt.

9 a + b schlüssige / ~~unterhaltsame~~ – ~~Absätze~~ / Zitate – ~~einheitlich~~ / sprachlich flüssig – ~~verstärkend verwendet~~ / vermieden –
fachlich angemessen / ~~abwechslungsreich~~ – verbessert / ~~ignoriert~~?

Ein Gedicht analysieren und interpretieren

Seite 48–50

1 a + b

Mit auf die Reise (Erstveröffentlichung 1958)	Reimform	Notizen
Ich kann dir keinen Zauberteppich schenken,	a	Parallelismus, Metapher
noch Diamanten oder edlen Nerz,	b	Diamant, Nerz = Metaphern
Drum geb ich dir dies Schlüsselchen von Erz,	b	Parallelismus, Schlüssel = Metapher
Dazu mein ziemlich gut erhaltenes Herz	b	Herz = Metapher
Zum Anmichdenken.	a	Enjambement, Neologismus

Ich kann dir keine braven Socken stricken,	c	Parallelismus, Alltägliches
Und meine Kochkunst würde dich nur plagen.	d	Alltägliches
Drum nimm den Scherben rosarotes Glas,	e	Parallelismus, Personifikation
Der führt ins Märchenland Ichweissnichtwas	e	Neologismus
An grauen Tagen.	d	
Ich kann dir nicht Aladins Lampe geben,	f	Parallelismus, Metapher
Kein „Sesam" und auch keinen Amethyst.	g	Metaphern
Doch weil dein Herz mir Flut und Ebbe ist,	g	Parallelismus, Herz; Ebbe und Flut = Metaphern
Hier diese Muschel, schimmernd, wie von Tränen	h	Vergleich
Zum Nachmirsehen.	h	Neologismus

2 Mögliche Antworten auf die Leitfragen: A Es wird eine Abschiedssituation beschrieben, in der derjenige, der bleibt, dem Reisenden drei Gegenstände mit auf die Reise gibt. – B Angesprochen werden die Gefühle Liebe und Sehnsucht. – C Der Titel des Gedichts weist darauf hin, dass jemand verreist und etwas mit auf die Reise nimmt. Er fasst den Inhalt zusammen.

3 a Es gibt ein lyrisches Ich, das **deutlich erkennbar** spricht. Jede Strophe beginnt mit dem Pronomen **„Ich".** Adressat des Gedichts ist **der Geliebte.** Eine direkte Ansprache erfolgt **in jeder Strophe.**

b Richtig ist Antwort C.

4 Mögliche Zusammenfassung der Ergebnisse:

●●● Der Titel „Mit auf die Reise" verweist auf eine Abschiedssituation: Die geliebte Person geht auf Reisen. Das lyrische Ich spricht in aller Deutlichkeit, jede Strophe beginnt mit dem Pronomen „Ich" (Vers 1, 6 und 11).
Adressat des Liebesgedichts ist der Geliebte, eine direkte Ansprache erfolgt in jeder Strophe (z. B. Vers 1, 3, 6–8, 11). Das lyrische Ich ist in trauriger Stimmung und es macht dem Geliebten zum Abschied eine Liebeserklärung. Als Zeichen der Verbundenheit gibt es ihm Andenken mit auf die Reise (Vers 3, 8, 14).

5 a Es gibt **drei** Strophen mit je **fünf** Versen.

b Reimform: a b b b a – c d e e d – f g g h h. Richtig ist Antwort B.

c Das Metrum ist überwiegend ein fünfhebiger Jambus, in den Versen 5, 10 und 15 (jeweils der letzte Vers einer jeden Strophe) ist er dreihebig.

d Wirkung: harmonisch, geordnet

6 a + b

Textbeleg (mit Versangabe)	Stilmittel	Deutung, Wirkung
„Zauberteppich" (Vers 1)	Metapher	orientalische Märchenwelt: fliegender Teppich, mit dem man Distanzen zu jeder Zeit schnell überwinden kann
„Diamanten", „edlen Nerz" (Vers 2)	Metaphern	materiell Wertvolles, Reichtum
„Schlüsselchen" (Vers 3)	Metapher	der Schlüssel steht für die Liebe, er öffnet das Herz
„gut erhaltnes Herz" (Vers 4)	Metapher	treue Liebe
„Anmichdenken" (Vers 5), „Ichweissnicht-was" (Vers 10), „Nachmirsehen" (Vers 15)	Neologismus	Komposita, Wortverbindungen spiegeln starke Gefühle: die Sehnsucht nacheinander in der Trennungssituation
den Scherben rosarotes Glas, / Der führt ins Märchenland Ichweissnichtwas / An grauen Tagen. (Vers 8–10)	Personifikation (der Scherbe)	Glasscherbe verleiht die Fähigkeit, die Welt „rosarot" zu sehen, sie hellt die Stimmung an traurigen, „grauen" Tagen auf
„Aladins Lampe" (Vers 11), „Sesam" (Vers 12)	Metaphern	Verwirklichung von Träumen/Wünschen (orientalische Märchen: Aladins Wunderlampe, Ali Baba und die 40 Räuber)
„Amethyst" (Vers 12)	Metapher	Amethyst als Heilstein/Wunderstein
„weil dein Herz mir Flut und Ebbe ist" (Vers 12)	Metaphern	Herz steht für Liebe, Flut und Ebbe umfassen den gesamten Zyklus der Meeresbewegung, die Liebe des Geliebten bedeutet dem lyrischen Ich alles
„Muschel, schimmernd, wie von Tränen" (Vers 14)	Vergleich	Perlmutt der Muschel erinnert an die Tränen, die das lyrische Ich auf Grund der Trennungssituation geweint hat oder noch weint (Motiv der Sehnsucht)
„Ich kann dir keinen" (Vers 1) – „Drum" (Vers 3), „Ich kann dir keine" (Vers 6) – „Drum" (Vers 8), „Ich kann dir nicht" (Vers 11) – „Doch" (Vers 13)	Parallelismus + Gegensatz-paare	jede Strophe beginnt mit Hervorhebung des Nichtkönnens/Unvermögens, dem jeweils positiv etwas entgegengesetzt wird (jede Strophe enthält einen Gegensatz/eine Antithese)
(jeweils die beiden letzten Verse einer Strophe) (Vers 4 f., Vers 9 f., Vers 14 f.)	Enjambements	bindet Satzteile (adverbiale Bestimmungen) an, die als jeweils dreihebiger letzter Vers jeder Strophe an den Schluss ausgegliedert sind; jeder dieser Verse betont Gefühle
„keinen Zauberteppich schenken, / noch Diamanten oder […]" (Vers 1 f.); „Ich kann dir nicht Aladins Lampe geben, / Kein ‚Sesam' und auch keinen Amethyst" (Vers 11 f.)	Aufzählungen	verstärken Eindruck den Nichtkönnens/Unvermögens (vgl. Parallelismus), sprachliche Bilder sind alle dem Märchenumfeld entnommen (s. o. bei Metaphern)

(Analyse über das ganze Gedicht hinweg)	Klang-/ Lautmalerei	unauffällig, eher Alltagsprache
(Analyse über das ganze Gedicht hinweg)	Satzbau	Satzarten: Aussagesätze; Satzformen: Parataxen und Hypotaxen (alltäglicher Satzbau – bis auf die adverbialen Bestimmungen, vgl. Enjambements), eher Alltagssprache

7 a **Schlüsselchen:** Der Schlüssel soll in der Ferne an das lyrische Ich erinnern. – **Rosarote Glasscherbe:** Die Scherbe soll zum Träumen auffordern und traurige Gedanken vertreiben. – **Schimmernde Muschel:** Die Muschel soll Sehnsucht nach dem lyrischen Ich wecken.

  b Richtig ist Antwort D.

Seite 51

1 Das Gedicht „Mit auf die Reise" von Mascha Kaléko, das im Jahr 1958 publiziert wurde, handelt von einer Abschiedssituation.

2 a + b Verbesserungen: s. Ausarbeitung bei Aufg. 4, Hauptteil, 3. Absatz

3 Möglicher Schluss: s. Ergebnis bei Aufg. 8, Schluss

4 Mögliche Gedichtinterpretation (Analyseaspekte):

(Einleitung) Das Gedicht „Mit auf die Reise" von Mascha Kaléko, das erstmals im Jahr 1958 publiziert wurde, handelt von einer Abschiedssituation zwischen zwei Liebenden.

(Hauptteil) Schon der Titel des Gedichts weist darauf hin, dass jemand verreist und auf diese Reise etwas mitnimmt. Das Gedicht gibt die Situation eines lyrischen Ichs wieder, das sich von seinem geliebten Partner verabschieden muss, weil dieser eine Reise antritt. Es verschenkt zum Abschied drei Dinge (Schlüssel, Scherbe, Muschel) mit der Absicht, dass der Partner diese Andenken auf seiner Reise zum Anlass nimmt, sich sehnsüchtig an das lyrische Ich zu erinnern. Das lyrische Ich spricht in aller Deutlichkeit, jede Strophe beginnt mit dem Pronomen „Ich" (Vers 1, 6 und 11). Adressat des Liebesgedichts ist der Geliebte, eine direkte Ansprache erfolgt in jeder Strophe (z. B. Vers 1, 3, 6–8, 11). Das lyrische Ich ist in trauriger Stimmung und es macht dem Geliebten zum Abschied eine Liebeserklärung. Als Zeichen der Verbundenheit gibt es ihm Andenken mit auf die Reise (Vers 3, 8, 14).

Das Gedicht hat einen klar strukturierten formalen Aufbau. Es gibt drei Strophen mit je fünf Versen. Obwohl die Reimform nicht ganz regelmäßig ist, wirkt es insgesamt geordnet und strukturiert. Der Jambus bewirkt trotz der Abschiedssituation eine Art Leichtigkeit, etwas Tröstendes: Es ist kein Abschied für immer. Der vorletzte und letzte Vers jeder Strophe ist jeweils durch ein Enjambement verbunden. Der jeweils letzte Vers einer Strophe besteht nur aus drei statt fünf Hebungen. Diese beiden Verse beinhalten jeweils Neologismen (Komposita): „Zum Anmichdenken" (Vers 5), „Ichweissnichtwas" (Vers 9) und „Zum Nachmirsehen" (Vers 15), die an die in Märchen typischen Zauberformeln erinnern.

Die drei Strophen sind parallel aufgebaut. Jede Strophe beginnt mit einem Parallelismus, es wird auf etwas hingewiesen, wozu das lyrische Ich nicht in der Lage ist: „Ich kann dir keinen" (Vers 1), „Ich kann dir keine" (Vers 6), „Ich kann dir nicht" (Vers 11). In der ersten und dritten Strophe werden Gegenstände aus „Tausendundeiner Nacht" aufgezählt, ein „Zaubertepich" (Vers 1), „Aladins Lampe" (Vers 11) und ein „Sesam [öffne dich]" (Vers 12), die es dem Gegenüber nicht mit auf die Reise geben kann. In der zweiten Strophe nennt es Alltägliches: Von selbst gestrickten „braven Socken" (Vers 6) und Selbstgekochtem („meine Kochkunst", Vers 7) ist die Rede. Jeweils im dritten Vers jeder Strophe setzt das lyrische Ich jedoch dem Nichtkönnen in einer Antithese entgegen, dass es dem Reisenden dennoch etwas mitgeben möchte. Es sind drei kleine Geschenke. Fast fühlt man sich an ein Sprichwort erinnert: „Aller guten Dinge sind drei". Die Gegenstände sind nicht wertvoll, aber mit nahezu magischer Wirkung: ein „Schlüsselchen aus Erz" (Vers 3), eine rosarote Glasscherbe (vgl. Vers 8) und eine schimmernde Muschel (vgl. Vers 14). Nichts davon hat einen materiellen Wert, aber die Dinge sind für den Geliebten einzigartig, denn es sind (persönliche) Zeichen ihrer Liebe: Der Schlüssel soll in der Ferne an das lyrische Ich erinnern, die Scherbe soll auch „An grauen Tagen" (Vers 10) zum Träumen auffordern und traurige Gedanken vertreiben und die Muschel soll Sehnsucht wecken. Bewusst ist das letzte Wort des Gedichts das Kompositum (oder: der Neologismus) „Nachmirsehen" (Vers 15), denn dies beinhaltet den sehnlichen Wunsch der Liebenden: Sehne DU dich auch nach mir! Das Motiv der Sehnsucht findet Ausdruck in den Geschenken, die während der Trennung Trost spenden, jedoch vor allem die Sehnsucht nach der fernen Liebe aufrechterhalten sollen.

Das Gedicht setzt als sprachliche Mittel viele Metaphern ein. Zentral sind sprachliche Bilder, die für die Liebe stehen, z. B. „gut erhaltnes Herz" (Vers 4), „weil dein Herz mir Flut und Ebbe ist" (Vers 13). Zu Beginn der ersten und dritten Strophe werden einige magische Gegenstände aus der orientalischen Märchenwelt aufgezählt, neben fliegendem Teppich (vgl. Vers 1) und Wunschlampe (vgl. Vers 11) wird auch ein Amethyst (Vers 12), dem Heilkräfte zugeschrieben werden, nicht verschenkt. Vielmehr gibt das lyrische Ich dem abreisenden Geliebten sehr reale Gegenstände mit, denen es jedoch eine emotionale Wirkung zuschreibt. Der Vergleich der Muschel, die am Schluss „wie von Tränen / zum Nachmirsehen" (Vers 14 f.) schimmert, weist auf das im Gedicht verarbeitete literarische Motiv der Sehnsucht hin.

(Schluss) Das Gedicht spricht mich an, weil es in bildhafter Sprache veranschaulicht, was es heißt, jemanden zu vermissen.

5

Mögliche Darstellung der Gesamtaussage:

> Als Mascha Kaléko das Gedicht „Mit auf die Reise" schrieb, lebte sie in New York im Exil in ärmlichen Verhältnissen. Sie war Jüdin und 1938 mit ihrer Familie vor den Nationalsozialisten dorthin geflohen. Ihre Auffassung von Wirklichkeit benannte Mascha Kaléko wiederholt in ihren frühen Gedichten: „Zur Heimat erkor ich mir die Liebe". Marcel Reich-Ranicki sagte über sie, dass sie ihr Leben gedichtet und ihre Dichtung gelebt habe. Insofern darf man annehmen, dass das Gedicht einen Bezug zur Lebenswirklichkeit der Dichterin hatte. Als ihr Geliebter/Mann sie verlässt, um auf Reisen zu gehen, kann sie ihm keine materiellen Reichtümer mitgeben, sie will ihm keine Fantasiewelten anbieten, aber sie will ganz eng an ihn gebunden bleiben, durch die emotional aufgeladenen symbolischen Gegenstände, die sie mitgibt. Sehnsucht, eng verbunden dem Motiv des Heimwehs, ist für Mascha Kalékos Lebensgefühl zentral. Sie findet sich oft auch in ihren Gedichten.

Eine Dramenszene analysieren und interpretieren

Seite 52–56

1
b Mögliche Stichworte: **Vorherige Szenen:** Prinz möchte Emilia als Geliebte. Marinelli sagt Unterstützung zu (1. Aufzug, 4.–6. Auftritt). Prinz bedrängt Emilia in der Kirche. Claudia rät, dem Vater und Bräutigam nichts davon zu erzählen (2. Aufzug, 6. Szene). **Folgende Szenen:** (2. Aufzug, 9., 10. Szene): Marinelli versucht, bei Appiani Aufschub der Hochzeit zu erreichen
c Mögliche Stichworte: **Figuren:** Claudia Galotti, Emilia Galotti, Graf Appiani. **Handlung:** Brautmutter und Braut begegnen zukünftigem Ehemann, Gespräch über Hochzeitskleidung der Braut, über dunkle Ahnungen des Bräutigams, über Traum der Braut

2
a Richtig ist Aussage A.
b **Themen:** bevorstehende Hochzeit, Bekräftigung der Absicht zu heiraten, Brautkleidung, Schmuck, böse Vorahnungen
c **Absichten: Claudia:** Hochzeitsvorbereitungen vorantreiben, Emilia beruhigen, Appiani hofieren
   Appiani: Heiratsabsicht bekräftigen, der Familie Galotti Respekt bekunden, Befürchtungen vor Emilia verbergen
   Emilia: Vorfreude auf die Hochzeit bekunden, dem Prinzen gefallen, ihn aufheitern
d **Gefühle: Emilia:** Vorfreude (vgl. Z. 6 f., 87 ff.), aber auch eine ungewisse Befürchtung (Traum vom Brautschmuck, Z. 58 ff.)
   Appiani: Vorfreude stark getrübt durch Besorgnis (Z. 1 f., 68 f.)
   Claudia: treibt Hochzeitsvorbereitungen zielstrebig voran (Z. 43 f.), Emotionen bleiben verborgen

3
a Passende Begriffe: Welt des Hofes, hoher sozialer Status, Förmlichkeit, Prunk
b **Emilia:** schätzt einfache Kleidung, Natürlichkeit (vgl. Z. 81 f.), verbindet mit dem Schmuck böse Vorahnungen (Z. 58 ff.)
   Appiani: schenkt Emilia Schmuck, findet ihn aber als „Putz" nicht so wichtig (vgl. Z. 49 f.)
   Claudia: schätzt Schmuck als Statussymbol, will Emilia dazu bewegen, ihn anzulegen (Z. 36 f., 64 f.)

4
a – Gnädige Frau, bald werde ich Sie „Mutter" nennen können.
   – Ich habe mich eben von ihm verabschiedet, vielmehr er von mir. Wirklich ein erstaunlicher Mann, dein Vater, liebe Emilia. Ein Mann mit Charakter, ein Vorbild für mich.
b – Freust du dich gar nicht?
   – Ich trage keinen besonderen Schmuck, auch nicht den teuren, den du mir zuletzt geschenkt hast!
   – Wenn er nicht von dir wäre, könnte ich den Schmuck überhaupt nicht leiden. Ich habe dreimal von ihm geträumt.

5
Appiani: „ist mehr wert als mein ganzes Leben" – Hyperbel
[der Hochzeitstag]. „schwanger mit so viel Glückseligkeit für mich" – Metapher
„Das Muster aller männlichen Tugend" (bezogen auf Odoardo Galotti) – Hyperbel

Emilia: „so feierlich! so ernsthaft!" – Anapher
„Ist dieser Tag keiner freudigern Aufwallung wert?" – Rhetorische Frage
„Das letzte Geschenk Ihrer verschwenderischen Großmut" – Personifikation
„[…] als ob plötzlich sich jeder Stein desselben in eine Perle verwandele" – Symbol

6
Richtig sind die Aussagen A, B, D.

7
Der Familienvater ist das Oberhaupt der Familie. Er ist (moralisches) Vorbild. Ihm werden Respekt und Gehorsam geschuldet (vgl. Z. 23 ff.). Die Mutter verdient ebenfalls Respekt (vgl. Z. 15 ff.). Sie ist für praktische Angelegenheiten innerhalb des Hauses zuständig. Der Schwiegersohn soll großzügig und treu für seine Frau sorgen. Dabei kommt ihm eine führende Rolle zu (er führt sie zum Altar, vgl. Z. 46 f., die Braut kleidet sich nach seinem Wunsch, sie wird von ihm beschenkt, der Mann definiert, wie man leben soll, indem er über männliche und weibliche Tugenden spricht, vgl. Z. 22 ff., 40 f.). Die Tochter und Gattin soll fromm und bescheiden sein (vgl. Z. 40 f.), sie soll versuchen, ihrem Mann zu gefallen und ihn aufzuheitern.

Seite 57

1

> Die 7. Szene aus dem zweiten Akt des bürgerlichen Trauerspiels „Emilia Galotti" von Gotthold Ephraim Lessing, uraufgeführt 1772, ist Teil der Exposition des Dramas. Vorgestellt wird der Verlobte Emilias, Graf Appiani. Thema der Szene sind die Vorbereitungen auf die bevorstehende Hochzeit zwischen Appiani und Emilia, insbesondere die Brautkleidung Emilias sowie Befürchtungen, die Appiani und Emilia bedrücken.

2 In Lessings Drama geht es um den Konflikt zwischen den Machtansprüchen des absolutistischen Fürstenhofes und einem an Werten der Aufklärung orientiertem Bürgertum, das seine Vorstellungen von Tugend und Moral gegen die Willkür der Adelsherrschaft durchzusetzen versucht. Prinz Hettore Gonzaga, Herrscher im Fürstentum Guastalla, möchte Emilia, Tochter von Claudia und Odoardo Galotti, zu seiner Geliebten machen, obwohl Emilia bereits dem Grafen Appiani versprochen ist. Sein Kammerherr Marinelli will dem Prinzen bei der Umsetzung seines Planes assistieren. Der Prinz hat Emilia bereits in der Kirche angesprochen und bedrängt. Dies alles weiß der Zuschauer / die Zuschauerin zu Beginn des 7. Auftritts im zweiten Akt. Auf Claudia Galottis Rat hin erwähnt Emilia den Vorfall in der Kirche gegenüber Appiani nicht. In den folgenden Auftritten des zweiten Aktes (II, 9–11) versucht Marinelli, Appiani durch eine List zu einem Aufschub der Hochzeit zu bewegen. Nachdem dies gescheitert ist, wird Appiani nach Marinellis Plan in einem vorgetäuschten Überfall getötet (III, 2). Nachdem Odoardo Galotti die Intrige durchschaut hat, greift er zum letzten Mittel, um Emilia vor einem Schicksal als Gonzagas Geliebte zu retten: Er tötet seine Tochter auf deren Verlangen, um ihre „Unschuld" zu bewahren (V, 7).
Die 7. Szene besteht aus einem Gespräch zwischen Appiani, Emilia und Claudia Galotti im Hause der Galottis. Appiani tritt nachdenklich und ernst auf, von dunklen Vorahnungen bedrückt. Er will Emilia den Grund für seine gedrückte Stimmung verschweigen, um sie zu schonen. Als Emilia nachfragt, gebraucht er Ausflüchte und erläutert die Ursache erst in der 8. Szene gegenüber Claudia Galotti. Das Gespräch dreht sich zunächst um Appianis Verhältnis zur Familie Galotti. Appiani bekräftigt seine Absicht, Emilia zu heiraten und bekundet höchsten Respekt vor seinem künftigen Schwiegervater Odoardo Galotti sowie vor Claudia Galotti. Claudia mahnt Emilia, ihre Brautkleidung anzulegen. Emilia möchte gerne ein einfaches Kleid tragen. Den von Appiani erhaltenen Schmuck will sie nicht tragen. Emilia verbindet mit dem Schmuck böse Vorahnungen. In ihren Träumen hätten sich Steine aus dem Schmuck in Perlen verwandelt, die Tränen bedeuteten. Claudia Galotti tut die Befürchtungen ab und möchte Emilia dazu bringen, den Schmuck anzulegen.

3 Graf Appiani ist ein wohlhabender Adliger. Dass er in die bürgerlich geprägte Familie Galotti einheiratet, zeigt, dass für ihn Materielles und der soziale Status nicht an oberster Stelle stehen. Seine große Wertschätzung für die Familie Galotti ist mit einer Orientierung an bürgerlichen Werten verknüpft. Emilia behandelt er respektvoll und liebevoll (Lob ihrer äußeren Erscheinung, vgl. Z. 49 f., Versuch, Emilia mit seinen Sorgen zu verschonen). Odoardo Galotti nennt er ein „Muster männlicher Tugend" (Z. 23 f.). Auch wenn diese Beschreibung pathetisch, übertreibend und galant gegenüber Claudia und Emilia Galotti ist, zeigt sich darin doch auch eine Orientierung an bürgerlichen Werten, ebenso wie in der lobenden Erwähnung von Emilias „Frömmigkeit" (Z. 41). Auch seine Hochschätzung für Claudia Galotti bekundet Appiani mit Galanterie und Übertreibung (vgl. Z. 15 ff.). Sein Verhalten weist aber insgesamt doch auf echte Wertschätzung hin.
Die Figuren werden in dieser Szene auch anhand des Motivs „Schmuck" charakterisiert. „Schmuck" steht für die Welt des Hofes, die von Werten wie Status, Reichtum, Prunk, Äußerlichkeit, Macht und Vergnügen bestimmt ist. In der Welt der bürgerlichen Werte zählen hingegen eher Tugend, Moral, Natürlichkeit, „Frömmigkeit" (auch im Sinne von Bescheidenheit, Treue, Herzensgüte). Appiani schenkt Emilia zwar teuren Schmuck und stellt so seine Großzügigkeit unter Beweis (vgl. Z. 55 ff.); er betont aber auch, dass er sie ohne „Putz" (Z. 49), „so, wie sie da ist" (Z. 50), zur Frau nehmen würde. Darin deutet sich sein Abstand zur Welt des Hofes an.
Emilias Haltung wird in dieser Szene ebenfalls anhand des Motivs „Schmuck" verdeutlicht: Einerseits bedankt sie sich für Appianis Großzügigkeit (vgl. Z. 54 f.); andererseits klingt in der Rede von „verschwenderische[m] Großmut" (Z. 55) schon Kritik an einer auf Prunk und Äußerliches bedachten Lebenshaltung an. Emilia schätzt Natürlichkeit und Bescheidenheit, wie sich in ihrem Vorschlag für die Brautkleidung zeigt (ein eher alltägliches Kleid, „fliegend und frei", Z. 82), ebenso in ihrer Ablehnung des „Geschmeides" (vgl. Z. 56). Emilia deutet die Perlen, in die sich die Steine des Schmucks in ihren Träumen verwandelt haben, als Symbol für Tränen (vgl. Z. 63). In diesem Traum zeigen sich zum einen unbestimmte dunkle Vorahnungen in Bezug auf die Hochzeit, zum anderen wird darin die Welt des Hofes, für die der Schmuck steht, mit Unglück und Leiden verbunden. Emilia erscheint hier von der Spannung zwischen adeliger und bürgerlicher Welt bedrückt, ihre Vorfreude auf die Hochzeit ist keine reine, naive.
Claudia Galotti fühlt sich der Welt des Hofes näher, was sich schon in der Auseinandersetzung zwischen ihr und ihrem Ehemann in der vierten Szene des zweiten Aktes zeigte. Sie schätzt durchaus den mit der Heirat verbundenen Statusgewinn. In diesem Sinne treibt sie die Hochzeitsvorbereitungen voran, mahnt zur Eile (vgl. Z. 43 f.) und will Emilia dazu bringen, den Hochzeitsschmuck anzulegen (vgl. Z. 46 f., 64 ff.). Die bösen Vorahnungen und Emilias symbolische Deutung ihres Traums tut sie als unbedeutend ab.

4 Die Redeweise der Figuren zeigt, dass das Stück in der Zeit des Absolutismus in der städtischen Oberschicht spielt. Die Figuren drücken sich gewählt aus, die Kommunikation ist geprägt von Förmlichkeit und Höflichkeit. Man wahrt Distanz: Die Figuren sprechen einander mit „Sie" an, auch die Eltern und Kinder, auch die künftigen Eheleute. Die Sprache ist künstlich und komplex und mit rhetorischen Mitteln angereichert. So entsteht der Eindruck, dass die Figuren sich nicht unmittelbar, frei und alltagsnah ausdrücken, sondern dass sie soziale Rollen erfüllen:
Appiani betont mit seiner eleganten, höfischen Redeweise seine soziale Stellung und fügt sich als guter Schwiegersohn in die Familie Galotti ein. Er setzt mehrfach das Stilmittel der Übertreibung ein, z. B. wenn er betont, der Hochzeitstag sei ihm „mehr wert als [s]ein ganzes Leben" (Z. 10), oder wenn er Odoardo Galotti als „Muster aller männlichen Tugend" (Z. 23 f.) preist. Hier zeigt sich, dass es nicht nur um den authentischen Ausdruck von Einschätzungen und Gefühlen geht, sondern auch darum, die Rolle „guter Ehemann und Schwiegersohn" in einem bürgerlichen Milieu gut zu spielen.
Emilia erfüllt ihre Rolle als gute Braut, indem sie mehrfach indirekt ihre große Vorfreude auf die Hochzeit betont, z. B. mit der an Appiani gerichteten rhetorischen Frage: „Ist dieser Tag keiner freudigern Aufwallung wert?" (Z. 8 f.). Ihre von Ausrufen geprägte Sprache (vgl. Z. 53 ff., 87 ff.) hebt rollenkonform hervor, wie sehr sie emotional ganz von der bevorstehenden

Hochzeit eingenommen ist und wie groß ihr Wunsch ist, ihrem Bräutigam zu gefallen. Verglichen mit Appiani, der mit realistischen Befürchtungen beschäftigt ist und klar seine Werte formuliert, erscheint Emilia eher impulsiv und kindlich. Damit entspricht sie dem Rollenbild der Frau in der patriachalischen Gesellschaft, die sich dem Mann unterordnet. Claudia Galotti hat in der Rolle als Mutter, künftige Schwiegermutter und Angehörige der städtischen Oberschicht die Aufgabe, die vorteilhafte Heirat im Detail zu organisieren und voranzutreiben. Sie agiert ganz in diesem Sinn, wenn sie Emilia zur Eile mahnt und sie auffordert, sich für ihren Bräutigam zu schmücken (vgl. Z. 43 f., 46 f.).

5 Als Teil der Exposition trägt die 7. Szene des 2. Aufzugs dazu bei, die auftretenden Figuren zu charakterisieren. Insbesondere anhand des Motivs „Schmuck" werden Positionen klar, die für das Grundthema des bürgerlichen Trauerspiels, „Konflikt zwischen Adel und Bürgertum", von Bedeutung sind. Im Handlungsverlauf des Dramas hat die Szene eine vorausweisende, spannungssteigernde Funktion. Die dunklen Vorahnungen, die Appiani quälen, und der Traum Emilias sind Vorausdeutungen auf den Fortgang der Tragödie.

Was kannst du schon? – Grammatik

Seite 58–59

1 a + b Bei **einem Warnschussarrest** (Dativ) [...] mit **einer Bewährungsstrafe** (Dativ) für **eine kurze Zeit** (Akkusativ) [...].Aufgrund **dieser unangenehmen Erfahrung** (Genitiv) [...] von **weiteren Straftaten** (Dativ) ab.   (je 5 P.) 10 Punkte

2 wird/~~werden~~ – wird/~~werden~~ – lässt/~~lassen~~ – ~~soll~~/sollen   4 Punkte

3 a + b A saß, Präteritum – B verbracht hatte, Plusquamperfekt   (je 2 P.) 4 Punkte

4 habe/~~hätte~~ – sei/~~wäre~~ – ~~können~~/könnten   3 Punkte

5 Das Ziel des Warnschussarrests ist es**,** jugendlichen Straftätern die Konsequenzen ihres Fehlverhaltens nachdrücklich zu verdeutlichen. Zudem soll der Arrest bei dem jugendlichen Straftäter einen Impuls setzen**,** sein Verhalten zu ändern. Die Jugendlichen werden aus ihrem häufig „schädlichen Umfeld" herausgenommen**,** um zumindest einige Tage oder Wochen gezielt erzieherisch auf sie einzuwirken.   3 Punkte

6 a Der Staat muss eingreifen, wenn es Eltern gar nicht gelingt, sich angemessen um ihre Kinder zu kümmern.   1 Punkt
     b Mögliche Umformulierung: Nicht wenige Eltern machen den Fehler, dass sie ihren Kindern für unerwünschtes Verhalten harte Konsequenzen nur androhen. Wenn ihre Kinder sich danebenbenehmen, setzen sie diese Drohung dann aber nicht um.   2 Punkte
     c Synonyme Verben: erklären, berichten, stellen fest, erläutern, behaupten, geben an, weisen (darauf) hin   3 Punkte

7 a–c A Nicht alle halten einen Warnschussarrest für sinnvoll**, denn** Jugendliche mit Gefängnisstrafen ohne Bewährung werden häufiger rückfällig. – B Der Arrest trägt aus Sicht einiger Experten auch nicht zum Schutz der Opfer bei**, weil** er von den Richtern erst nach mehreren Wochen verhängt wird. – C **Obwohl** das wichtige Argumente sind**,** befürworten andere den Warnschussarrest. – D **Indem** man die jugendlichen Straftäter für maximal vier Wochen inhaftiere**,** würden ihnen die Folgen ihrer Taten drastisch vor Augen geführt. – E Schließlich sei es ja schon ein Erfolg**, wenn** das auch nur bei einigen Tätern gelinge.   (a = 5 P., b = 4 P., c = 5 P.) 14 Punkte

Kasus und Numerus prüfen

Seite 60–61

1 A mit einer Gewalttat (Dativ) – B Bei einer Prügelei (Dativ) – C für ein Opfer (Akkusativ) – D wegen seines beherzten Eingreifens (Genitiv) – E zu einem Lehrer (Dativ)

2 A [...] Wo kommt es zu Prügeleien? → Kasus: Dativ – B [...] auf dem Schulhof. Wo passiert das? → Kasus: Dativ – C [...] gegen das Schienbein [...]. Wohin tritt ein Schüler? → Kasus: Akkusativ – D [...] auf ihn [...]. Wohin schlägt der Geschädigte? → Kasus: Akkusativ

3 a + b A Eine große Zahl von Schülerinnen und Schülern wird / ~~werden~~ irgendwann [...] (eine große Zahl = Sg.) – B [...], dass eine Gruppe von Tätern sich gegen eine einzelne Person wendet / ~~wenden~~. (eine Gruppe = Sg.) – C Der gemobbte Schüler oder die gemobbte Schülerin kann / ~~können~~ [...] (Achtung: bei oder = Sg.) – D Deshalb ~~soll~~ / sollen Schülerinnen und Schüler [...] (Achtung: bei und = Pl., Zudem: Subjekt = Pl.) – E Eine Lehrkraft oder ein Elternteil ist / ~~sind~~ [...] (Achtung: bei oder = Sg.) – F [...], indem jeder einzelne Täter für das Mobbing hart bestraft wird / ~~werden~~ [...]. (jeder einzelne Täter = Sg.)

4 A können – B schaut, wird – C macht, springt, holt – D machen, sind – E kann, ist

Redewiedergaben richtig formulieren

Seite 62

1 indirekte Rede, Paraphrase, Zitat:

„Ich zocke lieber, statt langweilige Vokabeln zu lernen", gibt Alexa bereitwillig Auskunft. Ihr jüngerer Bruder Nathan gesteht, dass er sich sofort von seiner Matheaufgabe ablenken lässt, wenn sich sein Smartphone meldet. Das Handy wirke wie in die Handfläche eingewachsen, beschreibt die Mutter das Mediennutzungsverhalten ihrer Sprösslinge. Alle Aussagen zitiert der Film „Jugend 3.0 – mit Sicherheit im Netz", den jetzt eine große Krankenkasse vorgestellt hat. Ins Drehbuch eingeflossen ist eine Studie eines namhaften Meinungsforschungsinstituts, für die 1000 Eltern Auskunft über den Medienkonsum ihrer Kinder im Alter von 12- bis 17 Jahren gaben. Immerhin 50 Prozent der Erziehungsberechtigten glauben, ihre Kinder sind zu oft und zu lange online. 80 Prozent aller Jugendlichen besitzen ein Smartphone, mit dem sie „rund um die Uhr erreichbar sind", wie der Film hervorhebt. Bei 17 Prozent der Jugendlichen vermuten die Eltern Anzeichen für eine Onlinesucht. Die Krankenkassen nehmen das Thema sehr ernst. Während die jungen Menschen sich mit digitalen Medien beschäftigen, bewegen sie sich zu wenig. Darunter leide ihre Gesundheit, bestätigen die Krankenkassen. Unter den Jugendlichen, die besonders häufig online sind, klagen immerhin 20 Prozent: „Ich habe Rückenbeschwerden!" Der Film zeigt auch, dass das Thema Mediennutzung in vielen Familien zu Konflikten führt. „Es gibt einen ständigen Kleinkrieg! Bei den Eltern herrscht ein Gefühl der Hilflosigkeit", hebt der Regisseur hervor. Mit dem Film, der unter anderem bei Youtube zu sehen ist, sollen sich Eltern, Lehrer und Jugendliche eine Meinung zu dem Thema bilden.

2 ●●● Mögliche Erläuterung: Der Artikel besteht zum größten Teil aus der Wiedergabe von Äußerungen, die in der Studie, im Film oder in Kommentaren von Beteiligten getroffen wurden. Damit dies nicht einförmig und langweilig wirkt, wechselt der Text angemessen zwischen den Möglichkeiten, solche Äußerungen wiederzugeben. Auch ist erkennbar, von wem welche Äußerung stammt. Nur an wenigen Stellen werden Fakten (im Indikativ) dargestellt. Da auch diese Fakten vermutlich Ableitungen aus der Studie sind, wäre hier auch indirekte Rede mit Konjunktiv möglich gewesen. Die Verwendung des Indikativs ist für die Wiedergabe jedoch durchaus richtig.

Seite 63–65

1 A Nico behauptet, ohne die WhatsApp auf seinem Handy wisse er nicht, wo seine Freunde gerade seien. – B Kinderärzte heben hervor, dass man nur wenige Jugendliche nicht zu jeder Tageszeit per Handy erreichen könne. – C Der Filmemacher sagt überrascht, ein Großteil der Jugendlichen schalte das Handy offenbar niemals ab. – D Wie sich das Medienverhalten auf die Gesundheit auswirke, werde man bald feststellen, warnt der Kassenchef.

2 A Erziehungswissenschaftler fordern, dass man Regeln für die Mediennutzung vereinbaren muss (Indikativ)/müsse (Konjunktiv I). – B Therapeuten warnen, dass man die Suchtgefährdung durch medialen Dauerkonsum sehr ernst nehmen muss (Indikativ)/müsse (Konjunktiv I).

3 ●●● Mögliche Umformung: Die Krankenkassen informieren, dass Aufklärung hilft/helfe, die Nachteile intensiver Mediennutzung zu erkennen. Sie betonen, ein angemessener Ausgleich erhalte die Gesundheit. Abschließend heben sie hervor, Sport, viel Bewegung […] seien empfehlenswert.

4 A Philipp Sickmann berichtet […], junge Menschen würden durch die Fußgängerzone laufen und dabei nicht den Blick von ihrem Smartphone lassen. Schülergruppen säßen zusammen und würden gleichzeitig Textnachrichten mit anderen austauschen, die weit weg seien. Schon Kinder würden auf Displays starren. – B Er erklärt, das seien heute vertraute Bilder. Smartphone, Facebook, WhatsApp würden Kindheit und Pubertät begleiten. Heutige Kinder und Jugendliche wüchsen/würden als *Digital Natives* von Anfang an mit mobilem Internet und in sozialen Netzwerken auf/aufwachsen. – C Der Journalist merkt an, Gehirnforscher würden vor digitaler Demenz warnen, aber er fragt, ob die positiven Effekte nicht überwögen/ überwiegen würden.

5 ●●● A (Satz ist korrekt → unverändert) – B Sie meinen, sie würden (hätten) dadurch auch ein besseres Verhältnis zu Familie und Freunden haben. – C Sie sagen, sie würden weiterhin die direkte Kommunikation bevorzugen. – D Jugendliche erklären, wenn Facebook sie verärgern würde (verärgere), würden sie in eine andere Community wechseln. – E Ein Medienpädagoge meint, die Probleme in der Pubertät würden die gleichen sein (seien die gleichen), egal ob on- oder offline.

6 A Bei der gestrigen Pressekonferenz erklärte Frau Prof. Clever, ihr Institut habe in einer Langzeitstudie die Medienkompetenz von Jugendlichen untersucht. – B Frau Prof. Clever erklärt bei der gerade laufenden Pressekonferenz, ihr Institut habe in einer Langzeitstudie die Medienkompetenz von Jugendlichen untersucht. – C Bei der bald stattfindenden Pressekonferenz wird Frau Prof. Clever erklären, ihr Institut habe in einer Langzeitstudie die Medienkompetenz von Jugendlichen untersucht.

7 ●●● a A „Experimente […] belegten (Präteritum), wie […] auswirkt (Präsens). – B Zugespitzt kann (Präsens) […] konsumiert (Präsens), wird sich […] weniger sozial verhalten (Futur). – C zeigte (Präteritum) sich […], dass sich […] positiv beeinflussen lassen (Präsens). – D Nachdem […] absolviert hatte (Plusquamperfekt), veränderte sich (Präteritum) […]. – E Ob sich diese Effekte […] bestätigen (Präsens), wird in weiteren Studien untersucht werden (Futur)."

b Mögliche Wiedergabe in indirekter Rede: A Frau Prof. Clever verkündete, Experimente und Interviews ihrer Studie hätten belegt, wie vielfältig sich Gewalt in Medien auswirke. – B Zugespitzt könne man sagen: Wer intensiv Gewaltmedien konsumiere, werde sich wahrscheinlich insgesamt weniger sozial verhalten. – C Es habe sich aber auch gezeigt, dass sich

solche Effekte positiv beeinflussen lassen würden. – D Nachdem eine Gruppe Jugendlicher ein fünfwöchiges Medienkompetenztraining absolviert habe, habe sich deren Verhalten signifikant verändert. – E Ob sich diese Effekte auch langfristig und wiederholt bestätigen würden, werde in weiteren Studien untersucht werden.

Seite 66

1 Bis auf wenige Ausnahmen wäre → sei eigentlich jeder bei Facebook, sagt [...]. Er schätzt, etwa 300 Freunde hätte → habe er dort. [...] Fast jeder in seiner Klasse würde → besitze zudem ein Smartphone besitzen. Er selbst hätte → habe in der vierten Klasse sein erstes Handy bekommen, später hätten [...], Facebook-App und Whatsapp wären → seien da inklusive gewesen. Beim Essen mit der Familie würde → lege er seinen iPod aus der Hand legen, betont Bülent. [...], andere, weil es zu viel Zeit fressen würde → fresse und [...] Andererseits vergäße → vergesse man [...]. Vielleicht würde → werde er sich eines Tages auch aus der Community verabschieden, schließt Bülent.

2 a [...] seien zwar besorgt [...], wüssten jedoch [...], dass die Medienindustrie daran interessiert sei, [...]. Demgegenüber nenne die Waffenlobby [...], die Forschung verbreitere zwar [...], es gebe aber [...]. Gesichert sei aber, dass [...] abnehme.

b Mögliche stilistische Verbesserung (Hs, **Konjunktivform**): Frau Prof. Clever berichtete [...]. Sie wies darauf hin, dass die Medienindustrie daran interessiert **ist**, [...]. Die Wissenschaftlerin **klärte** über den Stand der Forschungen und offene Fragen **auf**. Eine sichere Erkenntnis formulierte sie: „Durch den Konsum gewalthaltiger Medien nimmt die Hilfsbereitschaft ab!"

Seite 67

Teste dich! – Rund um die Redewiedergabe

1 a Richtig sind die Sätze A und D, falsch sind die Sätze B, C und E.

b B Er erklärt, was früher [...] gewesen sei, sei heute [...]. – C Ohne Mobiltelefone gehe (oder ginge, wenn man diese Aussage als irreale Bedingung einstuft) es [...] nicht, weil [...] Telefonzellen gebe. – E In ihrer Schule werde deshalb [...] verboten bleiben.   (a = 5 P., b = 3 P.) 8 Punkte

2 a Paraphrase B ist formal korrekt und inhaltlich zutreffend.   1 Punkt

b Mögliche Begründung: In Satz A gibt das Zitat die entsprechende Stelle in der Aussage nicht wörtlich wieder. Auch in Satz C ist das Zitat nicht wörtlich (das erste Wort ist anders), zudem die Aussage verzerrt.   2 Punkte

c Mögliche Wiedergabe in der indirekten Rede: Vera Thies, Lehrerin, sagt, sie hätten festgestellt, dass Pausen nicht mehr zur Erholung genutzt, sondern Spiele gezockt würden, insbesondere von den jüngeren Schülern. Pausenaktivitäten wie Gespräche, Essen und Toilettengänge würden die Schüler dann im Unterricht nachholen.   3 Punkte

Insgesamt zu erreichende Punktzahl: **14 Punkte**

Den Schreibstil verbessern

Seite 68–69

1 a Hauptsatz, **Einschub** (Nebensatz): A Der nach Verkaufszahlen, **allein in Deutschland über 100 Millionen Alben,** beliebteste Comic ist die französische Serie „Asterix", **von Autor René Goscinny und Zeichner Albert Uderzo geschaffen,** *dessen Titelheld,* **der mit seinem Freund Obelix viele Abenteuer erlebt,** *gleich in mehrfacher Hinsicht nicht dem Idealbild eines Helden entspricht.* – B In Bezug auf Obelix muss, **neben seinem äußerst korpulenten Erscheinungsbild,** vor allem seine körperliche Stärke, **wenngleich ganz unverdient erlangt,** erwähnt werden, *wobei auch seine Begriffsstutzigkeit legendär ist.*

b Mögliche Umformulierung: A Der nach Verkaufszahlen beliebteste Comic ist die französische Serie „Asterix", von der allein in Deutschland über 100 Millionen Alben verkauft wurden. Geschaffen wurde sie von Autor René Goscinny und Zeichner Albert Uderzo. Der Titelheld Asterix entspricht gleich in mehrfacher Hinsicht nicht dem Idealbild eines Helden und erlebt mit seinem Freund Obelix viele Abenteuer. – B In Bezug auf Obelix muss vor allem seine körperliche Stärke erwähnt werden, wenngleich er diese ganz unverdient erlangt hat. Zudem verfügt er über ein äußerst korpulentes Erscheinungsbild und auch seine Begriffsstutzigkeit ist legendär.

2 Mit mehr als 30 Millionen verkauften Alben ist „Lucky Luke" die zweitbeliebteste Comicserie in Deutschland. Den ersten Band veröffentlichte Zeichner Morris im Jahr 1946. Lucky Luke ist ein einsamer Cowboy und stets mit seinem Pferd Jolly Jumper unterwegs. Er jagt Verbrecher und sein Markenzeichen ist die Fähigkeit, den Colt schneller zu ziehen als sein Schatten.

3 a (Möglicher Austausch durch Synonym, s. Aufg. 3 b; Tipp: einmal kann das Wort stehen bleiben): Für die deutschsprachige Comic-Szene gibt es (existieren, bestehen) einige wichtige Festivals. Der positive Trend der Branche spiegelt sich in [...]. Den Comic-Salon Erlangen gibt es seit dem Jahr 1984. [...] Inzwischen gibt es (kommen, präsentieren) dort [...]. Für den positiven (einladenden, interessanten) Eindruck des Festivals [...]. Ein besonders positives (erfreuliches, vielversprechendes) Erlebnis für jeden Zeichner [...]. Alle zwei Jahre im Juni gibt es (wird ...) diese wichtigste Auszeichnung [...] (... verliehen).

b Mögliche Synonyme: A gibt es → existieren, bestehen, vorkommen, auftreten; (in Bezug auf den Preis) → verleihen; (in Bezug auf die Künstler/-innen) → kommen, präsentieren – B positiv → erfreulich, einladend, günstig, gut, vielversprechend

4 a Zu unterstreichen: Des Weiteren kann man sagen, dass ...

b Mögliche Überarbeitung: Geschick beim Nähen, Schminken und Frisieren ist gefragt, **weil** Cosplayer eine Verkleidung benötigen, die möglichst exakt mit dem Original der Vorlage übereinstimmt. Das Cosplay ist besonders gelungen, **wenn** die Cosplayerin sich nicht nur äußerlich, sondern auch in ihrem Verhalten ganz der präsentierten Figur anpasst. *(Oder:* Eine Cosplayerin imitiert ihre Lieblingsfigur, **indem** sie sich nicht nur äußerlich, sondern auch in ihrem Verhalten ganz der präsentierten Figur anpasst.*)*

Nebensätze richtig formulieren

Seite 70–72

1 Mögliche Satzgefüge: A **Während** es in den USA, in Belgien oder in Frankreich ein Aufblühen der Comic-Kultur nach dem Zweiten Weltkrieg gab, wurden in Deutschland kaum Comics in der Nachkriegszeit veröffentlicht. – B **Weil** Comics zu großem Teil aus Bildern bestehen, wurden sie in Deutschland als niveauloser Kinderkram belächelt. – C Kinder sollten möglichst wenig Comics lesen, **damit** sie lernen, zusammenhängende Texte zu verstehen.

2 [...], ~~wenn~~ nachdem – ~~Falls~~ Weil/Als [...] – Erst ~~damit~~ als [...]

3 Zu verbessern sind die Sätze A und B, C ist richtig: A Die Wiedervereinigung Deutschlands [...], **weil** in der DDR eine viel größere Comic-Szene als in der BRD vorhanden **war**. – B Im Osten wiederum [...] unbekannt, **weil** das DDR-Regime alles Westliche als feindlich einstufte und von den Bürgern fernhalten **wollte**.

4 A denn – B Weil – C denn – D Weil

5 a + b Hauptsatz, Nebensätze mit unterschiedlichen Unterstreichungen:

A Beim Comic muss der Zeichner sich entscheiden, <u>welchen Moment einer Handlung er darstellt</u>, <u>weil wenn man zeichnet</u>, wählt man ja nur einzelne stehende Bilder aus einer bewegten Handlung aus. *Mögl. Überarbeitung:* Beim Comic muss der Zeichner sich entscheiden, welchen Moment der Handlung er darstellt, weil man beim Zeichnen nur einzelne Bilder aus einer bewegten Handlung auswählt. – B Man zeichnet nur genau so viele Bilder, <u>dass wenn man sie hintereinander ansieht</u>, im Kopf des Lesers selbst die Handlung als „Film" entsteht. *Mögl. Überarbeitung:* Man zeichnet nur genau so viele Bilder, dass im Kopf des Lesers selbst die Handlung als „Film" entsteht, wenn er die Bilder hintereinander ansieht. – C Allerdings ist eine gute Geschichte für einen Comic genauso wichtig wie die pfiffige Zeichnung, <u>weil wenn die Handlung nicht mitreißend ist, es den Leser nicht von einem Bild zum nächsten zieht</u>. *Mögl. Überarbeitung:* Allerdings ist eine gute Geschichte für einen Comic genauso wichtig wie die pfiffige Zeichnung, weil es den Leser nicht von einem Bild zum nächsten zieht, wenn die Story nicht mitreißend ist.

6 Richtig formuliert ist Satz A.

Seite 73

1 A Carl Komisch berichtet erfreut, dass er sein Hobby zum Beruf gemacht hat/habe und in einem Comic-Verlag arbeitet/arbeite. – B Er weist darauf hin, dass niveauvolle Comics eine noch geringere Auflage haben/hätten als [...]. – C Er beschreibt, dass es seine Aufgabe ist/sei, Comics vor allem über [...] zu vermarkten. – D Er betont, dass er diese Comics nicht erfolgreich vermarkten kann/könne, wenn er selbst nicht ehrlich begeistert von ihnen wäre.

2 Mögliche Umformulierung: **Dass** fast alle, die in der Comic-Branche tätig sind, schon als Jugendliche begeisterte Comic-Fans waren, hebt Carl Komisch abschließend hervor. Gleichzeitig stellt er aber richtig, **dass** es nicht ausreiche, Comic-Fan zu sein, um in der Branche erfolgreich zu sein. Carl Komisch dämpft zu große Hoffnungen mit seiner Aussage, **dass** nur ein verschwindender Teil der Comic-Fans das Hobby zum Beruf machen könne.

Seite 74

1 A Seine Empfehlung lautet, Comics mit mehr Größenwahn und mehr Hollywood auszustatten. – B Er verrät, besonders auf das richtige Timing zu achten. – C Mawil nennt als bewährten Trick, Zeitraffer und Pausen [...] bewusst einzusetzen.

2 Seine Eigenart, <u>Geschichten über liebenswerte Verlierer zu erzählen</u>, brachte Mawil die Bezeichnung „Der Woody Allen des deutschen Comics" ein. Dabei spielte vielleicht auch die Äußerlichkeit, <u>wie Woody Allen eine Brille zu tragen</u>, eine Rolle. Tatsächlich hat Mawil Spaß daran, <u>eigene Schwächen aufzugreifen</u>. Anstatt sein „Schttottttern" zu verheimlichen, hat er über die Probleme als Kind und den Besuch einer Sprachheilschule einen Comic gezeichnet. Er scheute sich auch nicht, <u>selbstironisch die Zeiten von Liebeskummer oder das Leben als Zeichner zu dokumentieren</u>. Seine Kindheit in Ost-Berlin hatte für Mawil die Folge, <u>den Mauerfall als 13-Jähriger mitzuerleben</u>. Ohne exakt autobiografisch zu erzählen, basiert sein neues Buch „Kinderland" auf Mawils eigener DDR-Jugend.

3 Richtig sind die Regeln A und C.

Seite 75

1 Markus Witzel hat einen Comic über Mirco Watzke geschrieben, der wie der Autor leidenschaftlich Tischtennis spielt. Eine weitere Gemeinsamkeit, die Autor und Protagonist verbindet, ist der Ablauf des ersten Westbesuchs nach dem Mauerfall: Beide Jungen, welche 1989 als Siebtklässler in Ost-Berlin leben, kaufen sich im Westen als Erstes einen Tischtennisschläger. Über 30 Seiten dieses umfangreichen Comic-Buches, an dem der Zeichner sechs Jahre lang gearbeitet hat, widmen sich einem einzigen Tischtennismatch. Dank seiner Tischtennisbegabung kann Mirco, der die „Angabe des Todes" beherrscht, sich als schüchterner Brillenträger Respekt verschaffen. Mircos Kinderland, dessen Alltag auch von Pionierversammlungen und linientreuen Russischlehrerinnen geprägt wird, gibt es nach dem Ende der DDR nicht mehr.

2 Der neue Mitschüler, mit **dem** Mirco schließlich als Doppelpartner spielt, ist [...]. Gegen den Widerstand der strengen Lehrerin, für **die** der Tischtennissport nicht förderungswürdig ist, planen [...], bei **dem** Mirco und Torsten siegen wollen. Zu Mircos Schulkameraden zählt die Streberin Angela, hinter **der** der Leser [...] vermuten darf.

3 dessen – deren – deren – deren
●●●

Seite 76

Teste dich! – Nebensätze richtig formulieren

1 Richtig sind die Aussagen B und E. Falsch sind A, C und D.   5 Punkte

2 Folge: A – Ziel/Absicht: B – Begründung: C – Bedingung: D   4 Punkte

3 [...] in St. Pauli auf, während überall in Deutschland [...]. Die Väter, falls sie wieder auftauchen, sind oft kriegsgeschädigt, was sie [...]. Die Last, zwischen zerbombten Gebäuden und zerstörten Familien aufzuwachsen, bedeutet für Kalle [...]: [...] entdecken, ohne von den üblichen bürgerlichen Moralvorstellungen umgeben zu sein, die erste Liebe und andere Abenteuer.   8 Punkte

Insgesamt zu erreichende Punktzahl: **17 Punkte**

Seite 77

Texte überarbeiten – Den Schreibstil verbessern

1 a + b Mögliche Überarbeitung:
Fertig überarbeiteter Text: Seit den 1990er-Jahren des 20. Jahrhunderts gibt es auch in Deutschland Mangas, eine Comic-Art, **die** aus Japan stammt. Übersetzt heißt Manga „zwangloses ungezügeltes Wort". Es bezeichnet in Japan alle Arten von Comics, nicht nur die spezielle Art, die man hier in Deutschland darunter versteht. Hier meint Manga nur einen bestimmten Comic-Typ mit einem eigenen Zeichenstil, der von hinten gelesen wird, was in Japan sowieso ganz normal ist. Viele Manga-Serien haben inzwischen auch in Deutschland Kult-Status, weil sie oft keine alltäglichen Geschichten **beinhalten**, sondern sehr fantasievolle oder verrückte Ideen. Zum Beispiel schreibt Yūsei Matsui die Serie „Assassination Classroom", in **der** ein Außerirdischer, der schon den Mond zerstört hat, Lehrer der schlechtesten Klasse Japans wird, bevor er auch die Erde vernichten will. Die Klasse muss nun den Versuch starten, ihn zu töten, **damit** die Welt gerettet wird. Interessanterweise entpuppt sich dieser Alien aber als sehr begabter und zugewandter Lehrer. **Matsui sagt dazu, dass er versucht, klassische Heldentypen zu vermeiden. Er gestalte stattdessen möglichst ausgewogene Figuren, erläutert er und fügt hinzu, dass dabei dann niedlich-böse oder lustig-schlechte Helden entstünden.**

Was kannst du schon? – Rechtschreibung

Seite 78–79

1 Nomenbegleiter: A Julius hat bei seiner Anmeldung zum Poetry-Slam Neues erfahren. – B Wichtig ist vor allem ausdrucksvolles Sprechen. – C Ohne Moderation entsteht beim Slam ein chaotisches Hin und Her. – D Während des Vortrags ist Dazwischenrufen störend. – E Nach seinem Auftritt hörte Julius ein lautes „Bravo".   10 Punkte

2 r/Rechtschreiben – ein m/Muss für j/Jung und a/Alt – g/Geschriebenem – j/Jemandem – a/Angst und b/Bange machen – u/Unsicher – bis auf w/Weiteres – r/Reformierten – über k/Kurz oder l/Lang   13 Punkte

3 Orthographie – Ortografie   2 Punkte

4 A am kommenden Montag – B vor einiger Zeit – C Samstagnacht – D jeden Dienstag – E heute Morgen – F am gestrigen Abend   6 Punkte

5 in Deutschland, Österreich und der Schweiz – in allen anderen deutschsprachigen Teilen Europas – Rat für deutsche Rechtschreibung – Beschluss der Ständigen Konferenz der Kultusminister der Länder in der Bundesrepublik Deutschland – deutschen Schulen – Schweizer und liechtensteinischen Schulen   6 Punkte

6 Zusammengeschrieben werden: langweilen, abhandenkommen, einfuhren 3 Punkte

7 A zerlegen + ableiten (ste**h**en, silbenöffnendes h an der Silbengrenze) = Stehvermögen; B ableiten (gl**au**ben) = Gläubiger; C zerlegen + ableiten (En**d**e) = endgültig 8 Punkte

Groß- und Kleinschreibung

Seite 80–82

1 Nominalisierungen (eingefügte Nomenbegleiter): mangelndes Benehmen; (leises) Husten, (lautes) Knistern, (heimliches) Flüstern; etwas Störendem; den Zuschauenden; dem Kombinieren; jeden Einzelnen; ein konzentriertes Wahrnehmen; (das) Telefonieren und lautes Sprechen; das Texten und (das) Fotografieren; Das Ausweisen von Tweet Seats; Ausgiebiges Twittern

2 *Nominalisierungen*, **Denominalisierungen**: So etwas habe ich **zeit** meines [...]: [...] ein Jugendlicher zum *Aufladen* seines Smartphones [...].Erst war Totenstille, dann lachte *Groß und Klein* gleichermaßen laut los. [...] Das war wirklich das *Letzte!* Aber [...] nicht im *Geringsten* peinlich. Wer ist eigentlich **schuld** an solchem Fehlverhalten? Diejenigen Eltern, denen alles **recht** ist, solange [...]? Oder [...], die das *Besuchen* eines Theaters zu selten veranlassen? [...]. Ich bin es **leid!** [...] Da wird es jedem Theaterfan **angst und bange** ...
*(Hinweis: **A**ngst und **B**ange machen, aber: **a**ngst und **b**ange werden/sein)*

3 a + b A **m**ittags – Adverb, **M**ittwochmittag – Nomen, Zusammensetzung; B **n**achmittags – Adverb, **S**amstag – Nomen; C **A**bend – Nomen; D **d**onnerstagfrüh, **s**pätabends – Adverbien; E **f**rüh, **ü**bermorgen – Adverbien; F **F**reitagabend – Nomen; G **M**itternacht – Nomen

4 Martin Luther – 1, Augustinerorden – 1, Katharina von Bora – 2, der Wittenberger Schlosskirche – 3, römisch-katholischen Kirche – 3, die Evangelische Kirche Deutschland – 2, bundesweiten – 4, ökumenischen – 4

5 A 2016/1017: Luther-Ausstellungen in den Vereinigten Staaten von Amerika – B im Wittenberger Lutherhaus befinden sich Schätze von welthistorischer Bedeutung, z. B. die 500 Jahre alte Mönchskutte Martin Luthers – C zum Jubiläum: Sanierung und Neugestaltung des Lutherhauses – D über 500 Exponate reisen in der Zeit in die USA – E Waffen aus der Berliner Zeughaus-Sammlung ergänzen Ausstellungsstücke – F Organisation: Landesmuseum für Vorgeschichte in Halle, die Stiftung Luthergedenkstätten in Sachsen-Anhalt, das Deutsche Historische Museum Berlin und die Stiftung Schloss Friedenstein Gotha

6 [...] groß. Anzahl: 2 (Wittenberger, Berliner)

Seite 83

Teste dich! – Groß- oder Kleinschreibung?

1 Nominalisierungen / ~~Denominalisierungen~~ – groß / ~~klein~~ – A Artikel – B Pronomen – C Adjektiv – D Präposition 6 Punkte

2 A paar – B Paar – C pleite – D Pleite 4 Punkte

3 A Nomen, Beispiel: am Morgen – B Adverbien, Beispiele: morgens, werktags – C klein, groß, Beispiele: gestern Abend, übermorgen Vormittag 9 Punkte

4 die griechische Insel, die Freiburger Innenstadt, die mexikanische Regierung, der Esslinger Weihnachtsmarkt, die Deutsche Nationalbibliothek, Schweizer Raclette 6 Punkte

Insgesamt zu erreichende Punktzahl: **25 Punkte**

Getrennt- und Zusammenschreibung

Seite 84–87

1 Vokabellernen, Gedichtaufsagen, Gehirn funktioniert, Lernerfolge steigern, Frage stellen, Textabschreiben, Lerninhalte aufschreibt, Texterfassen, Hand schreiben, Bewegung helfen, Fahrradfahren

2 A wunschgemäß, B verhandlungsbereit, C erwartungsvoll, D gesundheitsschädlich, E teamfähig

3 a Getrennt schreibt man immer: fertig werden, froh sein.
b Mögliche Erklärungen: schwarzmalen: pessimistisch sein – freihalten: jemanden einladen – naheliegen: leicht verständlich sein – näherbringen: etwas erklären, ermitteln – freisetzen: aus einer Bindung lösen – fertigmachen: jemanden erniedrigen – fernbleiben: nicht kommen – fernliegen: etwas abseitig sein – festhalten: fixieren – großziehen: zum Wachsen bringen – tiefstapeln: sein Licht unter den Scheffel stellen, sich kleiner machen – festlegen: vereinbaren – fertigbringen: etwas schaffen

4 a + b **Mögliche Verbindungen:** vormachen – vorschreiben – vorsprechen – nachgeben – nachfragen – nachsprechen – überlegen – überhören – unterlaufen – unterschreiben – hintergehen – hinterlegen – mitdenken – mitmachen – beikommen – beilegen – durchdenken – durchlaufen – aufhören – aufnehmen – abführen – absehen

●●● b Mögliche Sätze: Es ist gut, wenn der Lehrer die neuen Übungen auch einmal **vormacht.** – Wenn ein Schüler unsicher ist, sollte er **nachfragen.** – Das Gehirn kann nahezu unendlich viele Informationen **aufnehmen.** – Unterricht macht am meisten Freude, wenn alle **mitdenken.**

5 a + b Zusammen schreibt man: herausgefunden, wiederholen, vorausschickt, herumspringen. – Getrennt schreibt man (Erweiterungsprobe): zusammen (etwas) geschrieben, dabei (auf beiden Beinen) stehen.

6 A [...], Lerninhalte in Mind-Maps zusammenzustellen. – B [...], neue Lerninhalte in geeigneten Abständen zu wiederholen. – C [...], die Lernintervalle vor Klassenarbeiten vorauszuplanen. – D [...], Aufgaben zusammen (mit anderen) zu bearbeiten. – E [...], ist es wichtig, miteinander (über alles) zu sprechen.

7 Neuro-Psychologie, Positronen-Emissions-Tomografie, gelb-orangefarbenen, medizin-technischen, Computer-Landkarten, visuell-orientierten, auditiv-orientierten

8 Selbst ein erfahrener Lehrer [...]. / [...] Eher gleicht es einer Berg-und-Tal-Fahrt. [...] und immer neue 1-a-Herausforderungen suchen. / Die Social-brain-Forschung hat gezeigt, dass [...]. / Um das Gehirn aus dem morgendlichen Stand-by-Modus zu holen, kann [...]. / [...] Die Struktur-Lege-Technik, bei der Begriffe in Zusammenhänge geordnet werden, ist dabei eine große Hilfe.

Seite 88

Teste dich! – Getrennt- oder Zusammenschreibung?

1 A gehirngerecht, lernen kann – B Auswendiglernen, Mühe bereiten – C überdenken – D zusammentragen, sinnvoll ordnen   **7 Punkte**

2 a lesen können/~~lesenkönnen~~ – gehirngerechten/~~Gehirn gerechten~~ – unterstützen/~~unter stützen~~ – ~~Freudebereitet~~/Freude bereitet – wiederzugeben/~~wieder zu geben~~ – ~~dazuerstellt~~/dazu erstellt – Vokabellernen/~~Vokabel lernen~~ – wiedergeben/~~wieder geben~~   **8 Punkte**

b Englisch-Unterricht (Z. 1) – XYZ-Institut (Z. 2) – Multimedia-System (Z. 3)   **2 Punkte**

Insgesamt zu erreichende Punktzahl: **17 Punkte**

Strategien zur Vermeidung von Rechtschreibfehlern

Seite 89–90

1 Experte – Gebäude → bauen – bereuen – gefährlich → Gefahr – Leute – schlendern – auswendig

2 a Stammprinzip: B → Lohn, lohnenswert – C → Nahrung, nahrhaft

b D Dreh|tür → dre-hen – E Droh|gebärde → dro-hen

3 Standard → standardisiert – Betrieb → Betriebe – empfindlich → empfinden – Korb|tasche → Körbe – un|end|lich → Ende – lenk|bar → lenken – un|erträg|lich → ertragen

4 a + b (Nomenprobe): Die entscheidende Herausforderung beim Großschreiben von Wörtern besteht im Wesentlichen darin, dass (viele) Nominalisierungen nicht [...]. Meist aber hilft (intensives) Nachdenken beim Vermeiden [...]. [...] oder ob das Ergänzen [...] möglich ist. [...], dass das Wort großgeschrieben werden muss.

5 A Ableitungsprobe: häufig, deutlich, bemüht – B Verlängerungsprobe: gelingt, Rat, entdecken, enttäuschend, Rechtschreib-
●●● fehler – C Artikelprobe: das Wiederholen, beim Schreiben, das Üben, das Überarbeiten, das Schreiben, des Weiteren

Seite 91

1 Im ersten Nebensatz ist „das" ein Relativpronomen, das durch „welches" ersetzt werden kann. Im zweiten Nebensatz leitet die Konjunktion „dass" einen Satz ein, der auf „Wen oder was?" antwortet.

2 a C Ein Anschreiben, welches Rechtschreibfehler enthält, [...]

b A dass – B dass

3 A dass, B dass, C das, D dass, E dass, F das, G dass

Seite 92

1 a + b Notiert sind nur die richtig geschriebenen Fremdwörter): A Absorption: Aufsaugen, In-sich-Aufnehmen – B Akustik: Lehre vom Schall, den Tönen – C Algorithmus: Rechenvorgang, der nach einem bestimmten Schema abläuft – D Alliierte: Verbündete in Kriegssituationen – E Chemikalie: industriell hergestellter chemischer Stoff – F Emission: Ausgabe von

Wertpapieren, Ausströmen luftverunreinigender Stoffe – G Hypotenuse: längste Seite eines rechtwinkligen Dreiecks – H Pogrom: gewaltsame Ausschreitung, z.B. gegen Juden – I Reflexion: Zurückwerfen von Wellen bzw. Strahlung, prüfendes und vergleichendes Nachdenken – J Ressourcen: Bestand, der z.B. zur Ernährung von Menschen oder wirtschaftlicher Produktion genutzt wird – K Rhythmus: zeitliche Gliederung des melodischen Flusses oder Sprachablaufs – L symmetrisch: auf beiden Seiten einer (gedachten) Achse ein Spiegelbild ergebend

2 ●●● A Chemie, Biologie – B Musik – C Mathematik – D Geschichte – E Chemie – F Wirtschaft, Erdkunde, Chemie – G Mathematik, Physik – H Geschichte – I Physik, Philosophie (weitere Fächer möglich) – J Wirtschaft, Erdkunde – K Musik, Deutsch – L Physik, Mathematik, Deutsch

3 A Geografie, B Exposee, C –, D –, E essenziell, F Mikrofon

Seite 93

Teste dich! – Strategien zur Fehlervermeidung anwenden

1 Das Kommunizieren, das Beachten, beim Schreiben, häufig, im Allgemeinen, etwas Positives, entdecken, Rat, gründlich, befolgen — 10 Punkte

2 A dass – B dass – C das – D dass – E dass — 5 Punkte

3 Verbesserung der 5 falsch geschriebenen Wörter: rhetorische Frage, Pointe, Gotik, Etymologie, Ellipse — 8 Punkte

Insgesamt zu erreichende Punktzahl: — **23 Punkte**

Seite 94–95

Texte überarbeiten: Strategien und Proben …

1 Big Data, also das sammeln (N, Sammeln) und analysieren (N, Analysieren) riesiger Datenmengen, ist […]: Beim untersuchen (N, Untersuchen) eines Patienten, z.B. beim röntgen (N, Röntgen), bei Blutuntersuchungen oder Setests (A, Sehtests), wird eine große Menge an Patientendaten erzeukt (V, erzeugt). Wenn […], kann man […] besser stäuern (A, steuern) und so däutlich (A, deutlich) optimieren. Dies gelinkt (V, gelingt) z.B., wenn man […] und daraus eine besonders erfolkreiche (V, erfolgreiche) Beträuung (A, Betreuung), […]. Dies fräut (A, freut) schlussentlich (V, schlussendlich) auch die Krankenkassen, da man die kosten (N, Kosten) für täure (A, teure) Behandlungen dadurch endscheidend (V [nicht Ende], entscheidend) senken kann.

2 Mediziner weisen darauf hin, das Big Data […]. Schließlich ist bekannt, das immer mehr Menschen […]. Das Besondere, dass damit verbunden ist, […]. […], dass das Online-Versandhaus, das die Inhaltsstoffe der ausgewählten Lebensmittel in Beziehung setzt, Kaufempfehlungen […]. Denkbar wäre auch, das Online-Händler […]. Das würde bedeuten, das Hinweise […].

3 Mit Hilfe von Big Data kann man sogar Säuchen (Seuchen) und Epedemien (Epidemien) eindemmen (eindämmen). Das verarbeiten (Verarbeiten) und analysieren (Analysieren) riesiger Datenmengen zu Infektionskrankheiten wie Ebola, Colera (Cholera) oder Lassa-Fieber kann nämlich dafür sorgen, das (dass) man schnell die aktuelle Lage erfassen und mögliche Entwicklungen simmulieren (simulieren) kann.
Des weiteren (Weiteren) kann das schnelle erfassen (Erfassen) von Verdachtsfellen (Verdachtsfällen) besonders ansteckender Krankheiten dabei helfen, das (dass) vor Ort […]. Das Hasso-Plattner-Institut, dass (das) intensiv (intensiv) zu diesem Thema forscht, teilt mit, das (dass) in diesem Zusammenhang vor allem das auffinden (Auffinden) und befragen (Befragen) von möglichen Kontaktpersonen wichtig ist. […], die mit infizierten (Infizierten) Kontakt hatten, täglich […]. Dies soll künftik (künftig) mit Hilfe endsprechender (entsprechender) Apps erleichtert werden, die in Echtzeit Auffelligkeiten (Auffälligkeiten) erfassen und rückmelden.
Dies ist nämlich die Bedingung dafür, das (dass) möglichst schnell endscheidende (entscheidende) Gegenmaßnahmen eingeleitet werden, um ein weiteres ausbreiten (Ausbreiten) der Krankheit wirgsam (wirksam) zu verhindern.

Text überarbeiten: Zeichensetzung

Seite 96

1 a + b Porträts […] Funktionen, die wesentlich von ihren Gebrauchskontexten abhängen. Diese […] bestimmt, sie sind also mit der Erinnerung an einen individuellen Menschen verbunden, der durch seinen sozialen Rang, seine Persönlichkeit oder seine besonderen Taten bildniswürdig ist. Als Beispiele dafür sind […] Totenmasken zu nennen, aber auch Porträts mit zeremoniellem Bezug […]. In der Politik […] staatliches Symbol gebraucht, es ziert […]. In der bürgerlichen Briefkultur […] dienten Porträts, die einem Schreiben beigelegt wurden, zur Festigung der Beziehungen.

2
a + b (, f) = falsch gesetztes Komma: Selfies sind [...] aufgenommene Selbstporträts, sie werden(, f) vor allem über soziale Netzwerke verbreitet. Mit der [...] begann ein wahrer Handyfoto-Boom(,) und das „Selfie" zog in den allgemeinen Sprachgebrauch ein. Das Oxford English Dictionary(, f) wählte den Begriff 2013 zum Wort des Jahres. Selfies werden bei jeder Gelegenheit geschossen, ob es vor Sehenswürdigkeiten(, f) oder beim Feiern mit Freunden ist, auch(, f) Prominente machen mit. Jedes fünfte Selfie entsteht Umfragen zufolge in einer Gruppe, bekannt sind [...] nach einem Sieg. Es scheint, als gebe es kaum noch jemanden, der(, f) kein Selbstbild [...] postet.

Seite 97

1
a + b (, f) = falsch gesetztes Komma: „Und wo wart ihr heute Morgen, **um** zu frühstücken?", fragt Paul [...]. Dazu postet er ein Selbstporträt, **um** seinen Meerblick [...] zu demonstrieren. „Das Posten [...] dient leider nicht nur(, f) dazu, Urlaubsgrüße [...] zu verschicken", lautet [...]. „ Denn manche(, f) geben sogar ihren Klarnamen preis, **statt** persönliche Daten zu verheimlichen. „Natürlich nutzen Einbrecher soziale Netzwerke, **um** Opfer auszuspähen", sagt ein ehemaliger Täter. Mittlerweile(, f) hält er Vorträge, um Verhaltensweisen [...] zu erläutern. **Anstatt**(, f) wie früher [...] zu schleichen und auf [...], kundschaften die Kriminellen [...] aus. **Ohne** über mögliche Folgen(, f) nachzudenken, weisen nicht wenige automatische Antworten [...] auf verlassene Wohnungen hin. **Um** solch unbedarfte Nutzer(, f) mit einem Augenzwinkern aufzuklären, hat die Polizei [...].

2
Wegen der hohen Arbeitsbelastung wird es mir nicht möglich sein, jeden persönlich zu besuchen.
Erklärung: Bei Infinitivgruppen empfiehlt es sich, immer Kommas zu setzen, weil sie die Gliederung eines Satzes verdeutlichen, niemals falsch sind und Missverständnisse vermeiden.

3
[...] die Kampagne der Polizei, durch Tausende von Klicks ein Erfolg zu werden. (Erfolg der Kampagne) – [...] die Kampagne der Polizei durch Tausende von Klicks, ein Erfolg zu werden. (Erfolg wegen der Tausenden von Klicks)

Seite 98

1
einleitende Wörter: Immer mehr Jugendliche, vor allem Hasardeure, klettern ungesichert auf Wolkenkratzer oder surfen auf fahrenden Zügen, alles nur für ein vermeintlich cooles Selfie. Das russische Innenministerium trug eine schockierende Bilanz vor: Seit Jahresbeginn 2015, d.h. von Januar bis Juli, sind in dem Land zehn Menschen bei dem Versuch gestorben, ein „cooles" Selfie, also ein Foto von sich selbst, in einer gefährlichen Situation zu machen. Mindestens weitere 100 Abenteuersüchtige wurden verletzt, und zwar in erheblichem Umfang. Das Innenministerium will dem tödlichen Trend jetzt entgegenwirken, nämlich mit der Broschüre „Sichere Selfies". „Ein cooles Selfie kann dich dein Leben kosten", heißt es da, die Warnung plakativ hervorhebend. Piktogramme, vorwiegend in Verbotsschild-Optik, zeigen zahlreiche Situationen, teils absurd gefährlich, in denen man auf keinen Fall auch nur an ein Selfie denken sollte.

2
A nachgestellte Erläuterung – B nachgestellte Erläuterung, eingeleitet mit „und zwar" – C Apposition – D nachgestellte Erläuterung – E Apposition und nachgestellte Erläuterung

Seite 99

1
A [...] zu vervielfältigen, zu verbreiten und öffentlich wiederzugeben." [Verbesserung: ...".] Klärend heißt es weiter, dass dies jedoch bei Bauwerken nur für „die äußere Ansicht" gilt. – B Laut Paragraf 59 des Urheberrechtsgesetzes (UrhG) ist es nicht untersagt, bleibende Werke „an öffentlichen Wegen, Straßen oder Plätzen, durch [Verbesserung: Plätzen [...] durch] Lichtbild oder durch Film zu vervielfältigen, zu verbreiten und öffentlich wiederzugeben". „Bei Bauwerken erstrecken sich diese Befugnisse nur auf die äußere Ansicht.", [Verbesserung: Ansicht",] heißt es weiter.

2
Schlagzeilen wie „Verwertung bleibt legal" oder „EU-Parlament zu Panoramafreiheit Klicken und Posten – kein Problem" oder „Selfies vor öffentlichen Gebäuden bleiben erlaubt" kursierten im Juli 2015. Entscheidungen trifft die EU-Kommission. „Und die", verspricht EU-Kommissar Oettinger, „hat nicht vor, die Panoramafreiheit einzuschränken: Was man als Bürger auf öffentlichen Plätzen und Straßen in Europa sehen darf, sollte man auch mit der Kamera fotografieren dürfen." Aber: Panoramafreiheit gilt nicht überall. Mancherorts können historische Bauwerke abgelichtet werden, moderne Kunst nicht. „Sollte die Panoramafreiheit beschränkt werden, wäre Wikipedia massiv davon betroffen", schreibt Jimmy Wales in der britischen Tageszeitung „The Guardian". Und weiter: „Hunderttausende Bilder auf Wikipedia wären Gegenstand dieser Urheberrechtsrestriktionen und der Gefahr ausgesetzt, entfernt zu werden."

Seite 100

Teste dich! – Zeichensetzung

1
Das Gesicht, eines der wichtigsten biometrischen Merkmale des Menschen, steht im Fokus der Identifizierungsmöglichkeiten. Gesichtserkennung meint die Analyse der Ausprägung sichtbarer Merkmale im vorderen Bereich des Kopfes, also die geometrische Anordnung und Eigenschaften der Oberfläche. Fachleute unterscheiden zwischen der Erkennung eines Gesichts im Bild und dessen Zuordnung zu einer bestimmten Person: Im ersten Fall wird geprüft, ob und wo ein Gesicht zu

sehen ist, im zweiten, um wen es sich handelt. Im englischen Sprachraum wird bei einer Gesichtserkennung durch Menschen von *face perception* gesprochen, eine Gesichtserkennung durch Maschinen wird als *face recognition* bezeichnet. Es ist möglich, Überwachungskameras im öffentlichen Raum mit Systemen der Gesichtserkennung auszustatten.   8 Punkte

2 Selbst, (2) wer [...] präsentiert, (1) hat [ ] auf Nicht-Erkennen. [...] Algorithmus, (1) der Menschen [...] erkennen kann, (1) wenn [...]. [...] demnach Eigenschaften, (1) z. B. [...] Körperhaltung, (1) um eine Person zu identifizieren. In den USA, (2) und [...] der klassischen Gesichtserkennung ein, (1) aber in Deutschland [...].   8 Punkte

3 (falsche Zeichen): „Bei der Bilderkennung sollen heute nicht nur Gesichter, sondern viele verschiedene Dinge erkannt werden(. f)", erklärt Prof. Ortwin Kox vom Lehrstuhl für Bildverarbeitung der Universität Herfurt (...“ f). Die Algorithmen würden zwar mit Millionen von Einzelbildern trainiert und verbesserten sich stetig, doch Fehler ließen sich bei dieser „komplizierten Aufgabe" nicht ausschließen (...“ f). „Denn", so Kox, „nach wie vor verstehen Computer die Welt bei weitem nicht so gut wie Menschen**."**
(3 P. für entfallene Zeichen, 2 P. für richtig gesetzte Zeichen)   5 Punkte

Insgesamt zu erreichende Punktzahl: **21 Punkte**

Seite 101

Texte überarbeiten: Die Zeichensetzung prüfen

1|2 Die Idee von [...] genutzten Flächen in Städten, zum Beispiel in Innenhöfen, (1) ist nicht neu. Die Stadtbürger [...] waren auch Ackerbürger, (2) eigene Gärten [...] des Stadtbilds. Seit dem 19. Jahrhundert gibt es Klein- bzw. Schrebergärten, (1) vor allem an [...]. Die urbane Gartenbewegung, die [...] stetig wächst, (4) scheint ihre Wurzeln jedoch ganz woanders zu haben, (1) und zwar in [...]. Die Community Gardens waren [...] mit Blumenbeeten und Gemüseanbau, (6) um eine Selbstversorgung zu ermöglichen. Neu an diesen Gärten war, (5) dass sie [...] und stadtgestalterische Fragen miteinander verknüpften. Um das Jahr 2000 kam der Begriff Urban Gardening auf. Er wurde auch in Deutschland schnell zum Trend. Vor wenigen Jahren noch als „Großstadt-Ökos" belächelt, die am Straßenrand ihr Gemüse anbauen, (4) sind Urban Gardener [...] deutschen Städten anzutreffen, zum Beispiel in Berlin, München oder Bonn. (1)

2 **1** Trenne nachgestellte Erläuterungen mit Komma ab, Einleitewörter sind *und zwar, z. B. … vor allem*. – **2** Werden zwei Hauptsätze einfach aneinandergereiht, musst du zwischen ihnen ein Komma setzen. – **3** Einen Nebensatz erkennst du an der Personalform des Verbs am Ende des Nebensatzes. – **4** Ist ein Relativsatz eingeschoben, dann musst du davor und dahinter ein Komma setzen. – **5** Die Konjunktion „dass" leitet einen Nebensatz ein, du musst ihn mit Komma abtrennen. – **6** Wenn eine Infinitivgruppe mit „um" eingeleitet wird, musst du ein Komma setzen.

Übungen für einen Abschlusstest

Seite 102–111

1 Antwort D ist richtig.   1 Punkt

2 Richtig sind die Aussagen B, C, E, F und I. Falsch sind A, D, G, H und J.   10 Punkte

3 Antwort B ist richtig.   1 Punkt

4 Zutreffend ist Beitrag A. Mögliche Begründung: Weil der Ich-Erzähler während des Redens ständig reflektiert, wie gelingende Kommunikation mit dem anderen Geschlecht funktioniert (sein Ziel), kann er nicht mehr frei und ungezwungen kommunizieren. Seine Kommunikation (Reden und Lachen) wirkt deshalb seltsam und so selbstbezogen, dass er sein Ziel verfehlt.   2 Punkte

5 Reihenfolge der Einträge: Workshops – Kommunikation – Vorstellungen – kommunikativen – signalisieren – Freundlichkeit – Unklaren – falsche – Reaktionen – beziehen – Unsicherheit – unverfänglichen   (je ½ Punkt) 6 Punkte

6 Die richtige Antwort lautet A.   1 Punkt

7 **Textstelle(n) 1:** Interview: Frauen sagen nicht die Wahrheit, wenn sie erkennen, dass es nicht der Richtige ist. (Z. 14 ff.). – Roman: Beide Mädchen sagen nicht die Wahrheit, als sie sich vom Ich-Erzähler abwenden. (Z. 28–34, Z. 62) / **Textstelle(n) 2:** Interview: Männer reden aus Unsicherheit zu viel und endlos über ihren Job. (Z. 27 f.) – Roman: Der Ich-Erzähler redet aus Unsicherheit endlos über sein Hobby. (Z. 40–59) / **Textstelle(n) 3:** Interview: Männer bekommen Körbe. (Z. 29) – Roman: Der Ich-Erzähler wird beim Flirten zweimal abgelehnt. (Z. 28–34, Z. 62–65) / **Textstelle(n) 4:** Interview: Für Männer ist Rotwerden ein Problem. (Z. 35 f.) – Roman: Der Ich-Erzähler sorgt sich ums Rotwerden. (Z. 10 f., Z. 22 f., Z. 27)   8 Punkte

8 Richtig sind die Aussagen A, B und F. Falsch sind C, D und E.   6 Punkte

9 Aussage in der Grafik: Frauen geben an, dass 60 % der Männer (Männer, dass 51 % der Männer) gern die Gesprächsführung übernehmen. – Romaninhalt: Ich-Erzähler redet pausenlos auf Hanna ein.   2 Punkte

10 Mögliche Umformulierungen: A Im Zeitalter der Globalisierung ist die Verständigung zwischen Menschen aus verschiedenen Kulturen wichtiger denn je. **Da** es in internationalen Geschäftsbeziehungen besonders darauf ankommt, die Körpersprache des Gegenübers zu verstehen und angemessen darauf zu reagieren, spielen unbewusst eingesetzte Gesten eine besondere Rolle. – B Menschen neigen dazu, eigene kulturelle Normen auf andere zu übertragen. **Deshalb** sollten nicht nur Geschäftsleute, sondern auch Touristen Kommunikationsprobleme vermeiden, damit keine Missverständnisse aufkommen.   4 Punkte

11 verschiedener Kulturen, G – asiatischer Herkunft, G – ihrem Gegenüber, D   6 Punkte

12 ~~spielt~~/spielen – setzt/~~setzen~~ – kann/~~können~~   3 Punkte

13 A sei – B erfahre – C gelte, schauen würden   4 Punkte

14 A In westlichen Kulturen **wird** ein direkter Blickkontakt als vertrauensbildend **empfunden.** –
B Die Vermeidung des direkten Blicks nimmt man dort als Signal von Unehrlichkeit **wahr.**   2 Punkte

15 G = Großschreibung, N = Nomenbegleiter, ZG = Zusammen-/Getrenntschreibung, d/d = das/dass-Schreibung: untereinander verstehen (Z. 1, ZG: Adverb + Verb), Einheimischer (Z. 2, G: Nomen), Das (Z. 2, d/d: Pronomen), Begrüßen (Z. 3, G: nominalisiertes Verb, N: Präposition), Verbeugen (Z. 5, G: nominalisiertes Verb, N: Artikel), dass (Z. 7, d/d: Konjunktion), das (Z. 7, d/d: bestimmter Artikel), Angemessene (Z. 8, G: nominalisiertes Adjektiv, N: bestimmter Artikel), häufiger berührt (Z. 9, ZG: Adjektiv + Verb), das (Z. 9, d/d: Pronomen), Sprechen (Z. 11, G: nominalisiertes Verb, N: Präposition), einander annähern (Z. 11, ZG: Pronomen + Verb), dass (Z. 13, d/d: Konjunktion), Vertrauten (Z. 13, G: nominalisiertes Adjektiv, N: Präposition)   7 Punkte

16 Groß-/Kleinschreibung, Zusammen-/Getrenntschreibung, das-/dass-Schreibung   3 Punkte

17 Überprüfe deinen Text und notiere dir zu jedem gelungenen Bereich die angegebene Punktzahl.
  – Du hast den Merkkasten durchgelesen und kannst die typischen Merkmale eines Essays nennen.   1 Punkt
  – Du hast im Dossier zentrale Aussagen markiert.   1 Punkt
  – Du hast eine Mind-Map angelegt, in der du Bereiche darstellst, in denen Körpersprache wichtig ist. 1 Punkt
  – Du hast einen Schreibplan für deinen Essay angelegt.   1 Punkt

Zu: Verfasse und überarbeite den Essay:
Dein Essay
  – hat einen Einstieg, der das Interesse des Lesers/der Leserin weckt.   2 Punkte
  – weist einen roten Faden auf. Er weicht nicht vom Thema ab, auch wenn er es von verschiedenen Seiten beleuchtet. 2 Punkte
  – enthält einen schlüssigen Gedankengang, der vor den Augen des Lesers/der Leserin entfaltet wird. 3 Punkte
  – enthält neben argumentierenden oder informierenden Passagen auch Textstellen, die z. B. erzählen, schildern, kommentieren, mit Sprache spielen oder auf humorvolle Weise unterhalten. 3 Punkte
  – enthält persönliche Einsichten und Meinungen.   2 Punkte
  – verwendet Ideen und Einsichten aus den Materialen des Dossiers.   2 Punkte
  – kennzeichnet fremde Aussagen als solche und benennt die Informationsquelle.   1 Punkt
  – ist sprachlich bewusst gestalten, indem er sprachliche Stilmittel einsetzt.   4 Punkte
  – ist im Hinblick auf Rechtschreibung, Grammatik und Zeichensetzung korrekt formuliert.   2 Punkte

max. 25 Punkte

Bewertungsschlüssel

91–62 Punkte	61–28 Punkte	27–0 Punkte
Du liegst im guten bis sehr guten Bereich. Vielleicht siehst du dir trotzdem noch einmal die Stellen an, an denen du dich noch verbessern kannst.	**Einiges gelingt dir gut, manches musst du aber noch einmal üben.** Versuche anhand des Tests Fehlerschwerpunkte zu entdecken, damit du gezielt wiederholen kannst.	**Du musst vieles wiederholen und noch einmal gründlich üben.** Überlege gemeinsam mit deinen Eltern oder deinem Lehrer/deiner Lehrerin, wo besondere Fehlerschwerpunkte liegen und wie du vorgehen kannst, um dich zu verbessern.

Rechtschreibung	bearbeitet am	😊 😐 😞

Kennzeichnungen in diesem Arbeitsheft:

 **1**   Aufgabe

●●●   knifflige Aufgabe oder
Aufgabe für die Schnellen

Information   Zusammenfassung des
Grundwissens

Methode

Γ   Tipps und Arbeitshilfen

►   Der Pfeil sagt dir, auf welcher Seite du etwas
nachschlagen kannst.

Mit dem beiliegenden Lösungsheft kannst du deine
Ergebnisse selbst überprüfen.

Wissenschaftlich arbeiten – Referat und Facharbeit

> **Information**   **Ein Thema finden und eingrenzen**
>
> Mögliche **Themenbereiche** für ein Referat oder eine Facharbeit im Fach Deutsch sind:
> - Leben und Werk eines Autors/einer Autorin oder eine Epoche,
> - Entstehung und Rezeption eines Theaterstücks, einer Literaturverfilmung, eines Romans etc.,
> - Medien und ihr gesellschaftlicher Einfluss,
> - Untersuchungen zur Sprachentwicklung oder zu einem Dialekt.
>
> Damit ein Thema angemessen bearbeitet werden kann, muss man es **eingrenzen:** Statt z. B. das ganze Leben eines Autors/einer Autorin darzustellen, sollte man sich auf einen interessanten Aspekt konzentrieren.

1 **Nur eines der folgenden Themen ist sinnvoll eingegrenzt. Kreuze es an.**

A ☐ Die Epoche der Neuen Sachlichkeit

B ☐ Heimatlosigkeit im Leben und Werk Mascha Kalékos

C ☐ Mascha Kalékos Leben und Werk

D ☐ Die Situation jüdischer Schriftsteller im Exil in der Zeit des Nationalsozialismus

Eine Basisrecherche durchführen

2 **a Markiere im Lexikonartikel Schlagwörter, die bei der Suche nach Informationen zu dem Thema (siehe Aufgabe 1) helfen.**
b Unterstreiche: Hinweise auf Internetlinks grün,
Angaben zur Herkunft der Informationen (Quellen) blau und weiterführende Literaturhinweise schwarz.

> Verschaffe dir mit Hilfe der frei verfügbaren Internet-Enzyklopädie „Wikipedia" zunächst einen **Überblick über ein Thema.** Dort findest du auch Schlagwörter und Links für die weitere Recherche.

Mascha Kaléko war eine deutschsprachige, der Neuen Sachlichkeit zugerechnete Dichterin. Geboren wurde sie am 7. Juni 1907 im galizischen Chrzanów als Kind des jüdisch-russischen Kaufmanns Fischel Engel und der österreichischen Jüdin Rozalia Chaja Reisel Aufen. 1914, zu Beginn des Ersten Weltkriegs, übersiedelte zunächst die Mutter mit den Töchtern Mascha und
5 Lea nach Deutschland, um Pogromen zu entgehen. In Frankfurt am Main besuchte Kaléko die Volksschule. 1916 zog die Familie nach Marburg, schließlich 1918 nach Berlin. 1933/1934 studierte Kaléko an der Reimann-Schule, Berlin[1]. 1933 publizierte sie „Das lyrische Stenogrammheft" mit Gedichten über Liebe, Großstadtalltag und Einsamkeit. Obwohl als Jüdin gefährdet, emigrierte Kaléko erst im September 1938 in die Vereinigten Staaten von Amerika, weil sie ihre
10 deutsche Heimat nur ungern verlassen wollte. Sie hielt dort ihre Familie mit dem Verfassen von Reklametexten über Wasser und litt sehr unter Heimweh. Nach dem Krieg fand Kaléko in Deutschland wieder ein Lesepublikum. 1960 wanderte sie ihrem Mann zuliebe nach Jerusalem aus. In Israel fühlte sie sich sprachlich und kulturell isoliert und einsam. Als Witwe überlegte sie 1974, nach Berlin zurückzukehren. Kurz darauf, am 21. Januar 1975, starb Mascha Kaléko.
15 **Literatur**
- Jutta Rosenkranz: Mascha Kaléko. Biografie. dtv, München 2012
- Gisela Zoch-Westphal: Aus den sechs Leben der Mascha Kaléko. Arani, Berlin 1987 [...]
Weblinks
- Kaléko-Website von Gisela Zoch-Westphal: www.kaleko.ch
20 - Marcel Reich-Ranicki: Zur Heimat erkor sie sich die Liebe: www.faz.net/feuilleton/ [...]
Einzelnachweise
[1] Swantje Kuhfuss-Wickenheiser: Die Reimann-Schule [...] 1902–1943. Aachen 2009, S. 540 [...]

Eine Feinrecherche durchführen und Informationen bewerten

Methode   **Mit Suchmaschinen recherchieren, Informationen beurteilen und auswerten**

- **Verbinde treffende Schlagwörter,** um genauere Suchergebnisse zu bekommen, z.B. „Kaléko Heimweh".
- **Filtere die Ergebnisse:** Schränke die Suche auf einen Zeitraum ein oder suche gezielt nach Bildern.
- **Prüfe die Ergebnisse** der Internetrecherche sorgfältig. Sie sind besonders zuverlässig, wenn
  - Informationen von einer seriösen Organisation stammen, die vor der Veröffentlichung alles genau prüft: Zuverlässig sind Universitäten und Ministerien, aber auch namhafte Zeitungen oder Zeitschriften.
  - eine Information sich mehrfach in vergleichbarer Weise auf seriösen Internetseiten findet,
  - es sich um einen Beitrag eines Experten handelt, der z.B. auf der Seite einer Behörde veröffentlicht ist.
- **Dokumentiere die Materialauswahl** in einem Quellenprotokoll. Notiere die genauen Internetadressen (URL), das Datum des Zugriffs und die wichtigsten Inhalte in Stichworten.

Wichtiger Hinweis: Veröffentlichungen in Blogs, sozialen Netzwerken oder Hausaufgabenportalen solltest du durch weitere Quellen überprüfen.

3   **a**   Markiere die Schlagwörter, die in einer Suchmaschine die folgenden Links erzeugt haben.
     b   Umkreise den gewählten Suchzeitraum <u>grün</u> und den Button, mit dem man Bilder suchen kann, <u>blau</u>.
     c   Trage rechts am Rand jeweils ein, um welchen Teil des Textes es sich handelt: D = Erscheinungsdatum, L = mit Link unterlegter Titel der Website, T = Auszug aus dem Text, A = Adresse der Website (URL).

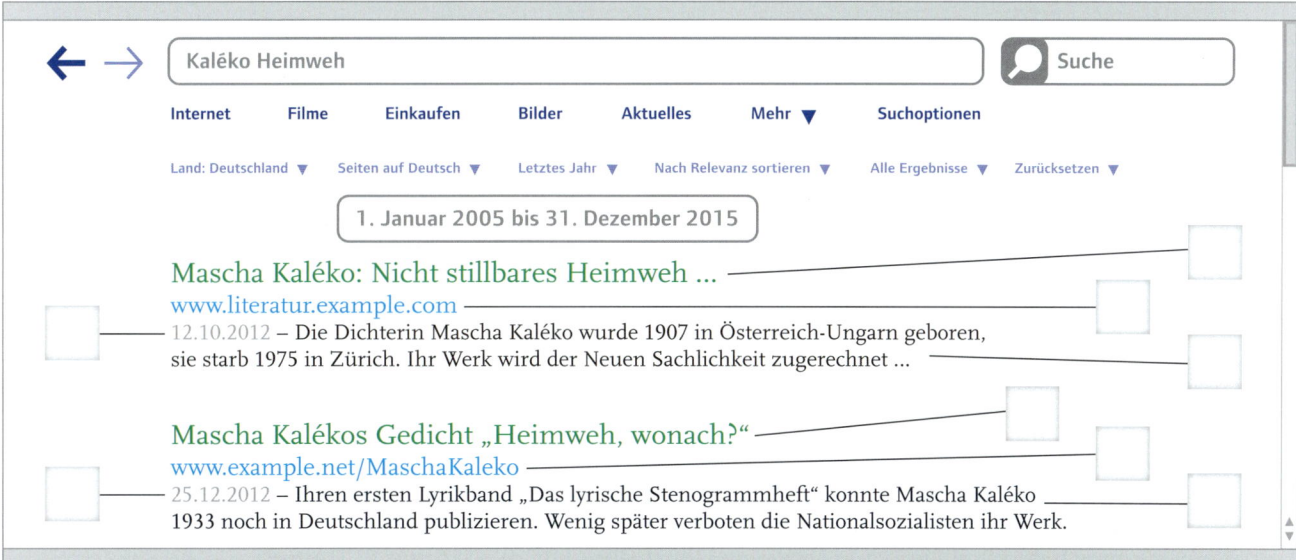

4   **a**   Beurteile, ob die oben angezeigten Internetseiten auf den ersten Blick zuverlässig erscheinen. Begründe deine Einschätzung im Heft.
     b   Erläutere vertiefend, wie du die Zuverlässigkeit der Seiten inhaltlich überprüfen könntest.

5   Recherchiere mit Hilfe treffender Schlagwörter zuverlässige Internetseiten.
    Arbeite dazu in deinem Heft ein Quellenprotokoll nach folgendem Muster aus.

Bibliografische Angaben	Inhalt in Stichworten
Holger Narter: Heimweh nach der zerstörten Heimat http://www.example.com/kaleko/literarischewelt/article075847502937/Heimweh.html (aufgerufen 2.4.2016) …	Situation in Berlin und im Exil, Vorschlag für den Fontane-Preis …

6
a Markiere in den Textauszügen Informationen zum Thema. Verwende zwei Farben für Leben und Werk.
b Lege Oberbegriffe fest: Notiere sie im Heft und ordne ihnen die wichtigen Informationen stichpunktartig zu.

M 1 | Marcel Reich-Ranicki

Die Lyrikerin Mascha Kaléko: Zur Heimat erkor sie sich die Liebe

[...] Mascha Kalékos Leben wurde von der Heimatlosigkeit geprägt, vom Leiden an der Unzugehörigkeit. Sie blieb überall eine Fremde: In Deutschland eine polnische Jüdin, in Israel eine deutsche Jüdin, in Amerika eine unbelehrbare Europäerin. [...] Ihr Gedicht „Die frühen Jahre" endet: „Ein Fremdling stumm vor unerschlossenen Zonen / fror ich mich durch die finsteren Jahre." Ihren Sohn (geboren 1936) belehrt
5 sie: „Du bist, vergiss es nicht, von jenem Baume, / der ewig zweigte und nie Wurzel schlug."
Ihr Werk, fast ausschließlich Gedichte, macht es den Kritikern, die sie ernst nehmen, schwer und den Lesern immer leicht. Sicher ist: Sie dichtete ihr Leben und sie lebte ihre Dichtung. [...] Was die Kaléko für alltägliche Wirklichkeit hielt, sagte sie wiederholt in ihren frühen Gedichten: „Zur Heimat erkor ich mir die Liebe". Liebe also als Notlösung. Und die Konsequenz: „Ich bin ein Blatt, zu früh vom Baum
10 gerissen. / Ob alle Liebenden so einsam sind?" Liebe und Einsamkeit – das sind die Leid- und Leitworte dieser Dichtung. [...]
Ihren ersten Höhepunkt erreicht die Dichtung der Mascha Kaléko um 1933. Zugleich ist es der letzte. Es erscheint „Das lyrische Stenogrammheft", etwas später „Das kleine Lesebuch für Große". Das ist freilich der ungünstigste Augenblick für eine jüdische Autorin. Nach 1933 kann sie nicht mehr publizieren.
15 Erst 1938 emigriert Mascha Kaléko nach Amerika. Sie lebt dann in Israel, vorübergehend in Deutschland und schließlich in Zürich, wo sie 1975 stirbt. Sie ist überall einsam, überall unglücklich. Nicht etwa, dass ihre Produktionskraft erschöpft wäre. Aber niemand will ihre neuen Gedichte drucken.

Quelle: Frankfurter Allgemeine Zeitung, 8. 6. 2007

M 2 | Michaela Schmitz

Mascha Kaleko zum 100. Geburtstag – Leben und Werk

Schon 1914, vor dem Ersten Weltkrieg, war die Familie von Galizien nach Frankfurt am Main ausgewandert, wo der russische Vater als feindlicher Ausländer interniert wird. Zwei Jahre später folgt die Übersiedlung nach Marburg. 1918, nach Kriegsende, zieht man nach Berlin. Mascha wird früh von Gefühlen der Heimatlosigkeit, Verlassenheit und Vaterlosigkeit geprägt. In einem Gedicht bekennt sie
5 später: „Ein Fremdling bin ich damals schon gewesen, / Ein Vaterkind, der Ferne zugetan ..."

Quelle: Deutschlandfunk, 3. 6. 2007, www.michaela-schmitz.de/kaleko (aufgerufen 2. 4. 2016)

M 3 | Ruth Klüger

Sie hatte so Heimweh nach dem Kurfürstendamm

[...] Auch in New York kreist ihr Denken um Berlin: „Ich hatte einst ein schönes Vaterland –/so sang schon der Flüchtling Heine./ Das seine stand am Rheine, das meine auf märkischem Sand. // Wir alle hatten einst ein (siehe oben)./ Das fraß die Pest, das ist im Sturm zerstoben. [...]" Ebenso von Nostalgie durchtränkt ist die
5 New Yorker Schlaflosigkeit in dem Gedicht „Sozusagen ein Mailied", in dem sie sich mitten in der Nacht fragt: „Ob Ecke Uhland die Kastanien/ Wohl blühn?" Nach dem Krieg gab es immer wieder vergebliche Versuche einer Annäherung an Berlin. 1956, bei ihrem ersten Besuch in den bekannten Straßen, schrieb sie mit der ihr
10 eigenen Lust am Wortspiel: „Und alles fragt, wie ich Berlin denn finde .../Wie ich es finde? Ach, ich such es noch!"

Quelle: www.welt.de/kultur/literarischewelt (aufgerufen 3.11.2015)

M 4 | Mascha Kaléko

Heimweh, wonach?

Wenn ich „Heimweh" sage,
sag ich „Traum".
Denn die alte Heimat gibt es kaum.
Wenn ich Heimweh sage,
mein ich viel: 5
Was uns lange drückte im Exil.
Fremde sind wir nun im Heimatort.
Nur das „Weh", es blieb.
Das „Heim" ist fort.

Quelle: www.kaleko.ch (aufgerufen 3.11.2015)

7
 Ergänze die Übersicht von Aufgabe 6: Recherchiere weitere Informationen über Mascha Kaléko und auch Gedichte von ihr.

Das Thema aufbereiten: Ein Strukturdiagramm erstellen

Methode	Mit einem Strukturdiagramm eine Gliederung erstellen („roter Faden")

Plane den **Aufbau:** Achte darauf, dass dein Referat bzw. deine Facharbeit einen „roten Faden" hat.
- Wecke in der **Einleitung** das Interesse des Publikums und führe in das Thema ein, z. B. durch treffende Zitate oder persönliche Bemerkungen zum Thema. Gib einen Überblick über die Gliederung.
- Gliedere den **Hauptteil** sorgfältig: Lege für die wichtigen sachlichen Gesichtspunkte Oberbegriffe mit dazu passenden Unterpunkten fest. Bringe diese in eine sinnvolle Reihenfolge und verknüpfe sie sachlich. Ordne ihnen die Informationen aus deiner Materialsammlung zu und streiche Überflüssiges.
- Greife am **Schluss** die Frage/das Problem vom Anfang noch einmal auf: Du kannst Wichtiges zusammenfassen, deine Meinung zum Thema formulieren oder einen Ausblick auf weitere Entwicklungen geben.

Tipp: Mit Hilfe eines Strukturdiagramms lässt sich der Aufbau besonders gut planen.

8 Schau das Strukturdiagramm an und erläutere es im Lückentext darunter.

Einleitung	Hauptteil	Schluss

Einleitung

Zitat aus Gedicht:
„Zur Heimat erkor ich mir die Liebe"

Fragestellung:
Welche Erlebnisse werden hier literarisch verarbeitet?

Hauptteil

Mascha Kalékos Erfahrungen mit Heimatlosigkeit
- Übersiedelung nach Deutschland → Berlin
- Exil: USA, New York
- Exil: Israel, Jerusalem

▼

Motiv der Heimatlosigkeit in Mascha Kalékos Lyrik
- Lyrik der 1930er-Jahre (Neue Sachlichkeit): „Das lyrische Stenogrammheft"
- Lyrik des Exils

Schluss

Fazit:
Mascha Kalékos Lyrik spiegelt ihre Lebenssituation.

Die Einleitung beginnt mit _____ , in dem es um _____ geht.

Auf dieser Grundlage wird die Frage _____

Der Hauptteil ist so aufgebaut, dass zunächst _____ erläutert wird

und dann ein Überblick _____

Das ist sinnvoll, weil das Publikum _____

_____

Am Schluss _____

9 a Erstelle in deinem Heft ein alternatives Strukturdiagramm. Gehe so vor.
- Überlege, wie du in der Einleitung das Interesse deiner Zuhörer/-innen bzw. Leser/-innen wecken möchtest, z. B. durch eine persönliche Bemerkung oder ein Zitat.
- Entwickle eine andere mögliche Struktur für den Hauptteil, z. B. indem du chronologisch vorgehst.
- Notiere, wie du am Schluss die Frage oder Problemstellung vom Anfang aufgreifen möchtest.

Lege auch fest, ob du dabei wichtige Informationen zusammenfassen, deine persönliche Meinung zum Thema formulieren oder einen Ausblick geben möchtest.

b Begründe in deinem Heft, welche Struktur des Hauptteils dir sinnvoller erscheint.

Die Ergebnisse in Referat/Facharbeit präsentieren

Methode	Mit Hilfe von Folien präsentieren

In einem computergestützten Vortrag haben Folien folgende **Aufgaben:**
- **Strukturieren:** Überschrift und Stichpunkte fassen die Informationen als Gedächtnisstütze zusammen.
- **Beispiele geben:** z. B. Fotos, Zitate …
- **Visualisieren:** komplizierte Sachverhalte oder Daten anschaulich darstellen (z. B. Grafiken, Diagramme).
- **Auflockern:** besondere Zitate, Abbildungen o. Ä. helfen, die Aufmerksamkeit des Publikums zu erhalten.

10 a Betrachte die Folie links. Notiere in der Randspalte, was bei der Gestaltung besonders gut gelungen ist.
   b Notiere auch, welche Aufgabe die Folie hat.

Wichtige Lebensstationen

– 1914 Übersiedelung nach Deutschland
– 1918 Umzug nach Berlin
– 1938 Exil: USA
– 1960 Jerusalem

Eine **gute Gestaltung** hebt das Wesentliche hervor: Ein Zuviel an Informationen oder Layout (z. B. zu viele Farben, unruhige Hintergründe) verwirrt nur. Verwende eine gut lesbare Schrift.

11 ●●● Erstelle weitere Folien zum Thema: Du kannst Beispiele geben (z. B. Gedichte), etwas visualisieren (z. B. durch Fotos) oder auflockern (z. B. durch Zitate von oder über Mascha Kaléko.)

12 Trage den vollständigen Vortrag einer Lernpartnerin/einem Lernpartner vor und lasse dir ein Feedback geben: Was ist gut gelungen? Was könntest du verbessern?

Methode	Die Ergebnisse schriftlich in einer Facharbeit präsentieren

Eine Facharbeit besteht aus den folgenden **Teilen:**
- **Deckblatt** mit Angaben zu Verfasser/-in, Thema, Fach und Fachlehrer/-in,
- **Inhaltsverzeichnis** mit Gliederung und Seitenzahlen,
- **Fließtext,** bestehend aus Einleitung, Hauptteil, Schluss; Zitate oder Paraphrasen mit Quellen (Fußnote),
- **Literaturverzeichnis,** in dem alle verwendeten Quellen aufgelistet werden,
- ggf. **Anhang** mit Bildern, Untersuchungsergebnissen o. Ä.,
- **Selbstständigkeitserklärung,** dass man die Arbeit ohne Hilfe verfasst und alle Quellen angegeben hat.

13 Zeichne ein Schnittmengendiagramm nach folgendem Muster in dein Heft. Vergleiche einen Vortrag und eine Facharbeit im Hinblick auf Gemeinsamkeiten und Unterschiede und halte diese darin fest.

Vortrag
– schriftlich nur Moderationsfolien
– …

– klar eingegrenztes Thema
– …

– ausformulierter Fließtext
– …
Facharbeit

Einen Essay verfassen

Information	Der Essay

„Essay" (französisch *essai*, deutsch *Versuch*) ist die Bezeichnung für einen bewusst **subjektiven reflektierenden Text** über ein bestimmtes Thema. Eine präzise Definition ist wegen des kreativen und offenen Charakters der Schreibform schwierig.

Ähnlich wie die Erörterung will der Essay die Haltung des Verfassers / der Verfasserin zu einer offenen Frage durch die **kritische Beurteilung** und das **Abwägen unterschiedlicher Positionen** darstellen. Der Essay behandelt sein Thema allerdings weniger systematisch als die Erörterung, eher **aspekthaft, assoziativ** und **variationsreich.** Die Gedanken werden vor den Augen des Lesers / der Leserin entfaltet, die Aussagen können Möglichkeiten durchspielen, sie können bewusst zugespitzt sein und dürfen auch **provozieren.** Der Essay enthält neben **erörternden** oft auch **beschreibende, schildernde** oder **erzählende Elemente. Stilistisch** ist der Essay **ausgefeilt** und pointiert.

Arbeitsschritt 1: Die Aufgabenstellung verstehen

1 **Lies die folgende Aufgabenstellung. Kreuze von den darunter aufgelisteten Aussagen die zutreffenden an.**

> Verfasse einen Essay zum Thema „Glück".
> Du kannst dabei auf die Materialien M1 bis M4 aus dem Dossier zurückgreifen (▶ S. 10–12).

- ☐ A Ich soll in meinem Aufsatz möglichst umfassend auf verschiedene Aspekte von „Glück" eingehen.
- ☐ B Ich kann einzelne Informationen und Gedanken aus den angebotenen Materialien aufgreifen und verwenden, ohne auf Vollständigkeit zu achten.
- ☐ C Ich soll sprachliche Stilmittel einsetzen und kann einzelne Textstellen auch unterhaltsam und locker formulieren.
- ☐ D Ich kann vom Thema „Glück" auch abschweifen und zu anderen Themenbereichen übergehen.
- ☐ E Das Thema „Glück" sollte sachlich analysiert werden.
- ☐ F Ich soll Argumente gegeneinander abwägen, um am Ende zu einer eigenen Position zu kommen.
- ☐ G Ich soll gedanklich interessant verschiedene Aspekte zum Thema Glück darstellen und somit den Leser / die Leserin unterhalten.
- ☐ H Der Aufbau sollte so geplant werden, dass der Text einen roten Faden und einen schlüssigen Gedankengang aufweist.
- ☐ I Ich soll möglichst viele sprachliche Mittel verwenden, um meine rhetorischen Kenntnisse unter Beweis zu stellen.

2 **Lies den Informationskasten zum Thema „Essay" oben auf dieser Seite genau durch.**
Formuliere in eigenen Worten, worin sich der Essay von einer Erörterung unterscheidet.

_____

_____

_____

_____

Arbeitsschritt 2: Ein Dossier auswerten

Information	Ein Dossier auswerten

Zur Vorbereitung eines Essays erhältst du meist eine Zusammenstellung verschiedener Materialien zum Thema (z. B. Sachtexte, Karikaturen, Statistiken ...). Das Dossier soll dich bei der Auseinandersetzung mit dem Thema unterstützen.

Es ist sinnvoll, zu den einzelnen Materialien jeweils ein **Abstract** zu verfassen. Ein Abstract fasst die **Hauptaussagen eines Textes** (oder einer Karikatur, eines Diagramms ...) **knapp und sachlich** zusammen.

3 Lies die folgenden Materialien (M1 bis M3) zügig durch und notiere jeweils eine Kernaussage des Textes.

Material 1: _____

Material 2: _____

Material 3: _____

M1

Glück – Interview mit dem Glücksforscher Dr. Raj Raghunathan aus der Zeitschrift „Psychologie heute"

Herr Raghunathan, was macht uns glücklich?
Die Frage aller Fragen! Bisher kamen Antworten dazu vor allem von religiösen oder spirituellen Quellen oder von der Großelterngeneration. Sicherlich
5 sind viele dieser Antworten gut, aber vor allem intelligente Menschen, die Lebensfragen eher mit dem Verstand angehen, lassen sich ungern einfach so von Weisheiten irgendwelcher Erleuchteter überzeugen. Unsere Untersuchungen zeigen, dass es vor allem
10 auf die richtige Geisteshaltung ankommt.
Die wäre?
Es gibt zwei Mentalitäten, mit denen man sich durchs Leben bewegen kann: Eine basiert auf der Annahme von Überfluss, die andere geht von Man-
15 gel aus. Leider finden die meisten von uns, dass sie nicht genug haben und deshalb unglücklich sind. Darum suchen wir nach Ruhm, Vergnügen, Genuss und diesem und jenem. Besser ist, das Leben im Vertrauen darauf anzugehen, dass wir bereits genug von
20 allem besitzen, was wir zum Glücklichsein brauchen. Gesetzt den Fall, dass unsere Grundbedürfnisse erfüllt sind, ist wissenschaftlich gut belegt, dass das größte Potenzial für Glück vor allem in drei Bereichen liegt: erstens in einem Gefühl von Freiheit
25 und Unabhängigkeit, zweitens in guten sozialen Beziehungen mit einem starken Zugehörigkeitsempfinden und drittens in dem Gefühl, eine Sache sehr gut zu beherrschen. Wir wollen wissen, dass wir gut sind, aber glücklich werden wir nur, wenn wir mit
30 der richtigen Geisteshaltung zu diesem Schluss kommen. Natürlich fühlen sich Anerkennung, Lob,

eine Gehaltserhöhung oder Beförderung gut an. Sie sind eindeutige Signale für hohe Kompetenz. Aber sie haben ihren Preis: Wenn man sich nämlich ein-
35 mal daran gewöhnt, seine Meisterhaftigkeit an diesen äußeren Faktoren zu messen, ist man aufgeschmissen, wenn sie einmal ausbleiben. Oder frustriert, wenn Lob, Geld und Macht nicht immer mehr und mehr werden. Wenn wir mit einer auf
40 Mangel ausgerichteten Haltung nach Erfolg und Überlegenheit streben, übergeben wir unser persönliches Glück an die unbestimmbare äußere Welt. Mit einer Haltung, die von Überfluss ausgeht, konzentrieren wir uns auf der Suche nach Signalen für unse-
45 re Kompetenz mehr auf uns selbst und die Freude an unserer Arbeit: Weniger vergleichen, mehr Spaß haben! Ein Sinn dafür, wie gut man ist, stellt sich mit sehr hoher Wahrscheinlichkeit nebenbei ein, denn wer sich seiner Aufgabe mit Leidenschaft hingibt,
50 wird ganz natürlich immer besser darin.
Die Menschheit will schon seit vielen Tausenden Jahren wissen, was glücklich macht. Warum sind wir immer noch nicht besser bei der Suche nach Glück?
Die Angst vor Mangel ist programmiert. Der Mensch
55 hat in seiner Geschichte sehr lange in einem von Knappheit bestimmten Umfeld gelebt: Nahrung, fruchtbare Böden, Rohstoffe – von allem gab es zu wenig, und wer anderen überlegen war, hatte bessere Überlebenschancen. In Kriegsgebieten oder armuts-
60 geplagten Gegenden ist eine auf Mangel basierende Lebenseinstellung auch heute noch wichtig. Besonders für die Erfolgreichen unter uns ist es aber un-

65 sinnig, unser Glück in der Annahme zu verfolgen, dass wir mehr von allem brauchen. Wenn wir glücklich sein wollen, müssen wir erkennen, was unsere Einstellung in die falschen Richtungen laufen lässt.

Und dann sollten wir uns fragen: Bin ich mutig genug, mein Glück wichtig zu nehmen und mich auf den langen Weg zu machen, meine Geisteshaltung komplett umzukrempeln? 70

M 2

Stefan Klein

Glück – Die Rolle des Körpers (Auszug aus Kleins Buch „Die Glücksformel")

Man hat Ihnen ein Kompliment gemacht, jemand hat Ihnen Blumen geschenkt oder Sie genießen gerade ein sehr gutes Essen? Die guten Gefühle zeigen sich nicht nur im Gesicht. Ganz gleich, was Sie
5 freut – in Ihrem Körper hat sich ein angeregter Zustand eingestellt. Es lohnt sich, einmal darauf zu achten, denn viele der damit einhergehenden Veränderungen kann man spüren.
Wenn Sie glücklich sind, pulsiert das Blut etwas
10 schneller in Ihren Adern. [...] Ihre Hauttemperatur steigt um etwa ein Zehntel Grad, weil sich die Durchblutung verbessert. Aufgrund der Erregung wird Ihre Haut etwas feuchter, der elektrische Hautwiderstand sinkt. Sogar Ihre Finger zittern jetzt anders,
15 nicht so eckig, etwas weicher als sonst. [...] In den Mikrobewegungen der Finger, die Forscher genau

vermessen haben, spiegelt sich nämlich die Spannung der Schulter-, Arm- und Handmuskulatur. Wenn Sie sich gut fühlen, entspannen sich die Muskeln an den Gliedmaßen und werden geschmeidi- 20 ger. [...]
So sieht das Glück aus. Wie alle Gefühle nimmt es seinen Ausgang ebenso sehr im Körper wie im Gehirn. Denn Wohlbefinden entsteht erst dann, wenn das Gehirn die richtigen Signale von Herz, Haut, 25 Muskeln empfängt und deutet. Ohne unseren Körper wären wir zum Glücklichsein außerstande.

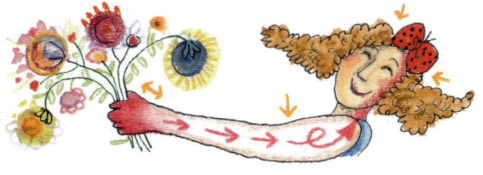

M3

Wilhelm Schmid

Glück und Sinn (Auszug aus Schmids Buch „Glück")

Was häufig gemeint ist, wenn nach „Glück" gefragt wird, ist eigentlich „Sinn". Glück kann ein Ersatzbegriff für Sinn sein. Es ist die Frage nach dem Sinn, die moderne Menschen in wachsendem Maße umtreibt. [...]

5

Die Dringlichkeit des Strebens nach Glück kann als ein Indiz für die Verzweiflung gelten, die die Entbehrung von Sinn hervorruft. Menschen entbehren Sinn in der modernen Gesellschaft in allen Bereichen des Lebens und auf allen Ebenen der Hierarchie: Sinn der Arbeit, Sinn des eigenen Lebens, Sinn des Lebens überhaupt. *Was aber ist Sinn?* Davon, dass etwas „Sinn macht", ist immer dann die Rede, wenn Zusammenhänge erkennbar werden, wenn also einzelne Dinge, Menschen, Begebenheiten, Erfahrungen nicht isoliert für sich stehen, sondern in irgendeiner Weise aufeinander bezogen sind. So lässt sich sagen: *Sinn, das ist Zusammenhang,* Sinnlosigkeit demzufolge *Zusammenhanglosigkeit.* [...]

10

15

Jede Beziehung, die Menschen zueinander pflegen und die einen starken Zusammenhang zwischen ihnen stiftet, erfüllt sie offenkundig mit Sinn. Als „sinnlos" kann hingegen empfunden werden, wenn Menschen ihr Tun nicht aufeinander abstimmen und somit zusammenhanglos agieren. [...]

20

25

Wo aber Sinn erfahrbar wird, ist Glück die Folge, und auf der Erfahrung einer *Fülle von Sinn* beruht vor allem das Glück der Fülle. Zusammenhänge, die das Selbst sieht und in die es vielleicht selbst eingegliedert ist, sorgen für das Glück der Stimmigkeit: Etwas stimmt zusammen, das sehr wohl auch auseinanderliegen könnte. In der Stimmigkeit „macht es Sinn". Das Wichtigste im Leben ist somit *Sinn,* auf allen dafür möglichen Ebenen: Fülle der Sinnlichkeit im *Körperlichen,* Fülle des Fühlens im *Seelischen,* Fülle des Denkens im *Geistigen,* Fülle der Erfahrungen von Transzendenz[1] im *Metaphysischen[2]*, um alle Ebenen des Sinns auszuschöpfen und keine auszulassen.

30

35

1 Transzendenz: das jenseits der Erfahrung, des Gegenständlichen Liegende (oft im religiösen Sinne)
2 metaphysisch: hinter der erfahrbaren, natürlichen Welt liegend, die letzten Gründe und Zusammenhänge betreffend

M4

Zitate zum Thema „Glück":

Wer ständig glücklich sein möchte, muss sich oft verändern. *(Konfuzius, 551–479 v. Chr., chinesischer Philosoph)* — Wer dem Glück nachläuft, kann es selten einholen. *(Südamerikanisches Sprichwort)* — Das Vergleichen ist das Ende des Glücks und der Anfang der Unzufriedenheit. *(Søren Kierkegaard, 1813–1855, dänischer Philosoph)* — Der Mensch ist unglücklich, weil er nicht weiß, dass er glücklich ist. Nur deshalb. Das ist alles, alles! Wer das erkennt, der wird gleich glücklich sein, sofort im selben Augenblick. *(Fjodor Dostojewski, 1821–1881, russischer Schriftsteller, in seinem Roman „Die Dämonen")*

4 **Lies die Materialien 1 bis 4 genauer.**
   a **Markiere in den Texten M1 bis M3 wichtige Aussagen.**
   b **Verfasse zu den Texten M1, M2 und M3 jeweils einen Abstract. Nutze die Schreiblinien unter den Texten.**

Arbeitsschritt 3: Eigene Ideen sammeln und einen Schreibplan erstellen

5 Überlege dir, was dir zum Thema „Glück" wichtig ist und welche Gedanken in deinen Essay einfließen sollen.
Berücksichtige auch deine Auswertung der Materialien 1 bis 4.
Lege in deinem Heft eine Mind-Map an, in der du Ideen sammelst und ordnest. Du kannst so beginnen:

Was macht mich glücklich?

...

...

...

glücklich sein

Definition

Glück haben

...

...

GLÜCK

Ereignisse / Situationen / Beispiele

...

...

...

...

...

...

6 Versetze dich in eine Situation, in der du dich glücklich gefühlt hast, und schildere sie in vier oder fünf Sätzen. Schreibe in dein Heft. Achte auf Anschaulichkeit (Wiedergabe von Sinneseindrücken, Gefühlen, Gedanken) und gestalte deinen Text sprachlich interessant. Du kannst sprachliche Mittel wie die rechts genannten verwenden.

> Metapher • Vergleich •
> Personifikation • Alliteration •
> Ellipse (z.B. unvollständiger Satz) •
> Klimax (stufenartige Steigerung
> von Aussagen) • Lautmalerei

7 Bringe die folgenden Gliederungspunkte für einen Essay in eine sinnvolle Reihenfolge, indem du sie nummerierst.

☐ eigene Glücksmomente   ☐ was uns glücklich macht (Beispiele aus verschiedenen Bereichen)

☐ Definition von Glück   ☐ Glück durch soziale Bindungen   ☐ wie wir (körperlich) Glück erleben

☐ Zusammenhang von Glück und Erfolg   ☐ Glückssuche als lebenslanger Prozess

8 Erstelle einen Schreibplan für deinen Essay. Verwende deine Ergebnisse aus Aufgabe 5. Du kannst auch auf Gliederungspunkte aus Aufgabe 7 zurückgreifen. Notiere deine Gliederungspunkte in Stichworten:

Einstig: _____

Haupteil: _____

_____

_____

_____

_____

Schluss: _____

Arbeitsschritt 4: Den Essay verfassen und überarbeiten

Information	Sprachliche Gestaltung eines Essays

Der Essay will seine Leserin / seinen Leser nicht nur informieren und überzeugen, sondern auch unterhalten. Deshalb sollte er sprachlich interessant gestaltet sein.

Geeignete Stilmittel sind z. B.:

- **Ironie,** z. B.: *Alles ging schief. Das war vielleicht mal wieder ein toller Tag!*
- **Untertreibung und Übertreibung,** z. B.: *Etwas in mir explodierte vor Glück.*
- gezielte Verwendung von **Umgangssprache,** z. B.: *Wenn das gelingt, kann man einen voll krassen Flow erleben.*
- **Metaphern,** z. B.: *Glück ist ein Cocktail mit verschiedenen Zutaten …*
- **Vergleiche,** z. B.: *In diesem Moment fühlte ich mich plötzlich so glücklich wie ein Kind vor dem Weihnachtsbaum.*
- **Alliterationen,** z. B.: *glänzendes Glück*

9 Überlege dir für den Einstieg einen Satz, der den Leser / die Leserin neugierig macht.
Hierzu kannst du z. B. auf ein Zitat aus dem Dossier zurückgreifen, ein persönliches Erlebnis verwenden oder eine Frage stellen. Schreibe in dein Heft. Beispiel:

Der chinesische Philosoph Konfuzius sagte einmal: „Wer ständig glücklich sein möchte, muss sich oft verändern." Mist! Das hatte ich mir ganz anders vorgestellt …

10 Formuliere nun einen vollständigen Essay.
Verwende deinen Schreibplan aus Aufgabe 8 (▶ S. 13).
Achte auf die sprachliche Gestaltung und verwende bewusst Stilmittel (▶ Informationskasten oben).
Schreibe in dein Heft.

Tipp: Um deinen Essay abzurunden, kannst du am Ende wieder Bezug auf den Anfang nehmen oder sogar Formulierungen vom Anfang im Schlussteil wörtlich wiederholen.

11 Formuliere eine interessante Überschrift für deinen Essay. Beispiele:

Mein Glücksplan / Ist Glücklichsein Glücksache? / Jeder will sein Stück vom Glück

12 Überarbeite deinen Essay anhand der folgenden Checkliste.

Einen Essay verfassen

Mein Essay

- hat einen Einstieg, der das Interesse des Lesers / der Leserin weckt.
- weist einen roten Faden auf. Er weicht nicht vom Thema ab, auch wenn er es von verschiedenen Seiten beleuchtet.
- enthält einen schlüssigen, nachvollziehbaren Gedankengang, der vor den Augen des Lesers / der Leserin entfaltet wird.
- enthält neben argumentierenden oder informierenden Passagen auch Textstellen, die z. B. erzählen, schildern, kommentieren, mit Sprache spielen oder auf humorvolle Weise unterhalten.
- enthält persönliche Einsichten und Meinungen.
- verwendet Ideen und Einsichten aus den Materialen des Dossiers.
- kennzeichnet fremde Aussagen als solche und benennt die Informationsquelle.
- ist sprachlich bewusst gestaltet, indem er sprachliche Stilmittel einsetzt.
- ist im Hinblick auf Rechtschreibung, Grammatik und Zeichensetzung korrekt formuliert.

Ein Bewerbungsanschreiben verfassen

Schreibplan für ein Bewerbungsanschreiben

Jeder Bewerbungsmappe wird ein Bewerbungsanschreiben beigelegt, das sich an einen bestimmten Arbeitgeber richtet. Der **Aufbau** gleicht dem eines sachlichen Briefes:

- Briefkopf (Absender, Datum, [korrekte!] Adresse),
- Betreffzeile mit Bewerbungsanliegen,
- Anrede der Ansprechpartnerin/des Ansprechpartners (unbedingt den Namen ermitteln),
- Brieftext (Aufbau: Einleitung, Hauptteil, Schluss):
  - schulische Situation (Schule, Klassenstufe, Zeitpunkt und Art des angestrebten Abschlusses),
  - Motivation und Selbstdarstellung der Bewerberin/des Bewerbers,
  - Bitte um Einladung zum Vorstellungsgespräch,
  - Grußformel und Unterschrift,
  - Hinweis auf Anlagen (in der Bewerbungsmappe: Lebenslauf, Zeugnisse …).

Achte auf eine saubere äußere Form, einen angemessenen Sprachstil und fehlerfreie Rechtschreibung. Vermeide vorgefertigte Standardschreiben.

1 Shena Bagdhadi (16 Jahre, 10. Klasse Gymnasium) möchte nach der Schulzeit ein Freiwilliges Ökologisches Jahr absolvieren. Prüfe, ob sie sich bewerben kann: Markiere im folgenden Text die Voraussetzungen und kreuze an.

Shena Bagdhadi ☐ kann sich nicht bewerben. ☐ kann sich bewerben.

Möchtest du dich für die Umwelt engagieren und ökologische und umweltpolitische Zusammenhänge besser verstehen? Dann informiere dich über ein Freiwilliges Ökologisches Jahr – FÖJ (z. B. unter: www.foej.de). Angesprochen sind Menschen im Alter zwischen 15 und 27 Jahren. Zu Beginn eines FÖJ muss die Vollzeitschulpflicht beendet sein. Die deutsche Staatsangehörigkeit ist keine Voraussetzung für die Teilnahme. Bewerben kann man sich bei einem der vielen anerkannten Träger, die meist unterschiedliche Projekte und Einsatzstellen anbieten. Manche ermöglichen Praktika: Finde heraus, was dich interessiert!

2 Im Jahrbuch der Klasse 10 der Montessori-Gesamtschule in Ludwigsburg werden alle Schüler/-innen vorgestellt.
a Lies den Kurztext über Mark Schneider.
b Was könnte Mark in eine Bewerbung für ein FÖJ aufnehmen? Markiere fachliche Interessen, aber auch persönliche Fähigkeiten oder besondere Kenntnisse in verschiedenen Farben.

Mark Schneider ist in der 10 b. Angestrebter Abschluss: Fachoberschulreife. Lieblingsfächer: Deutsch und Kunst. Computerkenntnisse: Word, PowerPoint. Unser Überflieger leitet die MindCraft-AG! In seiner Freizeit engagiert er sich im Schwimmverein: Er trainiert die F-Jugend, pflegt die Website und organisiert Turniere. Seit drei Jahren ist Mark Mitglied des NaBu (Naturschutzbund), weil es ihm wichtig ist, sich für den Erhalt der Pflanzen- und Tierwelt einzusetzen. Regelmäßig führt er im Frühling mit einer Gruppe des Ortsverbands Vogelbeobachtungen durch. Seit letztem Jahr unterstützt er außerdem den Waldpädagogen bei geführten Wanderungen zum Thema „Singvögel in unseren Gärten": Unbedingt mal mitgehen!

3 **a** Die folgenden Texte geben Informationen: Markiere die Tätigkeiten, die einen Freiwilligen erwarten.

Komm zu Germanwatch in Ulm

Germanwatch ist gemeinnützig und unabhängig.
Wir engagieren uns seit 1991 für globale Gerechtigkeit
und den Erhalt der Lebensgrundlagen. Klimaschutz
und Klimawandel, Welternährung, Unternehmensver-
5 antwortung und Bildung für nachhaltige Entwicklung
sind unsere Themen. Bei unseren Tätigkeiten konzentrieren wir uns auf die Politik und Wirtschaft der Länder des „Nordens" mit ihren weltweiten Auswirkun-
gen.
10 Bereiche, in denen du dich engagieren kannst, sind:
– Öffentlichkeitsarbeit (Website, Zeitschriften, Info-
stände, Tagungen)
– Politikberatung – Klima-Politik in Deutschland/in
der EU (Studien zur Klimaentwicklung, Vorberei-
15 tung von PowerPoint-Präsentationen, Informations-
gespräche mit Vertretern aus Politik und Wirtschaft)
– Bildungsarbeit für nachhaltige Entwicklung (Recherche, Konzeption/Durchführung von Projekten)
Bewerbungen bitte an:
20 paula.schumacher@berufimfokus.de

FÖJ im Nationalpark Wattenmeer

Die Schutzstation auf Amrum bietet eine
FÖJ-Stelle. Das ist zu tun:
– Umweltbildungs-
arbeit in der
Schutzstation:
5 naturkundliche
Exkursionen
mit Urlaubern/
Familien mit Kindern, Standdienst im
Nationalpark-Infozentrum, Vorträge zu
10 Themen rund um den Nationalpark
Wattenmeer
– Naturschutzaufgaben: Bestandserfassung
von Tierarten, Spülsaumkontrolle auf an-
geschwemmten Müll, Pflege von Kegel-
15 robben in der Jungtier-Ruhezone
Bewerbungen erbeten an:
Geschäftsstelle Schutzstation Wattenmeer
Nationalparkhaus Infozentrum
Peter Büsum, Strandstr. 3, 25813 Husum

b Trage bei jeder der folgenden Tätigkeiten ein, in welcher der beiden ausgeschriebenen Stellen sie vorkommen: *G* = Germanwatch; *A* = Schutzstation Amrum. Einige Tätigkeiten gibt es bei beiden Stellen.

A mit Menschen kommunizieren _____   D Aufklärungsarbeit leisten _____

B Medien entwerfen und gestalten _____   E Tiere messen, untersuchen, kontrollieren _____

C Tiere schützen und versorgen _____   F Informationen dokumentieren/archivieren _____

4 **a** Kreuze bei Aufgabe 3 die Einsatzstelle an, die für Mark Schneider (s. S. 15) geeigneter wäre.
b Mark begründet im Bewerbungsanschreiben, warum ihn die Stelle interessiert. Vervollständige seinen Text.

Ich interessiere mich für ein FÖJ bei(m) _____ , da _____

_____

Für diese FÖJ-Stelle bin ich besonders geeignet, weil _____

_____

_____

_____

5 Arbeite ein Bewerbungsanschreiben für Mark Schneider aus (fiktive Adresse ▶ S. 17). Arbeite im Heft.

Eine Bewerbung per E-Mail verschicken

Methode	Ein E-Mail-Anschreiben für eine Bewerbung verfassen

Ist in einer Ausschreibung eine E-Mail-Anschrift vermerkt, erwartet der Arbeitgeber die Bewerbungsunterlagen online. Im Zweifel empfiehlt sich die telefonische Rücksprache mit der Organisation. Die E-Mail selbst soll das Interesse an der Bewerbung wecken, das Bewerbungsanschreiben und alle Anlagen hängt man in einer Gesamtdatei an. Es sind einige Besonderheiten zu beachten:

- Nutze eine **seriöse, persönliche E-Mail-Adresse** als Absender (also z. B. nicht: *schnecke98@example.com*).
- Notiere im **Betreff** präzise, worum es in der E-Mail geht, z. B.: *Bewerbung FÖJ 20XX Amrum*.
- Die E-Mail ist aufzubauen wie ein Brief (►Informationskasten auf S. 15), sie ist jedoch kürzer.
- Formuliere sorgfältig: **Wenige Sätze** müssen einen positiven Eindruck wecken.
- Nenne deine **Kontaktdaten in der Signatur** (Adressfeld unter deinem Namen).
- Die Bewerbungsunterlagen werden als **eine PDF-Datei** (max. 3–5 MB) zusammengefasst und angehängt. Benenne diese aussagekräftig, z. B.: *Bewerbung_Kerstin_Goffart_FÖJ_20XX*.
- Das **Bewerbungsfoto** wird in digitaler Form in den Lebenslauf eingefügt (keine Scans!).

Wichtig: Achte auch in der E-Mail-Bewerbung auf korrekte Rechtschreibung und einen seriösen Stil. Abkürzungen und Smileys sind unpassend.

6 a Überprüfe die folgenden E-Mail-Schreiben sorgfältig anhand der Merkmale im Methodenkasten oben. Notiere alle Fehler in der Randspalte.

b Verfasse am PC ein korrektes, ansprechendes E-Mail-Anschreiben für Mark Schneiders Bewerbung.

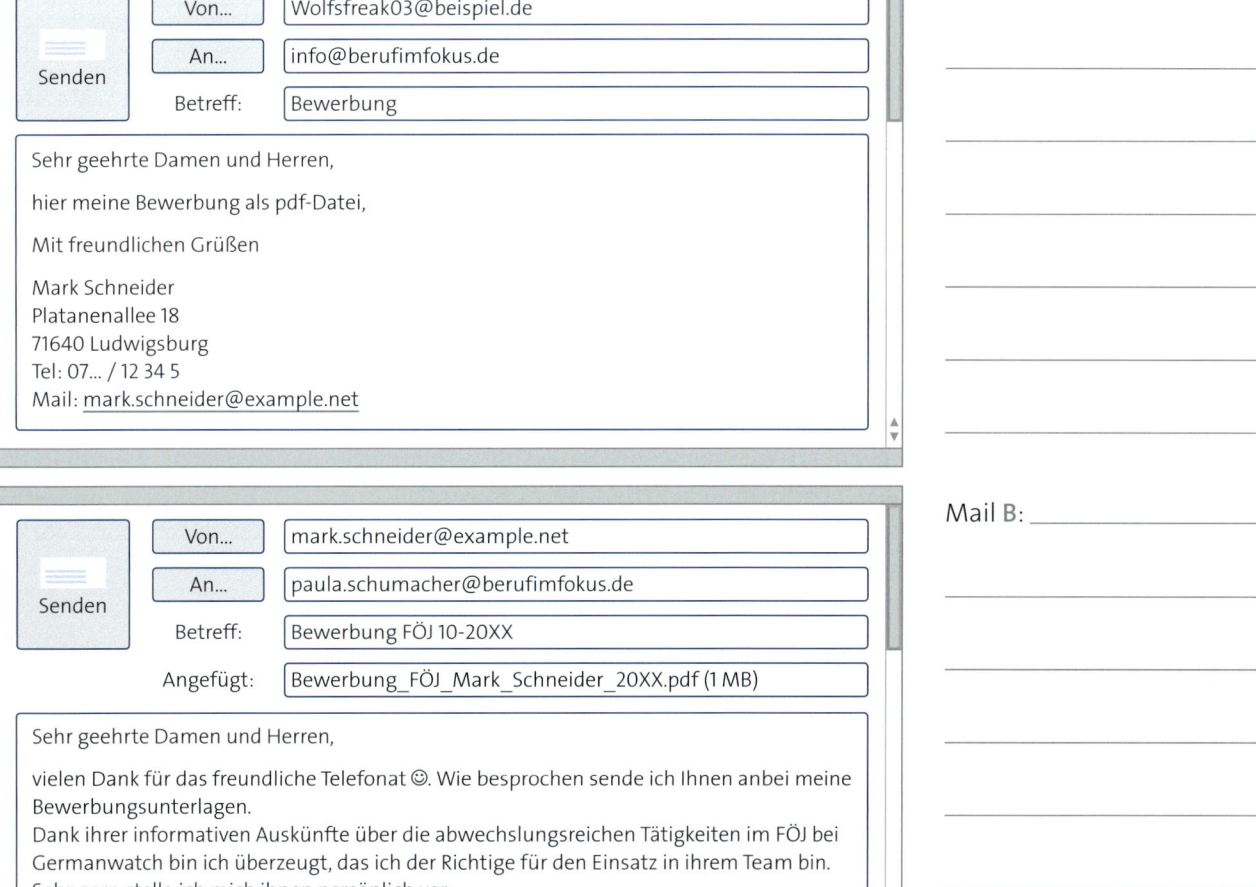

Mail A: _____

_____

_____

_____

_____

_____

_____

Mail B: _____

_____

_____

_____

_____

_____

_____

Eine Praktikumsmappe erstellen

1 Tamara absolviert ein Praktikum in einer Firma für Heizungs- und Klimatechnik: Lies ihre Notizen und fasse in deinem Heft stichwortartig zusammen, welche Tätigkeiten sie ausführt.

Tamaras Notizen: Der vierte Praktikumstag

8 Uhr: wieder die Letzte, die fangen alle so ätzend früh an zu arbeiten! Schnell fertig machen zum Kundengespräch. Mit Anton (echt cool, ich darf jetzt sogar den Chef duzen) zu Familie Petersen, Chef fährt viel zu schnell, wir sind pünktlich.

8:30 Uhr: Gespräch mit den Petersens über Umbau der Heizungsanlage, ich protokolliere die wichtigen

5 Dinge, Anton berät, wie umweltfreundlich umgerüstet werden kann. Ergebnis: Solaranlage zur Brauchwassergewinnung aufs Dach, dazu Pellet-Heizung – tolle Technik!

9 Uhr: Wir vermessen das Dach und die Rohrwege mit dem super Laser-Messgerät und legen den Platz für neuen Wassertank und das Pellet-Lager fest.

9:30 Uhr: nächste Baustelle, hier fehlt die Isolierung an den Anschlüssen, darf ich allein machen, ist gar

10 nicht so einfach, ich brauche ziemlich lange/thermische Anlage wird in Betrieb genommen, Pumpen laufen, aber irgendwas klappt nicht, ich soll im Auto eine Spülpumpe holen, scheint irgendwo Luft drin zu sein (mehr Erklärungen wären echt gut, Mann!!), nach Spülen klappt es endlich – kein Blubbern und Rauschen mehr in der Leitung.

10 Uhr: Anton bringt mich zu Lothar, ich soll ihm helfen. Liegt auf dem Weg im Neubaugebiet Eichenweg.

15 Anton und Lothar lassen mich nie zuhören, ich soll die Rohre aus dem Lieferwagen holen.

10 Uhr – Pause: Brote vergessen, hier gibt es gar nichts – kein Geschäft, gar nichts

10:30 Uhr: Ätzjob! Ich muss den genauen Weg der Rohre anzeichnen, hätte echt nicht gedacht, dass man in dem Job so genau sein muss. Lothar überprüft total genau, ob es stimmt!

11:30 Uhr: Aufs Dach!!! Anlage liegt da schon, jetzt die Rohre biegen, Löcher vorbereiten, das machen wir

20 zusammen, Lothar ist sehr zufrieden mit mir.

12 Uhr – Mittag: Lothar fährt mich kurz zum Imbiss, er ist eigentlich ganz nett.

12:30 Uhr: weiter Rohre vorbereiten, ist okay, aber eher nicht das Ding fürs Leben.

14 Uhr: fertig damit für heute, Lothar muss noch zu einer anderen Baustelle

14:15 Uhr: zurück im Büro, warte auf Chef, wg. Kundenbesuch. Suche Pläne und Bedienungsanleitungen

25 zu der Baustelle zusammen, damit ich weiß, worum es da geht.

14:45 Uhr: vor Ort. Hier ist fast alles fertig, Anton will Anlage überprüfen und einstellen und die Frau in die Geräte einweisen. Es gibt Kaffee, sie haben eine neue Photovoltaik-Anlage, waren zusammen auf dem Dach zur Kontrolle, der Chef baut den Datenlogger bei der PV-Anlage ein, mache Handlangerdienste, PV-Anlage wird in Betrieb genommen und – voll krass – der Stromzähler dreht sich rückwärts, der Zähler

30 muss aber noch ausgetauscht werden, weil das nicht erlaubt ist. Anmeldekram wird besprochen.

15:45 Uhr: Ich soll versuchen, die Formulare für die Anmeldung auszufüllen (dauert allerdings, bis Anton das richtige Formular gefunden hat). Anton ist beeindruckt: alles richtig. Danach: Feierabend!!!!

Einen Tagesbericht schrelben

2
a Markiere in Tamaras Notizen
bis zur Mittagspause alles,
was in einen Tagesbericht gehört.
b Verfasse den Tagesbericht bis 12 Uhr.

> Informiere im Tagesbericht **sachlich und in chronologischer Reihenfolge** über die Tätigkeiten. Schreibe im **Präteritum** und beantworte die W-Fragen. Verwende Fachbegriffe und Funktionsbezeichnungen (statt Namen).

Eine Reflexion der Praktikumserfahrungen verfassen

3
a Markiere in Tamaras Notizen alle wertenden Aussagen.
b Nur drei dieser Wertungen sind inhaltlich wichtig und sollten in der Reflexion erwähnt werden.
Wähle sie aus: Gib die Zeilen an und bringe sie sprachlich in eine angemessene Form.

Zeile	Angemessene Formulierung
Z. 12	Ich hätte mir weitergehende fachliche Erklärungen gewünscht, damit

4 Fasse Tamaras Eindrücke in einem Fazit zusammen.

Im Laufe meines Praktikums lernte ich über mich, _____

_____

Als Berufswunsch _____

_____

Argumentieren

Eine Pro-und-Kontra-Erörterung verfassen

Information	Argumentieren: These, Argument, Beispiel

In einer Erörterung argumentierst du zu einer **Streitfrage,** die zu einem bestimmten Thema gestellt ist, z. B.: *Sollen Gewaltspiele beim E-Sport verboten werden?*

Lege deinen **Standpunkt** fest: Bist du **dafür (pro)** oder **dagegen (kontra)?** Formuliere dazu eine These und stütze diese durch überzeugende Argumente (Begründungen) und Beispiele, z. B.:

- **These** (Behauptung, Wunsch, Forderung): *Killerspiele müssen auf jeden Fall bei E-Sport-Veranstaltungen verboten werden, ...*
- **Argument:** *... weil sie Gewalt verherrlichen.*
- **Beispiel/Beleg:** *In manchen Ego-Shootern beispielsweise ist das einzige Ziel des Spiels, alle gegnerischen Figuren zu erschießen.* **Überzeugende Beispiele** sind etwa eigene Erfahrungen; Erläuterungen, warum etwas sinnvoll ist oder nicht; Belege (z. B. aus der Zeitung) oder Zitate (z. B. von Experten).

1 Wie wirken Ego-Shooter-Spiele auf dich?
Kreuze auf der Meinungslinie an.

eher beängstigend,
abstoßend

←———|————|————|————|————|————|————|————|————|————→

eher spannend,
anziehend

2 Lies die folgenden Kommentare zum Thema E-Sport aus einem Internetblog während einer Spielemesse.

19. 08. 20xx	Eingestellt von **CamEp** um 18:10 Uhr

Per Pixelmord aufs Treppchen

E-Sport füllt ganze Stadien, Jubelschreie zur Stimme der Kommentatoren gibt es auch bei den Live-Streams. Neulich habe ich eine Übertragung gesehen: Mehrere Spieler haben Contra-Strike gespielt – ein Ego-Shooter-
5 Spiel, bei dem man alle Gegner einfach abknallen muss. Das hat mich an die Debatte um das Verbot von Killer-spielen erinnert. Andererseits gehört natürlich viel Training dazu, in der Weltspitze zu zocken. Was meint ihr: Ist das „Killen" im Spiel eine Sportart oder sollte man diese Form des Wettbewerbs besser verbieten?

Kommentar schreiben

Eddy#2 20. 08. 20xx, 18:32 Uhr	☐ pro ☐ kontra

10 Auch Ego-Shooter können ohne Einschränkung als Sport angesehen werden, weil man dabei ja niemandem schaden will (und kann). Ich spiele selbst und weiß, wie viel Präzision, Konzentration und Disziplin dazuge-hören. Weil körperliche Fitness sehr wichtig ist, muss man wie im Leistungssport hart trainieren, wenn man spitze sein will. Immerhin dauern die größeren Turniere bis zu vier Tage. In vielen Ländern sind Ego-Shooter bereits als E-Sport anerkannt. Sie zählen sogar zu den beliebtesten Spielgenres, weil die Gewinner der größeren
15 Turniere wie in anderen Sportarten auch hohe Gewinnsummen erhalten, teilweise sogar in Millionenhöhe.

Egbert 21.08.20xx, 03:15 Uhr ☐ pro ☐ kontra

Gerade wenn man „Zocken" tatsächlich als Sport verstanden wissen will: Eine Sportart darf Gewalt nicht verherrlichen oder gar verursachen! Ego-Shooter müssen darum im E-Sport verboten werden, da die Spieler innerhalb der Spiele sehr wohl zu Gewalthandlungen gezwungen werden. Möchte man erfolgreich sein, so muss
20 man möglichst viele Gegenspieler virtuell erschießen – das wirkt sich auch auf das echte Leben aus.

Dani 21.08.20xx, 07:35 Uhr ☐ pro ☐ kontra

Dass Gewaltdarstellungen gezeigt werden, kann man kritisieren. Ego-Shooter sollte man dennoch zulassen, weil es sich in der Regel um Spiele handelt, die erst ab 16 Jahren gespielt werden dürfen. Die älteren Jugendlichen und Erwachsenen – so ist meine Erfahrung – können gerade im E-Sport-Bereich sehr gut einschätzen,
25 dass die Darstellungen eben nichts mit der Realität zu tun haben. Der Redakteur Michael Schmitz hat das selbst getestet und bestätigt: „Warum sollte mich ein Spiel dazu bringen, Leute umzulegen?" Die professionellen Spieler schaffen sich übrigens stets einen Ausgleich, spielen Fußball oder üben andere Sportarten aus.

Heidi_19 27.11.20xx, 19:48 Uhr ☐ pro ☐ kontra

Ego-Shooter als Sport zu verstehen, das leuchtet mir gar nicht ein! Das muss verboten werden. Im Sport geht
30 es um einen fairen Wettbewerb, aber sicher nicht ums „Killen" des Gegners. Jeder Wettkampf zeigt: Wer als Spieler/-in Erfolg haben will, muss viel trainieren. Diese Art von „sportlichem" Ehrgeiz ist gerade für Jugendliche gefährlich, denn sie hat Suchtpotenzial. Beim Sport steht die Bewegung im Vordergrund. Aber schon heute sitzen laut einer Studie viele Jugendliche länger als sechs Stunden am Rechner oder an der Konsole.

3 **Welche Streitfrage wird in dem Blog von Aufgabe 2 mehrheitlich diskutiert? Kreuze an.**

A ☐ Sind Ego-Shooter gefährlich für Jugendliche oder nicht?

B ☐ Sollen Ego-Shooter im E-Sport zugelassen werden oder nicht?

C ☐ Ist E-Sport überhaupt ein Sport oder nicht?

4 **a Markiere in den Kommentaren die Thesen <u>orangefarben,</u> Argumente <u>grün</u> und Beispiele/Belege <u>blau.</u>**
b Kreuze für jeden Kommentar den Standpunkt an: Argumentiert er pro oder kontra Killerspiele als Sport?

5 **Lege im Heft eine Stoffsammlung an: Notiere die These und dazu passend Stichworte für drei Pro-Argumente und für drei Kontra-Argumente.**

These …   Pro-Argumente: …   Kontra-Argumente: …

> Es gibt mehrere **Argumenttypen**: Handelt es sich um: … Fakten/Tatsachen? → **Faktenargument** •
> … Wertmaßstäbe/Normen? → **Wertargument** • … Aussagen anerkannter Autoritäten (z.B. Wissenschaftler)?
> → **Autoritätsargument** • … Vergleich mit ähnlichem Sachverhalt? → **analogisierendes Argument**

6 **Je nach Typ des Arguments passen unterschiedliche Beispiele: Verbinde durch Linien.**

A Faktenargument	1 Beim Sport ist die körperliche Aktivität das Wichtigste.
B Wertargument	2 „Mensch-ärgere-dich-nicht"-Spieler werden auch nicht plötzlich gewalttätig.
C Autoritätsargument	3 Die Spiele sind keine Gefahr für Jugendliche, da sie der FSK unterliegen.
D analogisierendes Argument	4 Forscher wie z.B. Manfred Spitzer können belegen, dass der Konsum dieser Spiele zu einem höheren Aggressionspotenzial im echten Leben führt.

Information **Schreibplan: Eine dialektische Erörterung verfassen**

Bei einer dialektischen Erörterung (Pro-und-Kontra-Erörterung) stellst du deine Position zu einer Streitfrage dar. Zeige, auf welchem Weg du zu einem Urteil (Fazit) gekommen bist, indem du Pro- und Kontra-Argumente gegeneinander abwägst. **Aufbau:**

- Führe in der **Einleitung** in das Thema ein und leite zum Hauptteil über. Um das Interesse der Leser/ -innen zu wecken, kannst du z. B. an ein aktuelles oder historisches Ereignis anknüpfen, ein persönliches Erlebnis nennen, das Zitat einer Expertin/ eines Experten nennen.

- Lege im **Hauptteil** die Pro- und Kontra-Argumente dar (inklusive Beispiele/Belege). Die Argumente können unterschiedlich angeordnet sein (s. Übersicht rechts). Ziehe dann ein **Fazit,** in dem du deinen Standpunkt/deine Position deutlich formulierst. Das Fazit kann eindeutig pro oder kontra ausfallen, aber auch einschränkend.

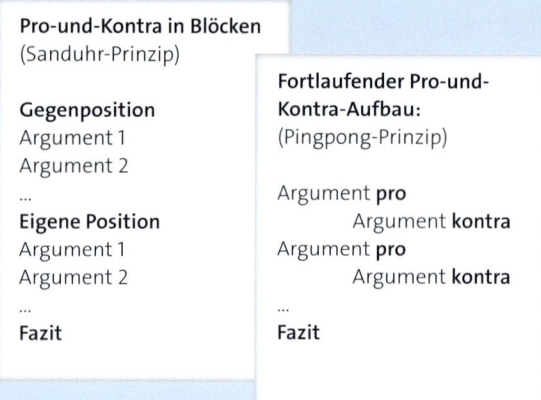

Pro-und-Kontra in Blöcken
(Sanduhr-Prinzip)

Gegenposition
Argument 1
Argument 2
...
Eigene Position
Argument 1
Argument 2
...
Fazit

Fortlaufender Pro-und-Kontra-Aufbau:
(Pingpong-Prinzip)

Argument **pro**
          Argument **kontra**
Argument **pro**
          Argument **kontra**
...
Fazit

- Runde am **Schluss** das Thema ab. Nenne keine neuen Argumente, sondern z. B. einen weiterführenden Gedanken oder einen Wunsch, Vorschlag oder eine Empfehlung zum weiteren Umgang mit dem Thema oder einen Ausblick auf zukünftige Entwicklungen. Du kannst auch den Einleitungsgedanken aufgreifen.

7 **a** Die Einleitung kann auf unterschiedliche Weise Interesse wecken. Lies die Möglichkeiten 1 bis 6.
   b Trage bei den vier Einleitungsbeispielen unten jeweils ein, welche Möglichkeit, Interesse zu wecken, gewählt wurde. Tipp: Es passen nicht alle Möglichkeiten.

1 aktuelles/historisches Ereignis   2 persönliches Erlebnis   3 Zitat eines Experten/einer Expertin

4 Schlüsselbegriff/Thema erklären   5 allgemeine Bedeutung des Problems aufzeigen

6 Annäherung über ein Beispiel/ein verwandtes Thema

A ☐ Ego-Shooter als E-Sport? Es handelt sich um Computerspiele, bei denen die Spieler aus der Ego- perspektive eine Spielwelt erschließen. Dabei agieren die Spielfiguren mit einer Schusswaffe und bekämpfen andere Spieler.

B ☐ Im Internet habe ich die Übertragung eines E-Sport-Wettkampfs gesehen, Tausende haben den Live- Stream und die virtuellen Kämpfe verfolgt. Die Faszination kann man durchaus nachvollziehen, auch wenn ...

C ☐ Über zwei Stunden spielen Jugendliche im Schnitt täglich mit dem PC, viele entwickeln dabei gerade bei den bekannten Ego-Shooter-Spielen einen regelrecht sportlichen Ehrgeiz.

D ☐ „Das Spielen führt zu Abstumpfung gegenüber realer Gewalt. Die eigene Gewaltbereitschaft nimmt zu", so der Hirnforscher Manfred Spitzer.

8 Wähle eine Einleitung von Aufgabe 7 aus und setze sie im Heft fort. Schließe in der Überleitung zum Hauptteil mit der Streitfrage. Die angebotenen Formulierungen helfen dir.

Deshalb stellt sich die Frage: ...? • Im Folgenden möchte ich erörtern, was für und was gegen ... • ... wurde kontrovers diskutiert. • Was spricht eigentlich für und was gegen ...?

9 **a** Lies den Anfang des folgenden <u>Hauptteils</u> einer Argumentation und kreuze an:

Es handelt sich um die Anordnung

A ☐ Pro-und-Kontra in Blöcken   B ☐ fortlaufender Pro-und-Kontra-Aufbau

b Markiere im Text alle Verknüpfungen bzw. Überleitungen.

Gegner stellen die These auf, dass Ego-Shooter nicht als Sportart angesehen werden dürfen. Ein Argument für diese Sichtweise ist, dass gerade diese Computerspiele aus Sicht vieler renommierter Wissenschaftler ein hohes Suchtpotenzial besitzen und damit eine Gefahr für Jugendliche darstellen. Studien zeigen, dass bereits jetzt viele Jugendliche zwischen sechs und acht Stunden am Tag „zocken" und soziale Kontakte und die Schule vernachlässigen. Diese Sucht mit sportlichem Ehrgeiz zu verwechseln und damit noch zu fördern, ist nicht angeraten. Kritiker geben zudem zu bedenken, dass Sport eine körperliche Betätigung darstellt. Dieser Definition folgt auch der olympische Sportbund, der ebenfalls die körperliche Anstrengung und Bewegung als zentrales Merkmal für Sport herausstellt. Da E-Sport lediglich den Umgang mit einem Controller fordert,

keineswegs aber schweißtreibend ist, kann es nach dieser Definition nicht als Sport angesehen werden. Aus der Perspektive der Gegner von Ego-Shootern als Sport wiegt das Argument, dass die Ego-Shooter Gewalt verherrlichen und verlangen, am schwersten. Aus eigener Erfahrung mit Ego-Shootern weiß ich, dass man als Spieler quasi gezwungen ist, die gegnerischen Spieler virtuell zu erschießen. Das ist letztlich für den „Erfolg" in solchen Spiele entscheidend.

c Verwende die Argumente von Aufgabe 5 und setze den Hauptteil im Heft fort, indem du die Gegenargumente ausführst. Verwende die angebotenen Verknüpfungen bzw. Überleitungen.

> **begründen:** Ein Argument für/gegen … • weil • denn
> **belegen:** Ein weiterer Gesichtspunkt ist … • Hinzu kommt, dass … •
> Das … zeigt sich auch darin, dass … • Das lässt sich auch darauf zurückführen, dass … • genauer gesagt • dies bedeutet • dafür spricht •
> als Beispiel/Beleg lässt sich anführen … • … das heißt, dass …
> **widersprechen:** Dies wird durch … widerlegt • Dem widerspricht/steht entgegen, dass … • Dem ist entgegenzuhalten, dass …
> **entkräften:** Fraglich ist allerdings, … • Einwenden könnte man, dass …
> **einschränken:** Es ist jedoch zu bedenken, dass …

> Es empfiehlt sich, die **Argumente nach Sachaspekten** (Oberpunkten) zu **ordnen,** unter denen jeweils Pro und Kontra (bei einigen Punkten auch nur Pro oder nur Kontra) abgehandelt werden.

10 Formuliere im <u>Fazit zum Hauptteil</u> deinen Standpunkt: Verwende eines der folgenden Formulierungsbeispiele.

> Ich bin eindeutig der Meinung, dass … • Obwohl man bedenken muss, dass …, bin ich dennoch der Meinung … •
> Unter der Bedingung, dass…, bin ich der Überzeugung, dass …

11 Schreibe einen <u>Schluss.</u> Verwende dafür eines der angebotenen Formulierungsbeispiele.

> Wenn ich die Argumente für und gegen Ego-Shooter als E-Sport abwäge, dann komme ich zu dem Schluss, dass … • Sicherlich kann man einwenden, dass … Jedoch darf man nicht übersehen, dass … •
> Ein sinnvoller Kompromiss könnte sein, dass man …

12 ●● Verfasse für das Internetforum einen vollständigen Kommentar, der Für und Wider von Ego-Shootern als E-Sportart erörtert. Gliedere die Argumentation fortlaufend mit Pro- und Kontra-Argumenten.

Erörtern im Anschluss an einen Sachtext

Methode	Leitfragen für die Analyse der Textvorlage

Die Erörterung im Anschluss an einen Text verlangt eine **gründliche Auseinandersetzung** mit dem Text (Textanalyse). Die folgenden **Leitfragen** helfen dir, einen Text zu erschließen:

- Um welches **Thema/Problem** geht es? Welche Standpunkte (Thesen, Argumente) werden vertreten?
- Ist die **Argumentation überzeugend?** Welche Typen von Argumenten werden verwendet (▶ S. 25)? Gibt es Gegenargumente?
- Werden **auffällige sprachliche Gestaltungsmittel** (z. B. Aufzählungen, Ellipsen/unvollständige Sätze, Pronomen, Appelle) verwendet? Wie wirken sie auf die Leser?
- Welche **Aussageabsicht (Intention)** verfolgt der Text? Nimmt der Autor/die Autorin Stellung zu einem Thema? Will er/sie über einen Sachverhalt aufklären?

1 a Lies die Überschrift des nachfolgenden Textes.
　 b Lege im Heft einen Cluster an. Notiere darin, was du über das Thema weißt.

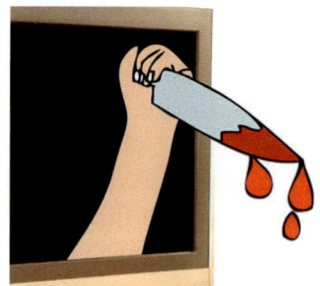

2 Überfliege den Text und erweitere anschließend den Cluster im Heft mit den Informationen aus dem Text.

„Gewaltige Vorstellung" – Wie viel Gewalt ist in Filmen und Serien notwendig?

Von Mona Müller

456 Tote in den ersten vier Staffeln und das Morden geht weiter – in Serien wie „Game of Thrones" (GoT) rollen reihenweise die Köpfe, Gewaltszenen kennzeichnen jede Folge. Einer meiner Freunde kommentierte: „Das war doch viel zu brutal und blutrünstig – die ganze Zeit wurden eigentlich nur Leute verprügelt und ermordet –
5　das war doch überhaupt nicht notwendig." Und das ist nicht das einzige Beispiel – so zeigen Untersuchungen, dass die Darstellung von Mord, Blut und anderen Gewaltszenen in Filmen in den letzten Jahren stark angestiegen ist – in 70 Prozent aller Filme und Serien wird Gewalt dargestellt.
Es drängt sich die Frage auf, ob die Darstellung von brutalen Szenen, von Gewalt in
10　der heutigen Zeit übertrieben ist oder ob es nicht manchmal auch notwendig ist: Gewalt in Serien und Filmen – sinnvolles, gar notwendiges Stilmittel oder blutrünstiger Unsinn?
Richtig eingesetzt, kann die Darstellung von Gewalt eine enorme Wirkung entfalten. Jeder Fan solcher Filme und Serien weiß, dass gerade Kämpfe, Morde und Schlach-
15　ten bestimmte Szenen herausstellen, die Handlung zuspitzen. Dabei ist der Weg dahin sehr spannend, die Aufmerksamkeit der Zuschauerinnen und Zuschauer wird sichergestellt. Nun mag man einwenden, dass auch Filme ohne Gewaltdarstellung spannend sein können. Zugestanden. Aber deshalb nur noch harmonische Handlungen, liebevolle Happy-Ends, einfältig einfache Eintracht zeigen?
20　Die Darstellung von Gewalt ermöglicht eine wesentlich fassettenreichere Zeichnung der Figuren. So ist die Anwendung von Gewalt – ob physisch oder psychisch – in

vielen Filmen und Serien durchaus ein charakteristisches Merkmal des „Bösewichts", der Konflikte eben auf diese Art und Weise erschafft oder löst. Die Gewaltszenen gehören damit genauso zum Film wie die böse und gewaltvolle Seite zu den Filmcharakteren gehört.

Sicher: Man mag einwenden, dass die pure Darstellung von brutalen Szenen gewaltverherrlichend wirkt und gerade für Jugendliche schädlich sein kann. Dieser Schaden kann jedoch gar nicht entstehen, bedenkt man, dass man doch gerade diese Art von Filmen durch die Freiwillige Selbstkontrolle (FSK) für Jugendliche unzugänglich macht. So sind z. B. viele Folgen der Serie „Game of Thrones" erst ab 16 Jahren freigegeben.

Die Darstellung von Gewalt in Filmen macht auch nicht – wie einige behaupten – aggressiv oder gewalttätig. Wer angriffslustig ist und zu Gewalt neigt, der sieht sich vielleicht auch gern Filme mit Gewalt an – aber umgekehrt kann nicht gelten: Wer solche Filme sieht, wird zu einem Gewalttäter. Einige Forscher nehmen sogar an, dass die Darstellung von Gewalt im Film abschreckend wirken könne und man daher im echten Leben sogar vor Gewalt zurückschrecke.

Vielleicht ist es sogar richtig, in Filmen und Serien diesen Teil der Wirklichkeit zu zeigen und diese damit bewusst zu thematisieren. Das mag Jugendliche auch veranlassen, sich mit den Themen auseinanderzusetzen – Gewalt darzustellen bedeutet ja nicht, dass man Gewalt verherrlicht.

Dabei bin ich auch sicher, dass die Zuschauer/-innen durchaus zwischen der Gewalt im Film und der realen Gewalt unterscheiden können. Ich persönlich bin keineswegs aggressiver oder brutaler im echten Leben geworden, nur weil ich mir ab und an eine Folge GoT oder einen Tatort ansehe.

Wer sich gegen die Gewaltdarstellungen wendet, den möchte ich bitten, sich die Nachrichten anzusehen. Und hier geht es nicht um fiktive Leichen – hier wird echte Gewalt gezeigt. Das soll nun besser sein? Es gibt, das bedaure ich auch, nun einmal Gewalt. Aber wieso sollten Filme und Serien das dann nicht auch zeigen dürfen und damit den Zuschauer/-innen Möglichkeiten anbieten, Gewalt zu verarbeiten?

Quelle: www.gewaltiger-blog.de (aufgerufen 10.09.2015)

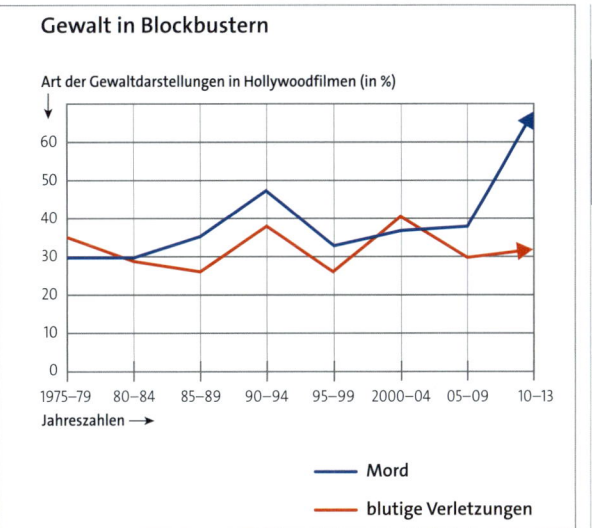

Gewalt in Blockbustern

Art der Gewaltdarstellungen in Hollywoodfilmen (in %)

Jahreszahlen →

— Mord

— blutige Verletzungen

3 **Lies den Text ein zweites Mal gründlich:**

a Unterstreiche im Text die Thesen orangefarben, Argumente grün und Beispiele/Belege blau. Mache in der Randspalte Notizen zu den Kerngedanken der Argumentation, z. B. *Problem, 1. These …*

b Prüfe, welche Typen von Argumenten verwendet werden, und notiere am Rand: *F, W, A oder aA?*

c Beschreibe die Grafik und erkläre, welche Funktion sie hat.

- **Faktenargument** (F)
  → Fakten/Tatsachen
- **Wertargument** (W)
  → Wertmaßstäbe/Normen
- **Autoritätsargument** (A)
  → Aussagen von Experten
- **analogisierendes Argument** (aA)
  → Vergleich mit Ähnlichem

4 Untersuche mit Hilfe der folgenden Leitfragen die sprachliche Gestaltung des Textes. Schreibe die Ergebnisse stichwortartig in dein Heft und berücksichtige auch die Wirkung der sprachlichen Mittel.
- Finden sich in der Überschrift Auffälligkeiten?
- Werden ironische Wendungen eingesetzt? Verwendet der Autor Abwertungen?
- Findet sich im Text eine besondere Wortwahl?
- Wird der Leser im Text direkt angesprochen? Gibt es weitere Elemente der Leserlenkung?

5 Fasse die Intention (die Aussageabsicht) knapp zusammen. Setze den folgenden Satz im Heft fort.

Die Autorin möchte über die Darstellung von Gewalt in Filmen informieren und verweist in diesem Zusammenhang darauf, dass die Darstellung von Gewalt aus ihrer Sicht ...

6 Stell dir vor, im Deutschunterricht wurden in einer Kleingruppe auf einem Konzeptblatt Argumente gesammelt.
a Lies diese Argumente und trage bei jedem ein: *P* (= pro Gewalt im Film) oder *K* (= kontra Gewalt im Film).

1 ☐ Gewaltdarstellungen erzeugen Spannung, sie können Szenen untermauern.

2 ☐ Filme und Serien verarbeiten gesellschaftliche Realität. Deshalb ist es gerechtfertigt, dass Gewalt hier eine Rolle spielen muss, möchte man ggf. sogar Missstände anprangern oder Menschen dazu bringen, sich mit diesen Themen auseinanderzusetzen.

3 ☐ Nachrichten zeigen tagtäglich reale Gewalt, da kann die Darstellung fiktiver Gewalt doch nicht verboten werden.

4 ☐ Die Freiwillige Selbstkontrolle (FSK) schätzt ein, ab welchem Alter ein Film zugelassen wird. Damit ist gefährdendes Filmmaterial für Jugendliche gar nicht zugänglich.

5 ☐ Menschen können gut zwischen Fiktion und Realität unterscheiden. Die Darstellung von Gewalt führt sogar dazu, dass man im echten Leben vor der Anwendung von Gewalt zurückschreckt.

6 ☐ Gewalt ist unnötig, die Handlung entfaltet sich über kluge Dialoge und spannende Themen.

7 ☐ Zur Verarbeitung von Gewalt ist es aber nicht notwendig, sie so genau und brutal darzustellen wie nur möglich. Im Kern: Gewalt darf keinesfalls verherrlicht werden. Filme sollen doch außerdem gerade auch die „Flucht" vor der Realität ermöglichen.

8 ☐ Die Tatsache, dass es in der Realität Gewalt gibt, rechtfertigt noch lange keine Gewalt in Filmen. Studien zeigen, dass deren Darstellung sogar zu mehr Gewalt führt.

9 ☐ Gewaltdarstellung als Gefahr für Jugendliche: Die Einschätzungen der FSK werden in vielen Fällen angezweifelt (vgl. Frankfurter Allgemeine Sonntagszeitung). Außerdem sind Serien und Filme in Zeiten des Internets unkontrollierbar zugänglich.

10 ☐ Die Darstellung von Gewalt in Filmen führt zu einer Abstumpfung der Menschen und steigert die Gewaltbereitschaft.

b Notiere für jedes Argument ein passendes Gegenargument aus der Übersicht oben. Trage die Nummern ein.

A Gewaltdarstellungen helfen, Gewalt zu verarbeiten. ☐

B Gewalt ist ein ästhetisches Stilmittel. ☐

C Menschen können fiktive von realer Gewalt unterscheiden. ☐

D Gewaltdarstellungen sind für Jugendliche gefährlich. ☐

E Gewaltdarstellungen senken die Hemmschwelle für Gewaltanwendung. ☐

c Denke dir für mindestens drei der Argumente eigene Belege und Beispiele aus und schreibe sie in dein Heft.

> **Information** | **Schreibplan für eine Erörterung im Anschluss an einen Text**
>
> Die textgebundene Erörterung entsteht in Anlehnung an eine Textvorlage (z. B. einen Blogeintrag), in der eine strittige Frage behandelt oder ein Problem angesprochen wird. **Aufbau:**
> - Führe in der **Einleitung** in das Thema ein und mache genaue Angaben zur Textvorlage: Titel und Thema das Textes, ggf. Autor/-in und Textquelle.
> - Beantworte im **Hauptteil** die konkrete Aufgabenstellung, die angibt, unter welchen Gesichtspunkten du dich mit dem Text auseinandersetzen sollst. In der Regel besteht der Hauptteil aus:
>   - **Textanalyse** (▶ Leitfragen S. 24): Zusammenfassung der zentralen Gedanken und Positionen, Darstellung der Intention des Textes und evtl. auch der sprachlichen Mittel.
>   - **Erörterung:** Kritische Stellungnahme zu den Hauptargumenten des Textes (Zustimmung, Widerspruch oder teilweise Zustimmung begründet darlegen).
> - Fasse zum **Schluss** deine Position zusammen und ziehe ein **Fazit,** das du nach der Auseinandersetzung mit der Textvorlage gewonnen hast.

1   **a** Vervollständige die <u>Einleitung</u> und setze sie fort, indem du das Thema des Textes von Seite 24 f. einfügst.
    b Leite anschließend zum Hauptteil über.

Kaum ist der Fernseher an, hört man Schreie, sieht Blut und ist von Gewaltszenen gefesselt oder abgestoßen. Die

Darstellung von Gewalt in Serien und Filmen nimmt zu. In dem Blogbeitrag „_____

_____ " von _____ , der

_____ veröffentlicht wurde, thematisiert die Autorin

_____

_____

2   **Im folgenden Schülertext wurden für den ersten Teil des <u>Hauptteils</u> die Kerngedanken des Textes zusammengefasst und die sprachlichen Gestaltungsmittel beschrieben. Lies den Text.**

Schon die Überschrift „Gewaltige Vorstellung" zeigt ein gewisses Maß an Zustimmung. Die Autorin verweist darauf, dass die Darstellung von Gewalt in den letzten Jahren zugenommen hat. So zeigten Forschungsergebnisse, wie die Autorin hervorhebt, dass mittlerweile in „70 Prozent aller Filme und Serien" (Z. 7 f.) Gewalt gezeigt werde. Es bleibe die Frage, ob die Darstellung von Gewalt ein sinnvolles Stilmittel sei oder doch eher
5 „blutrünstiger Unsinn". Die Meinung der Autorin lässt sich dem Text deutlich entnehmen. Sie vertritt die Position, dass Gewaltdarstellungen ein notwendiges Stilmittel sind, das Filmen und Serien Tiefe verleihe und die Realität abbilde.
Mit ihrem Artikel möchte die Autorin über das Thema „Gewalt in Filmen" informieren. Die Autorin betont, dass die Darstellung von Gewalt in Filmen und Serien als notwendiges Stilmittel zu verstehen ist, das Spannung erzeugt und Filmen Tiefe gibt. Sie möchte an die Leserschaft appellieren, die Gewaltverherrlichung in
10 Filmen dennoch kritisch zu sehen.
Der Text argumentiert in vorwiegend sachlicher Sprache. Manche Formulierungen lassen die Position der Autorin auch sprachlich deutlich erkennen: Die Aufzählung zeigt die scheinbare Alternative zu den Gewaltfilmen auf. Diese Alternative wird damit ironisch abgewertet und durch die Verwendung entsprechender Adjektive als langweilig beschrieben. Die darin enthaltene Lautmalerei soll den Fokus auf diese Textstelle richten
15 und überspitzt diese Darstellung noch ironisch. So zeigt die „einfältig einfache Eintracht" eine scheinbare Alternative auf, die keinerlei Gewaltdarstellung mehr enthält, ja noch nicht einmal mehr Konflikte entspinnt. Mit rhetorischen Fragen spricht die Autorin den Leser an und regt diesen zum Nachdenken an.

3 **Überarbeite den Schülertext von Aufgabe 2:**

a Der Aufbau ist sinnvoll: Notiere für jede der folgenden Zwischenüberschriften die Zeilen des Textes von Aufgabe 2, die diese zusammenfassen.

Kerngedanken: Z. _____

Intention: Z. _____

Sprachliche Mittel und deren Wirkung: Z. _____

b Gut gelungen sind die sprachlichen Verknüpfungen bzw. Überleitungen. Markiere sie im Text.

c In der Darstellung der sprachlichen Gestaltungsmittel fehlen Zitate aus dem Text. Ergänze je mindestens ein Zitat mit Zeilenangabe.

A vorwiegend sachliche Sprache: _____

B Aufzählung (ironisch): _____

_____

C Lautmalerei/Alliteration: _____

D rhetorische Fragen: _____

_____

_____

_____

4 **Welche Position vertrittst du? Kreuze an.**

☐ Ich **stimme** Mona Müller **völlig zu:** …

☐ Ich **stimme** Mona Müller **teilweise zu:** …

☐ Ich **widerspreche** Mona Müller **vollkommen:** …

> Wie du deine Argumentation im zweiten Teil des Hauptteils aufbaust, hängt von deiner Position zum Thema ab.

5 **a** Stelle, abhängig von deiner Position, aus der Übersicht von Aufgabe 6 (S. 26) je zwei Argumente pro und kontra zusammen. Notiere die Nummern und lege die Reihenfolge fest.

Auswahl: _____   Reihenfolge: _____

b Verfasse den zweiten Teil des <u>Hauptteils</u>. Verwende die Argumente aus deiner Argumenteliste und formuliere die Erörterung im fortlaufenden Pro-und-Kontra-Aufbau aus (▶ S. 22).
Schreibe in dein Heft und verwende die folgenden Verknüpfungen bzw. Überleitungen.

> Mona Müller hebt hervor, dass … • Zu bedenken ist jedoch … •
> Wenn im Text das Argument … angeführt wird, so ist das zwar nachvollziehbar, jedoch … •
> Die Aussage … erscheint zwar richtig, vergisst aber … • Wer behauptet, dass …, lässt völlig außer Acht, dass … •
> Die Aussage … blendet aus, dass … • Einwenden möchte ich jedoch, dass … •
> Das sehe ich vollkommen anders, und zwar aus folgendem Grund: …

6 Fasse im <u>Schlussteil</u> deine Position zusammen und sprich eine Empfehlung aus.

> Wenn ich … und … gegeneinander abwäge, komme ich zu dem Schluss, dass … •
> Die Frage, ob …, hängt eng damit zusammen, wie … •
> Wenn man bedenkt, dass …, würde ich mir wünschen, dass … • Wenn man sich vor Augen führt, dass … •
> Mein Fazit zu der Frage, ob man …, lautet … •
> Falls …, könnte ich mir vorstellen, dass …

_____

_____

_____

_____

_____

_____

_____

_____

7 Verfasse eine vollständige Erörterung zu folgender Aufgabenstellung. Schreibe in dein Heft.

Stelle die Kerngedanken des Textes auf den Seiten 24 bis 25 dar und erkläre, welche Absicht die Autorin verfolgt. Erörtere, ob Gewaltdarstellungen in Filmen und Serien erlaubt oder verboten sein sollten. Ordne dabei deine Argumente im Wechsel an und sprich am Schluss eine Empfehlung aus.

8 Arbeite eine Checkliste für die Überarbeitung der Erörterung im Anschluss an einen Text aus. Streiche von den hervorgehobenen Angaben jeweils die unpassende.

Einleitung:
Machst du Angaben zur Textvorlage/zur Argumentationsführung der Autorin?
Führst du in das aktuelle Weltgeschehen/in das Thema des Textes ein?

Hauptteil:
A Textanalyse:
 – Hast du die Kerngedanken, Thesen und Argumente ausführlich wiedergegeben/zusammengefasst?
 – Hast du erklärt, welche Absicht der Text verfolgt?
 – Hast du die sprachlichen/gedanklichen Gestaltungsmittel analysiert?

B Erörterung:
 – Hast du dich mit den Ideen/Argumenten der Textvorlage kritisch auseinandergesetzt?
 – Hast du deine Intention/Position durch überzeugende Argumente und Beispiele/Belege gestützt?
 – Hast du die Zusammenhänge sprachlich durch sinnvolle Verknüpfungen/originelle Formulierungen deutlich gemacht?

Schluss:
Hast du den Standpunkt der Autorin/deinen Standpunkt gut zusammengefasst?

Sprachliche Richtigkeit und Formales:
 – Trennen Absätze/Gedankenstriche Einleitung, Hauptteil und Schluss voneinander?
 – Formulierst du im Präteritum/Präsens?
 – Verwendest du die direkte Rede/die indirekte Rede für Textwiedergaben und zitierst du korrekt?
 – Hast du Rechtschreibung, Zeichensetzung, Grammatik überprüft?

Eine Sachtextanalyse ausarbeiten

Methode	Leitfragen für die Analyse eines Sachtextes

Ein Sachtext verfolgt meist eine **Intention,** er will z. B. informieren, werten oder beeinflussen.
Analysiere folgende Aspekte des Textes:

1 Inhalt und Gedankengang (Argumentationsaufbau):
 – Auf welches Thema konzentriert sich der Sachtext? Was sind die Kernaussagen/Thesen?
 – Welche Argumente werden angeführt? Ist die Argumentation überzeugend?
 – Werden Gegenargumente bzw. wird die Gegenposition berücksichtigt?

2 Intention (Aussageabsicht) des Textes:
 – Will der Autor/die Autorin zu einem Thema Stellung nehmen und die Leser beeinflussen?
 – Will er/sie über einen Sachverhalt aufklären und/oder zum Nachdenken anregen?

3 Sprachliche Besonderheiten und ihre Wirkung:
 – Wortwahl, Sprachstil, z. B.: sachlich, provokant, Fachbegriffe/Fremdwörter, bildhafte Sprache
 – Leseransprache, z. B.: Werden die Leser direkt angesprochen (z. B. durch rhetorische Fragen)?
 – rhetorische Stilmittel, z. B.: Vergleiche, Wiederholungen, Ellipsen, Übertreibungen, Wortspiele

Schritt 1: Den Text lesen und verstehen

1 Lies die Überschrift und den Vorspann des folgenden Zeitungsartikels und überfliege jeweils die ersten Zeilen der einzelnen Absätze. Notiere im Heft, mit welchem Thema sich die Autorin befasst.

Carolin Wiedemann

„Transhumanismus: Bring mir den Kopf von Raymond Kurzweil! [1]“

Bald könnten Computer den Tod abschaffen, sagen Transhumanisten. Das klingt nach wilden Science-Fiction-Fantasien. Doch auch die EU investiert mittlerweile in die Digitalisierung des Körpers.

2030 soll es so weit sein. Die Computer werden den Tod abschaffen. Wir werden nicht mehr leiden und nicht mehr sterben müssen. So verspricht es Ray Kurzweil, Pionier in der Forschung zu künstlicher Intelligenz und Kopf der transhumanistischen Bewegung. Einer Bewegung, die auf die Veränderung und Überwindung
5 des menschlichen Körpers durch die Technologie setzt. Nach Kurzweil könnten schon bald Nanobots, sehr kleine Roboter in der Blutbahn, Viren, Bakterien und Krebszellen bekämpfen. Und der Moment der „Singularität", verspricht er schon seit Jahren, sei nah: Dann soll künstliche Intelligenz so weit entwickelt sein, dass sie mit der menschlichen verschmelzen kann. Das sei der Augenblick, an dem sich
10 Mensch und Maschine so weit annähern, dass die digitale Kopie von Personen, der Download der Identität, möglich wird. Durch die Nanobot-Medizin werden Menschen nicht mehr altern; falls doch, wird ihre jeweilige Gehirn-Software auf robotische Avatare überspielt.
Das klingt nach wilden Science-Fiction-Fantasien eines Spinners, den man nicht
15 ganz ernst nehmen kann. Doch Ray Kurzweil ist Chefingenieur von Google, Träger von 19 Ehrendoktorwürden, Erfinder des Flachbett-Scanners sowie des ersten Sprach-Synthesizers.
Eine weitere Verheißung der Transhumanisten: Die Weiterentwicklung künstlicher Intelligenz könnte den Menschen nicht nur medizinisch helfen, sondern in Form
20 von immer intelligenteren Geräten auch den Alltag weiter erleichtern. Solche Roboter könnten dann lästige Arbeiten übernehmen.

(Randnotizen:)
These/Kernaussage 1
Vertreter Pro

Ellipse (unvollständiger Satz)
Fachbegriffe

Zitate in indirekter Rede

Anglizismen

Übertreibung
Tautologie
Autoritätsargument Pro

Dass dieser Weg in eine schöne neue Welt[2] führt, in der die Menschen Seite an Seite mit immer klügeren techni-

25 schen Gehilfen über ihre biologischen körperlichen Grenzen hinauswachsen, glauben aber nicht alle. Ängste, dass Menschen Wesen erschaffen, die ihre Schöpfer schließlich unterjochen, sind

30 zwar mindestens so alt wie die Geschichte von Frankenstein. Neu ist aber, dass ranghohe Wissenschaftler und Tech-Unternehmer sie äußern. „Wir werden nicht mithalten können, wir werden nur eine überflüssige Spezies sein. Wie wir Menschen es mit lästigen Fliegen tun, so werden uns die Roboter ausmerzen", meint Hugo de Garis, einer der ersten Forscher zu künstlicher Intelligenz, schon seit Jah-

35 ren. Und jetzt warnt auch Stephen Hawking: „Die Entwicklung von vollständig künstlicher Intelligenz könnte das Ende der menschlichen Spezies bedeuten." Sogar Bill Gates rät zur Vorsicht, und Nick Bostrom, Philosophie-Professor in Oxford, zählt die Entwicklung künstlicher Intelligenz neben einem Nuklearkrieg zu den schwersten Bedrohungen für die Existenz der Menschheit.

40 Google, die EU und Thinktanks wie das der Singularity University von Ray Kurzweil wollen Krankheit und Leid bekämpfen und dafür die Grenzen der Natur überwinden. Doch überwinden ihre transhumanistischen Projekte damit auch die Menschheit an sich? Sind die existenziellen Bedenken berechtigt?

„Es liegt in unserer Hand, wofür wir künstliche Intelligenz einsetzen und welche

45 Roboter wir erschaffen", sagt Miriam Leis, Mitglied der transhumanistischen Gesellschaft Deutschland und Thinktank-Managerin am Fraunhofer-Institut zur Technikfolgenabschätzung. Transhumanismus bedeutet für Leis zuallererst, sich mit den technischen Möglichkeiten zu befassen, die „neue Realität" zu erkennen. „Der Humanismus fragt, wie man das Beste aus der menschlichen Natur machen kann.

50 Der Transhumanismus stellt diese Natur in Frage, um aus dem technischen Fortschritt das Beste für den Menschen zu machen."

„Solche Maschinen könnten wir für all die Tätigkeiten einsetzen, die früher Sklaven verrichten mussten und bei denen auch heute immer noch Arbeiter ausgebeutet werden. Menschen könnten sich dann der Kultur, den Künsten und der Wellness

55 widmen, alle wären gebildeter, die Grundlagenforschung würde aufblühen." So Leis' Vision. „Doch man sollte nicht forcieren, Roboter zu erschaffen, die eigene Bedürfnisse entwickeln, die dann Lohn oder einen freien Sonntag fordern."

Aber könnte eine Maschine überhaupt Gefühle entwickeln, Ziele und Absichten verfolgen? Warum sollte sie das tun? Basieren Emotionen nicht auf Geburt und

60 Tod? Und dem, was dazwischenliegt: Dem Leben, das aus einer Vereinigung entsteht? Basieren Emotionen nicht darauf, dass ein Lebewesen nie autark ist? Ist das nicht der Grund dafür, dass Menschen Liebe, Begehren und Empathie kennen, Hunger, Angst und Schmerz? „Der Selbsterhaltungs- und damit auch der Fortpflanzungstrieb sind doch auch nur Programmierungen", antwortet Leis, „biologische

65 Programmierungen." Und somit würden sie sich in der Maschine imitieren lassen? Genau so sieht es Ray Kurzweil. Unsere Körper, wie sie bislang funktionierten, seien wunderbar und hätten uns weit gebracht, jetzt aber würden wir aus guten Gründen ein nachhaltigeres Substrat für unsere Identitäten entwickeln, so Kurzweil.

In seiner Perspektive kann ein Mensch nicht mehr sein als ein Netz aus Datenströ-

70 men, das sich, einem Computer gleich, programmieren lässt. Wenn es nach Kurzweil geht, ist die Angst vor dem Ende der menschlichen Existenz damit unbegründet: Es werden keine Roboter entstehen, die den Menschen überlegen sind, sondern die Menschen selbst werden sich durch die Maschinen zu einer höheren, intelligenteren, unsterblichen Spezies entwickeln.

75 „Das ist eine Illusion", sagt Raúl Rojas, Informatikprofessor an der Freien Universität Berlin (FU), der zu künstlicher Intelligenz und neuronalen Netzen forscht. Rojas wurde bekannt durch die Entwicklung von Fußball-Robotern, die für die FU im Robo-Cup zweimal den Weltmeistertitel gewonnen haben. Zurzeit arbeitet er an einem sich selbst steuernden Auto, mit dem er einen automatischen Fahrdienst für

80 alle ermöglichen will. Rojas ist also weder technikfeindlich noch fantasielos – aber was die Transhumanisten verkünden, empört ihn. Es ärgert ihn, weil es seiner Ansicht nach unwissenschaftlich ist. „Wir wissen überhaupt nicht, wie ein Gehirn funktioniert, wo die Erinnerung sitzt, wie Träumen funktioniert. Der Mensch ist ein analoges, physikalisches System, das hoch komplex sowie ganz fein abgestimmt

85 und geregelt ist und sich deshalb nicht diskretisieren, also nicht in Einzelteile zerlegen und als Zahlencodes abbilden lässt."

In seinen Augen liegt der Abbildungslogik von Ray Kurzweil ein dualistisches Verständnis des Menschen zu Grunde, das den Leib als Hardware sieht, der sich trennen lässt von der steuernden Software. „Aber man kann das ‚Ich' nicht vom materi-

90 ellen Substrat trennen. Wir sind eben die Hardware, die uns trägt. Versagt die Hardware, ist leider Schluss", sagt Rojas.

Quelle: Frankfurter Allgemeine Sonntagszeitung (12.7.2015)

1 Anspielung auf einen Filmtitel („Bring mir den Kopf von Alfredo Garcia", Regie: Sam Peckinpah, 1974)

2 Anspielung auf den dystopischen Roman „Schöne neue Welt" von Aldous Huxley (1932)

2 a Lies den Sachtext (S. 30–32) zügig durch. Markiere dabei aussagekräftige Textstellen und unterstreiche dir unbekannte Wörter (z. B. Fachbegriffe).

b Welche Aussage zu den im Text dargestellten Positionen trifft zu? Kreuze an und begründe deine Wahl im Heft.

> **Arbeite mit dem Text:** Unterstreiche oder markiere Auffälligkeiten.
> **Nutze die Randspalte** für Notizen (Beispiel: S. 30, 1. und 2. Absatz).

A ☐ In dem Text wird für den Transhumanismus geworben, indem seine vielfältigen Möglichkeiten für ein besseres Leben ausgewogen dargestellt werden.

B ☐ In dem Text werden die Ideen des Transhumanismus hinterfragt, indem Aussagen verschiedener Experten gegenübergestellt werden.

3 a Die folgenden Begriffe werden im Text (S. 30–32) verwendet. Erkläre ihre Bedeutung: Ziehe Verbindungslinien.

> Versuche, dir unbekannte Wörter oder **Fachbegriffe** aus dem Kontext (Textzusammenhang) zu erklären. Falls dies nicht gelingt, recherchiere die Bedeutung (Wörterbuch/Internet).

A Thinktank	a stoffliche/körperliche Grundlage
B materielles Substrat	b etwas erzwingen, mit Nachdruck vorantreiben
C forcieren	c virtuelle Person als Stellvertreter eines Menschen
D Avatar	d „Denkfabrik", in der neue Konzepte entwickelt werden

b Diese Begriffe werden im Text erklärt: Notiere ihre Bedeutung im Heft. Setze das erste Beispiel fort.

transhumanistisch: *Veränderung und Überwindung des ...*   Nanobot: ...

Singularität: ...   diskretisieren: ...

Schritt 2: Den Text analysieren

4 Lies den Zeitungsartikel (S. 30–32) noch einmal gründlich. Markiere die Vertreter der verschiedenen Positionen, ihre Thesen, Argumente und Belege. Verwende für die Pro-Seite <u>Grün</u> und für die Kontra-Seite <u>Orange</u>.

5 Befürwortet Carolin Wiedemann die Ideen des Transhumanismus oder ist sie eher skeptisch? Formuliere deinen ersten Eindruck zur Haltung der Autorin und begründe ihn im Heft.

Die Haltung der Autorin ist ...

6 Untersuche den argumentativen Aufbau des Textes und gib die Kernaussagen zur Entwicklung künstlicher Intelligenz wieder: Notiere stichwortartig zentrale Thesen und Argumente der zitierten Experten. Schreibe in dein Heft.

Pro: R. Kurzweil, M. Leis	**Kontra:** R. Rojas, H. de Garis, S. Hawking u. a.
Abschaffung von Tod und Leid durch ...	*Sorge vor Unterjochung des ...*

7 Arbeite den Lückentext aus: Formuliere die Pro- und die Kontra-Argumentation mit eigenen Worten.

Vertreter der _____ Bewegung sehen in der zukünftigen _____ die

Chance, die Natur des _____ zu überwinden. Der _____ könne sich durch

den Download _____ zu einer höheren _____ entwickeln, die in Gesundheit

ein _____ Leben führt. Außerdem könne sich der zukünftige Mensch um Kultur und _____

kümmern, während ihn _____ von _____ entlasten.

Namhafte Experten halten dagegen, dass dies unwissenschaftlich und _____ sei. Der

menschliche _____ , wie z. B. das Erinnern und das _____ , lasse sich nicht vom _____

trennen. Außerdem befürchten die Skeptiker der künstlichen _____ , dass vom Menschen

erzeugte _____ den Menschen irgendwann _____ könnten.

8 Untersuche die sprachliche Gestaltung des Zeitungsartikels.
   a Kreuze für jeden der folgenden Sätze die passende Erklärung an.

A Die Autorin verwendet viele rhetorische Fragen, um …

   a ☐ die Leser direkt anzusprechen und sie zum Nachdenken anzuregen.

   b ☐ ihre eigene Ratlosigkeit bezüglich des Themas zu betonen.

B Der Text enthält unvollständige Sätze, sogenannte Ellipsen, damit … (Z. 4 f., 60 f., 64).

   a ☐ die Leser die Lücken im Kopf ergänzen und so länger nachdenken.

   b ☐ das Wichtige in den Aussagen prägnant hervorgehoben und verstärkt wird.

C Die Autorin zitiert viele Experten als Autoritäten, weil …

   a ☐ sie dadurch von ihrer eigenen Meinung ablenken will.

   b ☐ sie nur fundierte Meinungen darstellen und dadurch seriös wirken möchte.

D Der Titel zitiert einen Filmtitel. Die Autorin spielt darauf an, dass R. Kurzweil …

   a ☐ hofft, seine Identität (Geist) vom Körper trennen und downloaden zu können.

   b ☐ möglichst bald mundtot gemacht werden sollte.

b Beschreibe die rhetorischen Mittel: Arbeite die folgenden Sätze im Heft aus, schließe die Lücken sinnvoll.

Einerseits zitiert Wiedemann bekannte _____ , um das Thema neutral _____ . Andererseits nutzt sie Anspielungen

auf Film und Literatur, Ellipsen und _____ , um ihre Leser _____ und um ihre eigene Position _____ .

9 Kreuze die richtige Antwort an.

Die Intention des Textes ist es, zu …

A ☐ beeinflussen und zu beschwichtigen.   C ☐ belehren und zu mahnen.

B ☐ informieren und zum Nachdenken anzuregen.   D ☐ unterhalten und zu appellieren.

Schritt 3: Die Sachtextanalyse schreiben

Methode	Schreibplan für eine Sachtextanalyse

Aufbau:

- Nenne in der **Einleitung** Textsorte, Titel, Autor/-in, Entstehungsjahr und Thema des Textes.
- Lege im **Hauptteil** die Ergebnisse deiner Textanalyse dar: Kernaussagen/Positionen der zitierten Personen bzw. des Autors/der Autorin, Gedankengang/Argumentationsaufbau, Intention, sprachlich-rhetorische Mittel und ihre Wirkung. Belege wichtige Aussagen durch Zitate mit Zeilenangaben.
- Nimm zum **Schluss** – je nach Aufgabenstellung – kurz Stellung zu dem im Text genannten Thema bzw. Problem und äußere einen weiterführenden Gedanken oder ziehe ein Fazit.

1 Formuliere im Heft eine informative <u>Einleitung.</u> Nutze auch dein Ergebnis von Aufgabe 1 (S. 30).

2 Schreibe den <u>Hauptteil</u> deiner Sachtextanalyse.

a Die folgenden Stichworte fassen die Kernaussagen des Textes zusammen. Schreibe sie für den Schreibplan in der richtigen Reihenfolge in dein Heft.

- Gegenposition: untrennbare Einheit von Identität und Körper
- Pro künstliche Intelligenz: Roboter als Alltagshelfer
- Skepsis der Autorin: rhetorische Fragen (existenzielle Bedenken)
- Pro künstliche Intelligenz: Chance auf gesundes, erleichtertes und ewiges Leben
- Reaktion auf die Gegenposition: unbegründete Ängste
- Skepsis der Autorin: rhetorische Fragen (Mangel an Emotionalität)
- Gegenposition: Ängste vor existenzieller Bedrohung

b Stelle deine Analyseergebnisse zu den Kernaussagen des Textes und zu seinem argumentativen Aufbau zusammenhängend dar (S. 33 f., Aufg. 4, 6, 7). Schreibe mit Hilfe der Formulierungsbausteine in dein Heft.

> ... stellt zwei zentrale ... vor, indem sie ... zitiert und ... • Die Autorin informiert zunächst über ... • Sie stellt ... vor. • Außerdem ließe sich ... • Carolin Wiedemann kontrastiert ... • Die Autorin stellt rhetorische Fragen bezüglich ... und leitet damit wieder zu ... über. • Sie zitiert ... • So könnten z. B. ..., indem ... • Allerdings solle man ... • Die Autorin äußert in einer Kette von ... ihre Skepsis bezüglich ... • Abschließend lässt Carolin Wiedemann wieder ... zu Wort kommen: ... • Der Mensch sei ...

c Zeige mit Hilfe deiner Ergebnisse aus den Aufgaben 5, 8 und 9 auf, wie die Autorin ihre Intention mit sprachlichen Gestaltungsmitteln hervorhebt. Nutze die folgenden Formulierungsbausteine und schreibe in dein Heft.

> ... will mit ihrem Artikel informieren und zugleich ... • Einerseits ..., andererseits ... • So unterstreicht die Autorin z. B. ... (Z. ..., Z. ...) und lässt ... zu Wort kommen (z. B. Z. ..., Z. ..., ...). • Damit zeigt sie, dass ihr an ... gelegen ist. • Allerdings zitiert sie mehr ... und erzeugt so ... • Auch ihre vielen ... (Z. ... und Z. ...) unterstreichen ... • So nimmt sie Einfluss auf ..., indem sie ... • Durch ... hebt sie ... hervor (Z. ...). • Außerdem nutzt ..., um ... • Mit dem zitierten Filmtitel („..."), der Anspielung auf ... (Z. ...) und ... (Z. ...), weist sie ... der Welt der Fiktion zu.

3 Formuliere am <u>Schluss</u> eine kurze Stellungnahme. Setze die folgenden Sätze im Heft fort.

Ich finde die Ideen der Transhumanisten ..., denn ... Daher kann ich der Argumentation von ... folgen.

4 Formuliere einen <u>weiterführenden Gedanken</u> zu den Chancen und Gefahren der Entwicklung künstlicher Intelligenz. Schreibe in dein Heft.

Eine politische Rede analysieren

Methode	Leitfragen für die Analyse einer Rede

1 Redesituation:
– Auf welches Thema (Problem) konzentriert sich die Rede? Was sind die Kernaussagen (Thesen)?
– Welche Argumente werden genannt? Ist die Argumentation schlüssig?
– Werden Gegenargumente berücksichtigt?

2 Sprachliche Besonderheiten und ihre Wirkung:
– **Argumentationsstrategien,** z. B.: Auf-/Abwertung, Polarisierung, Dramatisierung, Beschönigung, Verharmlosung, Erzeugen von Gemeinschaftsgefühl, persönliche Anreden, Appelle, Emotionalisierung.
– **Wortwahl,** z. B.: auf- oder abwertende Formulierungen, Fahnen- oder Stigmawörter, Fremdwörter.
– **rhetorische Stilmittel,** z. B.: Wiederholungen, rhetorische Fragen, Metaphern, Euphemismen.

3 Aussageabsicht (Intention) des Textes:
– Will der Redner/die Rednerin informieren, aufklären, beschwichtigen, zum Handeln aufrufen, zum Nachdenken anregen, jemanden ehren?

Schritt 1: Den Text lesen und verstehen

1 **a** Lies die Überschrift, die Anrede mit den Informationen und überfliege die ersten Absätze.
b Beschreibe kurz und prägnant den Redeanlass und die Redesituation. Schreibe in dein Heft.

Rede von Bundeskanzlerin Merkel anlässlich der Gedenkveranstaltung des Internationalen Auschwitz-Komitees zum 70. Jahrestag der Befreiung des Konzentrationslagers Auschwitz-Birkenau am 26. Januar 2015[1], gehalten in der Urania[2] in Berlin

Sehr geehrte Frau Fahidi[3], sehr geehrter Herr Turski[4], sehr geehrter Herr Heubner[5], sehr geehrte Botschafter, Herr Ministerpräsident Woidke[6], meine Damen und Herren, liebe junge Gäste[7],
persönliche Ansprachen

es ist für mich eine große Ehre und erfüllt mich mit Dankbarkeit, heute hier bei
5 Ihnen zu sein und zu Ihnen sprechen zu dürfen.
persönliche Haltung

Der Jahrestag der Befreiung des Lagers Auschwitz-Birkenau durch sowjetische Soldaten jährt sich morgen zum 70. Mal. Auschwitz – dieses eine Wort steht für Millionen Einzelschicksale. Jedes Schicksal steht für sich. Jedes Schicksal erzählt auf seine Weise von unfassbarem Leid, von unsäglicher Quälerei bis hin zur systemati-
10 schen Ermordung. Wie grausam all die vielen Lebenswege durchkreuzt und beendet wurden – das übersteigt letztlich unsere Vorstellungskraft. Eines aber wissen wir: Das Unvorstellbare ist geschehen; es war möglich.
Anlass sachlich
Satzanfänge, Hervorhebung; Kontrast; Anapher; Aufzählung; klare Worte; Inversion – Betonung; Kontrast; jetzt: Wir-Form

Der Auschwitz-Überlebende und langjährige Präsident des Zentralrats der Juden in Deutschland Heinz Galinski hat einmal gesagt: „Auschwitz – dieser Name steht für
15 Untaten einer bis dahin unbekannten Dimension, für Verbrechen nicht allein gegen die Menschlichkeit, sondern für Verbrechen an der Menschheit."

---

1 Das Konzentrationslager Auschwitz-Birkenau war das größte deutsche Vernichtungslager während des Nationalsozialismus. Mehr als eine Million Menschen wurden hier ermordet. Das Lager wurde 1941 im vom Deutschen Reich militärisch besetzten Polen errichtet. Am 27. Januar 1945 wurde es durch Truppen der Roten Armee befreit.
2 Urania: Berliner Kultur- und Bildungsverein mit gleichnamiger Veranstaltungsstätte in Berlin.
3 Éva Fahidi, geb. 1925, eine bei der Gedenkveranstaltung anwesende Auschwitz-Überlebende aus Budapest (Ungarn), die 60 Jahre nach dem Holocaust einen Bericht über das Erlebte verfasst hat.
4 Marian Turski, geb. 1926, ein bei der Gedenkveranstaltung anwesender Auschwitz-Überlebender aus Warschau (Polen), einer der Vizepräsidenten des Internationalen Auschwitz-Komitees.
5 Christoph Heubner, geb. 1946, Geschäftsführender Vize-Präsident des Internationalen Auschwitz-Komitees.
6 Dietmar Woidke, seit 2013 amtierender Ministerpräsident des Landes Brandenburg.
7 Die Gedenkveranstaltung wurde u. a. von jungen Menschen aus Israel, Polen und Deutschland vorbereitet.

Was dort geschehen ist, war ein fundamentaler Angriff auf den Kern dessen, was unser Menschsein ausmacht: auf die Würde des Menschen. Eine wahnhafte Ideologie sprach Menschen das Menschsein ab.

20 [...] Auschwitz ist eine Mahnung, was Menschen anderen Menschen antun können. Auschwitz ist eine grausame Zäsur in der Geschichte der Menschheit. Auschwitz steht für den von Deutschland begangenen Zivilisationsbruch der Shoah.

Dies verleiht dem Tag, an dem sich die Befreiung des Konzentrations- und Vernichtungslagers Auschwitz-Birkenau jährt, seine ganz besondere Bedeutung. Am morgigen 70. Jahrestag erinnern wir an die sechs Millionen ermordeten Juden. Wir er-
25 innern an das grausame Schicksal der Sinti und Roma. Wir erinnern an das erbarmungslose Vorgehen gegen Gegner des Nationalsozialismus. Wir erinnern an die Menschen mit Behinderung, an Homosexuelle, an Zwangsarbeiter, an die leidgeprüften Menschen in den von Deutschland überfallenen Ländern. Wir erinnern
30 an alle, die von Deutschland im Nationalsozialismus verfolgt, misshandelt, gequält, vertrieben und ermordet wurden.

Verbrechen an der Menschheit verjähren nicht. Wir haben die immerwährende Verantwortung, das Wissen über die Gräueltaten von damals weiterzugeben und das Erinnern wachzuhalten.

35 Liebe Frau Fahidi, lieber Herr Turski, Sie haben die Hölle des Konzentrations- und Vernichtungslagers Auschwitz-Birkenau als Jugendliche von 18, 19 Jahren erlitten und überlebt. Ihre Familien wurden dort ermordet. Die Bilder von einst und die Trauer tragen Sie tief in sich. Ich trauere mit Ihnen. Ich trauere mit all denjenigen, die gelitten und Angehörige verloren haben.

40 [...] Es ist kaum zu ermessen, wie viel Kraft es kostet, sich schmerzhafte Erfahrungen immer wieder vor Augen zu führen. Gleichwohl haben Sie mit dafür gesorgt, dass Erinnerung über Generationen hinweg wach bleibt – dass aus ihr auch künftig Lehren gezogen werden können. Sie haben uns damit ein großes, ein wichtiges Geschenk gemacht, für das ich Ihnen von ganzem Herzen danken möchte. Denn
45 wir dürfen nicht vergessen. Das sind wir Ihnen schuldig. Das sind wir den vielen Millionen Opfern schuldig. Und das sind wir uns selbst schuldig, die wir heute leben und eine gute Zukunft gestalten wollen.

[...] Jeder, dem eine gute Zukunft Deutschlands am Herzen liegt, ist sich der immerwährenden Verantwortung nach dem Zivilisationsbruch der Shoah bewusst. Die
50 Erinnerung an die grausamen Kapitel unserer Geschichte prägt unser Selbstverständnis als Nation. Bei uns muss jeder – unabhängig von Religion oder Herkunft – frei und sicher leben können.

„Nie wieder!" – Diese Botschaft ist für unser demokratisches Land, das in Frieden mit seinen Nachbarn lebt, geradezu konstitutiv. Unser Bekenntnis zu einem geein-
55 ten Europa ist ebenso wie das Bewusstsein der unermesslich hohen Bedeutung von Freiheit und Rechtsstaatlichkeit, Pluralität und Toleranz fest verankert. Doch so kostbar diese Werte auch sind, so zerbrechlich sind sie zugleich. Freiheit, Demokra-tie und Rechtsstaatlichkeit verlangen stets unsere Aufmerksamkeit und unseren Einsatz. Das beginnt schon damit, alte und neue Vorurteile und Feindbilder als
60 solche zu entlarven.

Welche furchtbaren Taten letzten Endes aus irregeleiteter Gesinnung erwachsen können, haben uns die Attentate in Paris[8] einmal mehr vor Augen geführt. Dort richteten sich Hass und Gewalt gezielt gegen Menschen, die als Journalisten und Karikaturisten Gebrauch von ihrer Meinungsfreiheit gemacht haben. Dort richteten
65 sich Hass und Gewalt gezielt gegen jüdische Kunden eines koscheren Supermarkts bzw. weil die Mörder annahmen, dort Juden anzutreffen. Dort zeigten sich zwei der großen Übel unserer Zeit: islamistischer Terrorismus und Antisemitismus.

[...] Das Lebensprinzip der Demokratie ist unser Gegenentwurf zur Welt des Terro-rismus. Und er ist stärker als der Terrorismus. Diese Überzeugung gilt es auch im
70 Alltag immer und immer wieder zu bekunden, um jegliche Stimmungsmache auf Kosten bestimmter Gruppen zu bekämpfen – ganz gleich, von welcher Seite sie kommt; ganz gleich, gegen wen sie sich richtet.

Wir wollen keine hasserfüllten Parolen gegen angeblich Ungläubige oder Anders-gläubige. Wir wollen keine hasserfüllten Parolen gegen Juden. Wir wollen keine
75 hasserfüllten Parolen gegen Menschen, die in Deutschland ein neues Zuhause ge-funden haben oder bei uns Zuflucht vor Krieg und Verfolgung suchen. Uns gegen jedes Aufkeimen von Antisemitismus und Menschenfeindlichkeit zu wehren, ist unsere bürgerschaftliche, gesellschaftliche und staatliche Pflicht.

[...] Was geschehen ist, können wir nicht ungeschehen machen. Doch nur im Be-
80 wusstsein unserer immerwährenden Verantwortung können wir eine gute Zukunft gestalten. Dieses Wissen lässt uns nicht ruhen und uns einfach darauf verlassen, dass sich schon andere finden werden, die sich um eine gute Zukunft kümmern.

Aus Erinnerung erwächst also ein Auftrag. Und so lautet die Botschaft des Gedenk-tags an die Opfer des Nationalsozialismus: Vergangenes wird nicht vergessen.
85 Auschwitz fordert uns täglich heraus, unser Miteinander nach Maßstäben der Menschlichkeit zu gestalten. Auschwitz geht uns alle an – heute und morgen, nicht nur an Gedenktagen.

---

8 Attentate von Paris: islamistisch motivierte Terroranschläge auf eine Satirezeitschrift und einen jüdischen Supermarkt am 7. und 9.1.2015 in Paris

2 **a** Lies die gesamte Rede (S. 36–38) zügig und markiere aussagekräftige Textstellen.

b Kreuze die drei Aussagen an, die Angela Merkel in ihrer Rede besonders wichtig sind.

> **Arbeite mit dem Text:** Unterstreiche oder markiere zentrale Aussagen und Auffälligkeiten. **Nutze die Randspalte** für Notizen (Beispiel: S. 36, 1. Absatz).

A ☐ Die Nachgeborenen sind es den Opfern des Holocaust schuldig, sich an sie zu erinnern.

B ☐ Das Geschehene nicht zu vergessen, ist wichtig, aber noch wichtiger ist, die Zukunft nicht zu vergessen.

C ☐ Die Vergangenheit weiterhin kritisch zu betrachten, ist wichtig für die Gestaltung einer guten Zukunft.

D ☐ Die Demokratie droht auch heute wieder von einem Terrorregime abgelöst zu werden.

E ☐ Wenn jeder sich für demokratische Werte einsetzt, wird Demokratie stärker sein als Terrorismus.

Schritt 2: Den Text analysieren

3 Lies die Rede noch einmal gründlich und strukturiere den Gedankengang, indem du acht Sinnabschnitte bildest und diese mit einer Überschrift versiehst. Schreibe in dein Heft.

Sinnabschnitt 1, Z. 1-5: ...;   Sinnabschnitt 2, Z. 6-22: ...;   Sinnabschnitt 3, ...; ...

Information   **Redestrategien: Rhetorische Mittel, Strategien der Beeinflussung**

- **Aufwertung der eigenen Position,** z. B.: Kopplung der eigenen Position an hohe Werte durch Verwendung von **Fahnenwörtern** (Wörter mit positiver Konnotation/großem Überzeugungspotenzial, z. B. *Menschlichkeit*), Bindung der eigenen Person an positiv belegte Bilder/Wörter, Lob der eigenen Verdienste.
- **Abwertung der gegnerischen Position:** Herabsetzung der gegnerischen Position durch **Stigmawörter** (negativ konnotierte Wörter, z. B. *wahnhafte Ideologie*), Abwertung der gegnerischen Position durch negativ belegte Bilder, Kritik und Verleumdung des Gegners, Vorwürfe.
- **Polarisierung** durch Hervorheben der Unterschiede, z. B. zwischen Gruppen (z. B. *wir – sie*), zwischen Vergangenheit und Gegenwart (z. B. *damals – heute*).
- **Dramatisierung** einer Situation, z. B. durch das Wecken von Ängsten.
- **Beschönigung oder Verharmlosung einer Situation,** z. B. durch Euphemismen und Floskeln.
- **Persönliche Anrede** des Publikums durch Personalpronomen (z. B. *Sie/Ihr*) und Verwendung von Appellen und Aufrufen, z. B. *Lassen Sie uns das nie vergessen!* Herstellen einer Nähe zum Publikum und Erzeugen eines **Gemeinschaftsgefühls** durch die Verwendung von „Wir"-Sätzen, z. B. *Wir halten zusammen!*
- **Bewusste Emotionalisierung** durch Ansprechen von Gefühlen.

---

4 Überprüfe, welche Redestrategien (▶Information oben) Angela Merkel einsetzt. Kreuze die Wichtigkeit der jeweiligen Strategie für diese Rede in der Skala an: 1 = sehr wichtig ↔ 6 = nicht wichtig.

1a	☐1 ☐2 ☐3 ☐4 ☐5 ☐6	Aufwertung: Beanspruchung hoher Werte, Fahnenwörter
1b	☐1 ☐2 ☐3 ☐4 ☐5 ☐6	Abwertung: Stigmawörter
2	☐1 ☐2 ☐3 ☐4 ☐5 ☐6	Polarisierung
3	☐1 ☐2 ☐3 ☐4 ☐5 ☐6	Dramatisierung
4	☐1 ☐2 ☐3 ☐4 ☐5 ☐6	Beschönigung/Verharmlosung
5	☐1 ☐2 ☐3 ☐4 ☐5 ☐6	persönliche Anrede, Appelle, Aufrufe/ Gemeinschaftsgefühl
6	☐1 ☐2 ☐3 ☐4 ☐5 ☐6	Emotionalisierung

5 Unterstreiche im Text überwiegend thesenhafte, beschreibende und erläuternde Passagen <u>grün</u>, argumentative Aussagen <u>blau</u> und appellierende Aussagen <u>rot.</u>

6 a Markiere im Text der Rede Fahnenwörter und Stigmawörter (▶ S. 39) in zwei verschiedenen Farben.

   b Lege eine Tabelle nach folgendem Muster im Heft an. Ordne die im Text markierten Begriffe dabei nach Wortfeldern und so, dass sich in den beiden Spalten Kontraste gegenüberstehen.

Fahnenwörter: Bestimmung der eigenen Position		Stigmawörter: Kennzeichnung einer gegnerischen Position
- Menschlichkeit (Z. 16), ...	↔	*- Menschenfeindlichkeit (Z. 77), ...*
- Demokratie (Z. 57 f.) ...	↔	*- Terrorismus (Z. 68 f.) ...*
- ...	↔	*- Menschenfeindlichkeit*

7 Lege eine Übersicht nach folgendem Muster in deinem Heft an.

   a An welchen Stellen spricht Angela Merkel Anwesende direkt an? An welchen Stellen verwendet sie Ich-Aussagen? Trage die Textstellen in die Tabelle ein.

   b Stelle einen Zusammenhang zwischen den Ergebnissen her und beschreibe, wie die Redestrategie wirkt. Notiere deine Beobachtungen zwischen den Kästen.

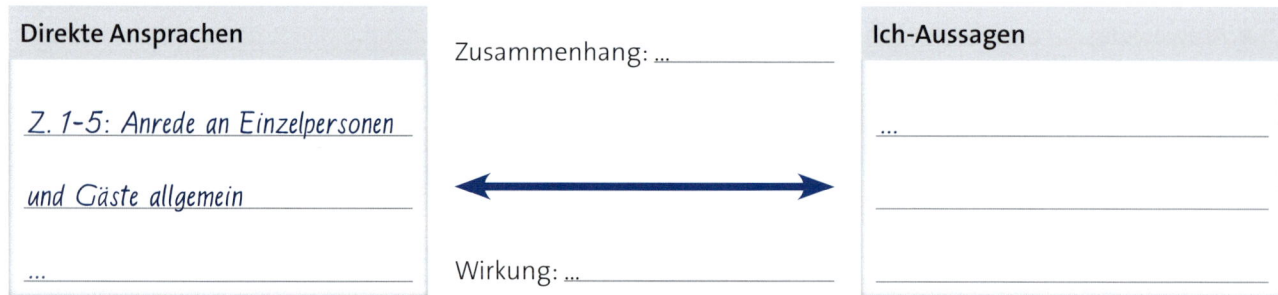

Direkte Ansprachen	Zusammenhang: ...	Ich-Aussagen
Z. 1–5: Anrede an Einzelpersonen und Gäste allgemein		*...*
...	Wirkung: ...	

   c Untersuche, wie ein Gemeinschaftsgefühl durch die Verwendung von „Wir-Sätzen" angestrebt wird. Notiere im Heft aussagekräftige Textbelege und ergänze Stichworte zu ihrer Wirkung.

   „Unser Selbstverständnis als Nation" (Z. 50 f.) → nationales Identitätsmerkmal

8 Suche im Redetext Beispiele für die folgenden rhetorischen Mittel und notiere die Zeilenangaben.

Anaphern/Parallelismen: _____   Aufzählungen: _____

auffälliger Satzbau (z. B. Inversion, sehr kurze, sehr lange Sätze): _____

Kontraste: _____   paradoxe Aussagen: _____

bildhafte Formulierungen (z. B. Metaphern, Vergleiche): _____

besondere Wortwahl (z. B. Fremdwörter, Neologismen, Euphemismen): _____

Zitat: _____

sprachliche Auffälligkeiten: _____

Schritt 3: Die Redeanalyse schreiben

Methode	Schreibplan für eine Redeanalyse

Aufbau:

- Nenne in der **Einleitung** Redner/-in, Titel, Zeitpunkt des Vortrags und Thema und gehe auch auf die Redesituation ein (Anlass, Ort, evtl. Adressaten/Publikum).
- Lege im **Hauptteil** die Ergebnisse deiner Textanalyse dar: **zentrale Aussagen** der Rede (Position, Gedankengang/Gliederung, Argumentationsweise), **Redestrategien,** sprachliche/rhetorische Gestaltungsmittel und ihre Wirkung, **Redeabsicht** und Wirkung auf das Publikum bzw. die heutigen Leser.
- Nimm zum **Schluss** – je nach Aufgabenstellung – kritisch Stellung zu dem in der Rede angesprochenen Thema/Problem, äußere einen weiterführenden Gedanken oder ziehe ein Fazit. Diese Fragen können dir helfen: Wie ist das Anliegen, das der Redner/die Rednerin vorträgt, einzuordnen? Wie ist die Rede z. B. im historischen Kontext oder im Hinblick auf spätere Ereignisse zu bewerten?

Formuliere **sachlich** und schreibe im **Präsens.** Nenne für deine Aussagen **Textbelege** mit Zeilenangaben.

1 Umkreise auf Seite 36 alle Informationen, die du für die Einleitung benötigst.

2 Nutze für den Hauptteil deine Ergebnisse von Aufgabe 3 bis 8 auf Seite 39 f.

a Stelle die zentralen Aussagen der Rede zusammenhängend dar.
Die Formulierungen unten können dir helfen.

Kernaussage der Rede ist, dass Deutschland es den Opfern des Holocaust schuldig ist, an sie zu erinnern. Dies formuliert Angela Merkel sowohl persönlich im Hinblick auf die anwesenden Auschwitz-Überlebenden als auch grundsätzlich für alle Opfer (vgl. Z.45-47). Sie nennt zu Beginn der Rede unmissverständlich ...

> Zu Beginn der Rede ... • Der erste Teil der Rede ist ... gewidmet. •
> Mit direkter Ansprache ... setzt ein weiterer Teil ein. • Im letzten Drittel der Rede bezieht ... mit ein. •
> Die Rede schließt mit ...

b Stelle die Ergebnisse deiner Analyse der Redestrategien in einem zusammenhängenden Text dar: Beschreibe auch die Wirkung der sprachlichen Mittel. Wähle passende Formulierungen aus.

> nachdrücklich • einprägsam • nachvollziehbar • erzeugt Intensität/Authentizität •
> sorgt für Anschaulichkeit • Konkretisierung erfolgt über ... • lässt aufhorchen • regt zum Nachdenken an •
> Steigerung der Aussage • Leitmotiv • ... nutzt unterschiedliche/bestimmte/gezielt Redemittel, um ... •
> Dem Redeanlass angemessen/nicht angemessen ist es, ... • ... arbeitet mit Gegenüberstellungen/
> einem scharfen Kontrast von Auf- und Abwertungen ... • Als Fahnenwörter fallen ... auf. •
> Verwendet werden auffallend viele/wenig ... • Besondere Effekte/Wirkung erzielt ... •
> Die Rednerin vermeidet/hebt hervor, dass..., indem sie ... verwendet, wie z. B. ...

c Fasse die Redeabsicht/Intention zusammen. Setze den folgenden Satz im Heft fort.

Intention der Rede ist es, ...

3 Verfasse in deinem Heft eine vollständige Analyse der Rede auf Seite 36 ff. und ziehe am Schluss ein Fazit: Wie ist die Rede mit Blick auf die Zukunft zu bewerten?

4 Formuliere einen weiterführenden Gedanken zu folgender Frage: Inwiefern ist es wichtig, sich auch heute an den Holocaust zu erinnern? Schreibe in dein Heft.

Eine Parabel analysieren und interpretieren

| Information | Die Textart „Parabel" |

Eine Parabel (von griech. *parabole* = Gleichnis) ist eine meist kurze **lehrhafte Gleichniserzählung,** die einen Sachverhalt bzw. eine **Erkenntnis** (z. B. eine Lebensweisheit, eine allgemeine Wahrheit) **bildhaft darstellt.** Das Erzählte soll nicht wörtlich, sondern im übertragenen Sinn verstanden werden. Die Sprache einer Parabel ist oft nüchtern, ihr **Ende offen.**
Eine Parabel verbindet das Erzählte (den Bildbereich) nicht durch einen direkten Hinweis mit dem Gemeinten (dem Sachbereich). Parabeln sind oft vieldeutig, häufig auch rätselhaft und schwer zu entschlüsseln. Der Übertragungsprozess (Was ist gemeint?) bleibt der Leserin/dem Leser überlassen, die/der sich ein eigenes Urteil bilden soll und in manchen Fällen auch zum Handeln aufgefordert wird.

Schritt 1: Die Parabel verstehen

1 Lies die folgende Parabel.

Bertolt Brecht

Freundschaftsdienste (um 1934)

Als Beispiel für die richtige Art, Freunden einen Dienst zu erweisen, gab Herr K. folgende Geschichte zum Besten. Zu einem alten Araber kamen drei junge Leute und sagten zu ihm: „Unser Vater ist gestor-
5 ben. Er hat uns siebzehn Kamele hinterlassen und im Testament verfügt, daß der Ältere die Hälfte, der zweite ein Drittel und der Jüngste ein Neuntel der Kamele bekommen soll. Jetzt können wir uns über die Teilung nicht einigen; übernimm du die Ent-
10 scheidung!" Der Araber dachte nach und sagte: „Wie ich es sehe, habt ihr, um gut teilen zu können, ein Kamel zu wenig. Ich habe selbst nur ein einziges Kamel, aber es steht euch zur Verfügung. Nehmt es und teilt dann, und bringt mir nur, was übrigbleibt."

Sie bedankten sich für diesen Freundschaftsdienst, 15 nahmen das Kamel mit und teilten die achtzehn Kamele nun so, daß der Älteste die Hälfte, das sind neun, der zweite ein Drittel, das sind sechs, und der Jüngste ein Neuntel, das sind zwei Kamele, bekam. Zu ihrem Erstaunen blieb, als sie ihre Kamele zur 20 Seite geführt hatten, ein Kamel übrig. Dieses brachten sie, ihren Dank erneuernd, ihrem alten Freund zurück.
Herr K. nannte diesen Freundschaftsdienst richtig, weil er keine besonderen Opfer verlangte. R 25

2 Beschreibe deine ersten Leseeindrücke.

_____

_____

_____

_____

Methode	Leitfragen für die Analyse eines literarischen Textes

1 Thema/Inhalt:
– Was ist das Thema des Textes? Gibt es zentrale Motive?

2 Aufbau der Handlung:
– Wie sind Ausgangssituation und Schluss gestaltet? Gibt es z. B. eine Rahmenhandlung?
– Gibt es einen Höhe- bzw. Wendepunkt (Pointe)?
– Wird linear erzählt oder gibt es Rückwendungen und/oder Vorausdeutungen?

3 Figuren:
– Welche Figuren kommen vor? Wie werden sie charakterisiert? In welcher Beziehung stehen sie zueinander (Figurenkonstellation)? Repräsentieren sie eine bestimmte Haltung, einen Typus, eine Gruppe?

4 Erzähler:
– Welche **Erzählform** (Ich-Erzähler/-in oder Er-/Sie-Erzähler/-in) liegt vor? Wie wirkt dieses?
– Ist ein bestimmtes **Erzählverhalten** erkennbar (auktorial oder personal)? Wie wirkt dieses?

5 Sprachlich-stilistische Auffälligkeiten:
– Gibt es **Besonderheiten im Satzbau,** z. B. einfache Sätze (Parataxen), längere Satzgefüge (Hypotaxen)?
– Werden Sätze oder Wörter **wiederholt?**
– Gibt es Besonderheiten bei der Sprache/Wortwahl?
– Werden **sprachliche Bilder** (Symbole, Metaphern, Vergleiche) gebraucht?

6 Deutung:
– Welche Textstellen enthalten Andeutungen oder werfen Fragen auf? Welche Fragen bleiben ungeklärt? Welche Deutungsmöglichkeiten ergeben sich daraus?
– Wie kann der Bildbereich (das Erzählte) auf den Sachbereich (das Gemeinte) übertragen werden?

---

3 Was ist das Thema der Parabel? Kreuze an.

A ☐ Kommunikation   B ☐ Menschenwürde   C ☐ Freundschaft   D ☐ Opferbereitschaft

---

4 a Die Geschichte, die Herr K. erzählt, spielt in einer fremdartigen Umgebung: Nenne Textbelege.

---

b Welche Wirkung hat die Wahl des Ortes? Kreuze zwei passende Begriffe an und erläutere deine Auswahl.

A ☐ interkulturell   B ☐ politisch   C ☐ märchenhaft

D ☐ mathematisch   E ☐ bildhaft   F ☐ historisch

---

5 Die Parabel hat eine Rahmenhandlung und eine Binnenhandlung. Fasse die Inhalte der Teile im folgenden Handlungspfeil knapp zusammen und trage Zeilenangaben ein.

Rahmenhandlung: Z. 1–3
Herr K. führt in
die Geschichte ein

→

Binnenhandlung: Z. _____

→

Rahmenhandlung: Z. _____

Information	Bertolt Brecht: Geschichten von Herrn Keuner

Bertolt Brechts Keunergeschichten (entstanden 1926–1935) sind sehr kurze, lehrhafte Geschichten, in denen Herr K. (Keuner) eingefahrene Verhaltensweisen und allgemeine Ansichten hinterfragt.
Die Leser sind dabei aufgefordert, selbst Antworten auf die offenen Fragen zu finden, welche die Parabeln aufwerfen.

6 Erläutere den Aufbau der Parabel (S. 43, Aufg. 5). Berücksichtige dafür auch die vorangehende Information. Schreibe in dein Heft.

7 Prüfe die folgenden Aussagen über Figuren und Handlung der Binnengeschichte. Kreuze an, ob sie zutreffen oder nicht.

	trifft zu	trifft nicht zu
A Die Figurenkonstellation ist einerseits durch ein großes Altersgefälle, andererseits durch freundschaftliche Verbundenheit geprägt.	☐	☐
B Die jungen Leute werden als wenig intelligent und handlungsunfähig charakterisiert.	☐	☐
C Der alte Araber verkörpert die typische Märchenfigur des alten Weisen.	☐	☐
D Es wird die emotionale Situation der Söhne nach dem Tod ihres Vaters vermittelt.	☐	☐
E Die Erzählung ist auf das Wesentliche konzentriert und schreitet zügig voran.	☐	☐
F Die Erbschaft (17 Kamele bei 3 Erben) ist auf die verblüffende mathematische Lösung als Pointe hin konstruiert.	☐	☐

8 Interpretiere das Verhalten des alten Arabers:
a Trage in den Lückentext passende Begründungen ein.

Bei der Reaktion des alten Arabers könnte man zunächst meinen, dass er besonders selbstlos und großzügig

handelt, um seinen Freunden zu helfen, denn _____

_____ .

Dann aber überlegt man, dass er womöglich doch eher gerissen ist und sich selbst einen Vorteil verschaffen will,

denn _____

_____ .

b Wähle Adjektive aus, die sein Verhalten zutreffend beschreiben, und trage sie in die Lücken ein.

hinterhältig • eigennützig • aufopferungsvoll • gutmütig • klug • barmherzig • freundlich • durchdacht

Am Ende zeigt sich, dass die Hilfe des alten Arabers weder _____ noch

_____ war, sondern einfach _____ und _____ .

c Kreuze zwei Aussagen an, die das Handeln des alten Arabers treffend beschreiben.

	trifft zu	trifft nicht zu
Der Araber leistet einen Freundschaftsdienst, indem er		
A den drei Brüdern die Verteilung abnimmt.	☐	☐
B gründlich über das Problem nachdenkt, um die Lösung zu verstehen.	☐	☐
C sich aufopfert und ihnen ein weiteres Kamel schenkt.	☐	☐
D den jungen Männern eine Hilfe an die Hand gibt, mit der sie ihr Problem selbst lösen können.	☐	☐

9 Analysiere die Erzählform und gehe auch auf die Rolle ein, die Herr K. in der Rahmenhandlung einnimmt.

_____

_____

_____

10 a Analysiere die sprachliche Gestaltung der Parabel. Arbeite am Text auf Seite 42:
   – Untersuche Besonderheiten im Satzbau: Gibt es vorwiegend Hypotaxen oder Parataxen?
   – Untersuche die Wortwahl: Gibt es Auffälligkeiten, z. B. in der Wahl der Verben?
   – Beschreibe die Sprache: Ist sie eher kompliziert oder einfach?
   – Notiere: Gibt es Besonderheiten?
b Fasse deine Ergebnisse stichwortartig zusammen.

_____

_____

_____

11 Entschlüssele den Bildbereich:
a Verdeutliche die Aussage des Schlusssatzes, indem du einen Umkehrschluss ziehst: Was wäre aus der Perspektive von Herrn K. vermutlich eine <u>falsche</u> Art, Freunden einen Dienst zu erweisen?

_____

_____

_____

b Formuliere einen Appell, der am Ende der Parabel stehen könnte.

_____

_____

Schritt 2: Die Parabel schriftlich interpretieren

Methode	Schreibplan für die Interpretation einer Parabel

Aufbau:

- Nenne in der **Einleitung** die Art des Textes (z. B. Parabel, parabolische Erzählung), den Titel, den Namen des Autors/der Autorin und das Thema des Textes.
- Lege im **Hauptteil** die Ergebnisse deiner Analyse dar und belege sie mit Zitaten. Gehe je nach Aufgabenstellung auf die folgenden Aspekte ein:
  - Inhalt (Kurzzusammenfassung) und Aufbau (Verlauf) der Geschichte,
  - Figuren und ihre Beziehungen zueinander (evtl. Stellvertreter für bestimmte Haltungen, Typen, Gruppen?),
  - Erzählweise und/oder sprachliche Gestaltungsmittel,
  - Deutung/Übertragung des Bildbereichs (des Erzählten) auf den Sachbereich (das Gemeinte).
- Nimm am **Schluss** kurz Stellung zum Text (z. B. Inhalt, Problemstellung, Schreibweise).

Verfasse die Analyse im Präsens und drücke dich fachlich angemessen aus (Fachbegriffe).

1 a Setze die folgende <u>Einleitung</u> in deinem Heft fort.

In der Parabel „Freundschaftsdienste" (entstanden um 1934) von Bertolt Brecht wird die Vorstellung problematisiert, dass ...

●●● **b** Du kannst eine Einleitung auch mit grundlegenden Informationen zum Text oder zu seinem Thema beginnen. Wähle einen der beiden Satzanfänge aus und setze diese Einleitung im Heft fort.

A ☐ „Wie leistet man Freunden einen guten Dienst" – das ist die Frage, ...

B ☐ Herr K., die Hauptfigur in Bertolt Brechts Parabel „Freundschaftsdienste", die um 1934 entstanden ist, tritt als Erzähler ...

2 Ordne für den <u>Hauptteil</u> in einem stichwortartigen Schreibplan die Ergebnisse der Analyse zu den Aufgaben 4 bis 11 (S. 43–45). Schreibe in dein Heft.

3 Nur eine der folgenden Kurzzusammenfassungen des Inhalts für den Beginn des Hauptteils ist gelungen. Kreuze sie an und begründe deine Wahl anschließend.

A ☐ Die Geschichte handelt von drei jungen Söhnen eines Vaters, der gestorben ist. Sie spielt in Arabien. Die Erbschaft sind 17 Kamele, die die Söhne nach ganz bestimmten Regeln teilen sollen. Das geht aber nicht, weil 17 nicht durch zwei teilbar ist. Als die Söhne das merken, wenden sie sich an einen alten Freund. Der ist schlauer als sie und schenkt ihnen ein Kamel zum Teilen, bekommt es aber am Ende dann doch wieder.

B ☐ Herr K. erzählt, wie ein alter Araber drei Brüdern, denen er freundschaftlich verbunden ist, nach dem Tod des Vaters mit Klugheit und Weitsicht beim Aufteilen ihrer Erbschaft hilft. Um die dafür nötige Rechenaufgabe anschaulicher zu machen, gibt er kurzfristig sein Kamel dazu. Der alte Araber erleidet keinen Verlust, denn was er eingesetzt hat, um das Teilungsverfahren zu ermöglichen, bekommt er nach dessen Abschluss wieder zurück: sein Kamel.

Gelungen ist die Kurzzusammenfassung _____ , weil _____

_____

4 Beginne den Hauptteil der Interpretation, indem du Inhalt und Aufbau der Parabel knapp wiedergibst. Verwende dazu deine Ergebnisse von den Aufgaben 4 bis 6 (S. 43–44). Schreibe in dein Heft.

5 Beschreibe die Figuren und ihre Beziehung zueinander. Verwende die Aussagen von Aufgabe 7 (S. 44) und setze den Text im Heft fort.

Über Herrn K., der die Geschichte in der Parabel erzählt, erfährt man weiter nichts. Der auf den ersten Blick widersprüchliche Schlusssatz deutet darauf hin, dass es sich um einen sehr nachdenklichen Menschen handelt, der seine Zuhörer zum Nachdenken herausfordern will. In der Binnenhandlung gibt es die drei jungen Männer, die die Erbschaft unter sich verteilen möchten. Sie wirken ...

6 Für die Aufgaben 9 und 10 auf Seite 45 hast du die Erzählweise und die sprachliche Gestaltung der Parabel analysiert. Stelle deine Ergebnisse in einem zusammenhängenden Text dar, du kannst dafür die folgenden Formulierungshilfen verwenden. Schreibe ins Heft.

> **Belege** die Ergebnisse deiner Untersuchung **mit Zitaten (Zeilen angeben).** Stelle insbesondere für die sprachlichen Gestaltungsmittel auch ihre **Wirkung** dar.

> wenige, allerdings recht komplexe Sätze • sowohl Parataxen als auch Hypotaxen •
> Erzähler tritt nicht kommentierend in Erscheinung •
> Binnenhandlung zu Beginn mit wörtlicher Rede szenisch gestaltet • sachliche Darstellung der Vorgänge •
> Sprache von großer Schlichtheit • einfache Verben

7 Formuliere am <u>Schluss</u> deiner Interpretation eine kurze <u>Stellungnahme</u>:
Du kannst dafür eigene Gedanken zu Freundschaftsdiensten aufgreifen oder die folgenden Fragen als Anregung nutzen. Schreibe in dein Heft.
– Hat sich dein Blick auf „Freundschaftsdienste" durch die Beschäftigung mit der Parabel verändert? Wenn ja, dann wie?
– Was könnte man kritisch gegen die in der Parabel ausgedrückte Vorstellung von „richtigen" Freundschaftsdiensten einwenden?

8 Verfasse im Heft eine vollständige Analyse der Parabel „Freundschaftsdienste".
Greife auf deine Ergebnisse der Aufgaben 1 bis 2 und 4 bis 7 (S. 46–47) zurück und schließe den Hauptteil mit einer Deutung der Parabel, in der du den Bildbereich auf den Sachbereich überträgst (s. Aufg. 11, S. 45).

9 **a** Erstelle eine Checkliste für eine Textüberarbeitung, die den Schwerpunkt auf Struktur und Sprache legt. Streiche bei der hervorgehobenen Angabe jeweils die unpassenden.
●●● **b** Wende die Checkliste zur Überarbeitung deiner Analyse an.

Habe ich ...

– die einzelnen Bausteine meiner Analyse in eine schlüssige / unterhaltsame Reihenfolge gebracht?

– Absätze / Zitate eingefügt, die die Struktur des Textes deutlich machen?

– die Überleitungen einheitlich / sprachlich flüssig gestaltet?

– inhaltliche und sprachliche Wiederholungen verstärkend verwendet / vermieden?

– mich fachlich angemessen / abwechslungsreich ausgedrückt (Fachbegriffe, Präsens, grammatisch richtiger Satzbau mit Kommas)?

– Rechtschreibung und Zeichensetzung gründlich geprüft und Fehler verbessert / ignoriert?

Ein Gedicht analysieren und interpretieren

Methode	Leitfragen für die Gedichtanalyse (Teil I)

1 Inhalt, Thema:
- Wird eine Handlung oder Situation/Szene beschrieben? Werden Gefühle/Stimmungen dargestellt?
- Was bedeutet der Titel des Gedichts? Welchen Bezug hat er zum Gedicht?

2 Der Sprecher/die Sprecherin:
- Gibt es einen **Sprecher (lyrisches Ich)** oder ist dieser im Text nicht direkt greifbar?
- Welche Stimmung/Haltung bringt der Sprecher/das lyrische Ich zum Ausdruck?
- Gibt es einen **Adressaten (du/ihr)** oder spricht das lyrische Ich mit sich selbst?

3 Formaler Aufbau:
- Ist das Gedicht in **Strophen** (regelmäßig/unregelmäßig) gegliedert?
- Liegt eine besondere **Reimform** (z. B. Paarreim, umarmender Reim) vor? Ist sie regelmäßig?
- Ist ein **Metrum** (z. B. Jambus, Trochäus, Daktylus) erkennbar? Gibt es Abweichungen?

Schritt 1: Das Gedicht untersuchen

1 a Überfliege das folgende Gedicht von Mascha Kaléko.
  b Lies ein zweites Mal genau: Markiere und notiere Auffälliges zu Inhalt/Thema und formaler Gestaltung.

Mascha Kaléko

Mit auf die Reise (veröffentlicht 1958)

	Reimform	Notizen
Ich kann dir keinen Zauberteppich schenken,	a	*Parallelismus*
Noch Diamanten oder edlen Nerz,	b	
Drum geb ich dir dies Schlüsselchen von Erz,	b	*Schlüssel = Metapher*
Dazu mein ziemlich gut erhaltnes Herz		*Herz = Metapher*
5 Zum Anmichdenken.		*Enjambement*
Ich kann dir keine braven Socken stricken		*Alltägliches*
Und meine Kochkunst würde dich nur plagen.		
Drum nimm den Scherben[1] rosarotes Glas,		*Parallelismus*
Der führt ins Märchenland Ichweißnichtwas		
10 An grauen Tagen.		
Ich kann dir nicht Aladins Lampe geben,		
Kein „Sesam" und auch keinen Amethyst[2].		
Doch weil dein Herz mir Flut und Ebbe ist,		
Hier diese Muschel, schimmernd, wie von Tränen		*Vergleich*
15 Zum Nachmirsehen.		

---

1 der Scherben (österr.) = die Scherbe

2 Amethyst – violetter Bergkristall

2 Erschließe mit Hilfe der Leitfragen <u>den Inhalt und das Thema</u> des Gedichts. Notiere die Antworten.

A Welche Situation oder Szene wird beschrieben?

Es wird eine Abschiedssituation beschrieben, in der

B Welche Gefühle werden dargestellt?

Angesprochen werden die Gefühle

C Was bedeutet der Titel des Gedichts? Welchen Bezug hat es zum Gedicht?

Der Titel des Gedichts weist darauf hin, dass

3 Untersuche den Sprecher/die Sprecherin des Gedichts:

a Streiche in den Aussagen Unzutreffendes.

Es gibt ein / kein lyrisches Ich, das deutlich erkennbar / nur verdeckt spricht. Jede Strophe beginnt mit

dem Pronomen „Du" / „Ich". Adressat des Gedichts ist ein Familienmitglied / der Geliebte. Eine direkte Ansprache

erfolgt nur in der ersten Strophe / in jeder Strophe.

b In welcher Stimmung ist das lyrische Ich? Was macht es? Kreuze an.

Die Stimmung des lyrischen Ichs ist …

A verunsichert. Das lyrische Ich hält eine Abschiedsrede und formuliert seine Ängste.

B zornig. Das lyrische Ich macht dem geliebten Du Vorwürfe, dass dieses auf Reisen geht.

C traurig. Das lyrische Ich macht dem Geliebten zum Abschied eine Liebeserklärung und gibt ihm als Zeichen
der Verbundenheit Andenken mit auf die Reise.

4 Formuliere mit deinen Ergebnissen von den Aufgaben 2 und 3 einen zusammenhängenden Text. Ergänze Text-
●●● belege und schreibe ins Heft.

5 Untersuche den formalen Aufbau:

a Notiere Strophen- und Verszahl.   Es gibt _____ Strophen mit je _____ Versen.

b Notiere die Reimform in der Randspalte neben dem Gedicht. Kreuze die richtige Aussage an.

Die Reimform ist …   A ☐ regelmäßig.   B ☐ unregelmäßig.

c Bestimme das Metrum, indem du die Betonungszeichen setzt, z. B.
„Ich kánn dir kéinen Záubertéppich schénken …"

Das Metrum ist überwiegend

d Wie wirkt der formale Aufbau auf die Leserin/den Leser? Kreuze zwei Begriffe an.

☐ verwirrend   ☐ harmonisch   ☐ geordnet   ☐ ungeordnet

Methode	Leitfragen für die Gedichtanalyse (Teil II)

4 Sprachliche Mittel, gibt es …
- **sprachliche Bilder,** z. B.: Metapher, Personifikation, Vergleich?
- besondere **Stilfiguren,** z. B.: Alliteration (Wiederholung von Anfangsbuchstaben), Parallelismus (paralleler Satzbau) oder Anapher (Wiederholung von Wörtern am Versanfang)?
- Auffälligkeiten in der **Wortwahl,** z. B.: Neologismen (Wortneuschöpfungen); oder **Wortfelder,** z. B.: „Liebe" = Herz, Nähe, Kuss; „Märchen" = Zauberer, Fee, Elfe.
- einen bestimmten **Klang (Lautmalerei)?** Liegt z. B. eine Häufung von Vokalen oder Konsonanten vor?
- bestimmte **Satzformen,** z. B.: Parataxen (Hauptsätze), Hypotaxen (Nebensätze), Ellipsen (unvollständige Sätze) oder **Satzarten** (z. B. Ausrufe-, Frage-, Aussagesätze)? Werden grammatische Strukturen durchbrochen?

5 Werden **literarische Motive** (thematisches Element, das in unterschiedlichen Dichtungen vorkommt) verwendet, wie z. B. *Sehnsucht, Heimweh, Vergänglichkeit?*

6 Erschließe die <u>sprachlichen Mittel</u> des Gedichts:
- **a** Markiere im Gedicht Auffälliges und notiere Stichworte dazu in der Randspalte.
- **b** Lege im Heft eine Tabelle nach folgendem Muster an und notiere darin die markierten Textbelege. Gib an, um welches Mittel es sich handelt, und beschreibe stichwortartig die Wirkung.

Textbeleg (mit Vers)	Sprachliche Mittel	Deutung, Wirkung
„Zauberteppich" (Vers 1)	Symbol	orientalische Märchenwelt: fliegender Teppich, mit dem man Distanzen zu jeder Zeit schnell überwinden kann
„Diamanten", „edlen Nerz" (Vers 2)	Metaphern	materiell Wertvolles, Reichtum
„Schlüsselchen" (Vers 3)	…	…

7 Das Gedicht „Mit auf die Reise" enthält ein literarisches Motiv.
- **a** Das lyrische Ich überreicht dem Reisenden drei Gegenstände. Notiere, welche Bedeutung es mit ihnen verbindet.

Gegenstand	Bedeutung
1. Strophe:	*Der Schlüssel soll in der Ferne an das lyrische Ich erinnern.*
2. Strophe:	
3. Strophe:	

- **b** Bestimme das literarische Motiv. Kreuze an.

Das literarische Motiv des Gedichts ist …

A ☐ unterwiderte Liebe.

B ☐ die orientalische Märchenwelt.

C ☐ Vergänglichkeit.

D ☐ Sehnsucht.

Schritt 2: Das Gedicht schriftlich interpretieren

Information	Schreibplan für eine Gedichtanalyse

Aufbau:
- In der **Einleitung** nennst du die Art des Textes, den Titel, den Namen des Autors/der Autorin, das Entstehungs-/Erscheinungsjahr und das Thema des Textes.
- Im **Hauptteil** stellst du die wichtigsten Ergebnisse deiner Analyse dar und belegst sie durch Zitate:
  - Darstellung des formalen Aufbaus (Strophen/Verse, Reimform, Metrum),
  - kurze Wiedergabe des Inhalts/des Themas des Gedichts,
  - Deutung mit Bezug zu den sprachlichen Mitteln (Erklärung der Wirkung).
  - Falls es ein literarisches Motiv gibt, gehe darauf ein.

Wichtig: Stelle immer wieder einen Bezug zum Inhalt und zur Aussage des Gedichts her. Belege deine Untersuchungsergebnisse mit Zitaten (▶ S. 99).
- Fasse zum **Schluss** die Gesamtaussage des Gedichts zusammen oder beschreibe, wie das Gedicht auf dich wirkt oder wie es dir gefällt.

Verfasse die Analyse im Präsens.

1 Formuliere eine <u>Einleitung</u>. Schreibe ins Heft und beachte die im Informationskasten genannten Merkmale.

2 **a** Prüfe im folgenden Auszug aus dem <u>Hauptteil</u> einer Gedichtanalyse die Zitate. Unterstreiche Fehler.
  b Schreibe den Text verbessert in dein Heft.

VORSICHT FEHLER!

Die drei Strophen sind parallel aufgebaut. Jede Strophe beginnt mit Hinweisen auf etwas, wozu das lyrische Ich nicht in der Lage ist: „Ich kann dir keine/n ...", „Ich kann dir nicht ...". In der ersten und dritten Strophe werden Gegenstände aus „Tausendundeiner Nacht" aufgezählt, ein Zauberteppich, Aladins Lampe und ein „Sesam öffne dich", die es dem Gegenüber nicht mit auf die Reise geben will. In der zweiten Strophe nennt es Alltägliches: Von selbst gestrickten „braven Socken" und Selbstgekochtem ist die Rede. Jeweils im dritten Vers jeder Strophe setzt das lyrische Ich jedoch entgegen, dass es dem Reisenden trotzdem etwas mitgeben möchte. Es sind drei kleine Geschenke. Fast fühlt man sich an ein Sprichwort erinnert: „Aller guten Dinge sind drei". Die Gegenstände sind nicht wertvoll, haben aber nahezu magische Wirkung: ein „Schlüsselchen aus Erz", eine „rosarote Glasscherbe" und eine „schimmernde Muschel". Nichts davon ...

3 Beschreibe am <u>Schluss,</u> wie das Gedicht auf dich wirkt oder wie es dir gefällt.
Du kannst einen der folgenden Satzanfänge nutzen.

> Insgesamt wirkt das Gedicht auf den Leser ... • Das Gedicht spricht mich an /spricht mich nicht an, weil ... •
> Beim Lesen hatte ich den Eindruck, dass ... • Zusammenfassend kann man sagen, dass ...

4 Verfasse im Heft eine vollständige Gedichtinterpretation. Prüfe mit Hilfe des Informationskastens oben, ob du alle Analyseaspekte berücksichtigt hast.

5 Auf den Seiten 4 und 6 in diesem Heft findest du Informationen über die Lebenssituation von Mascha Kaléko:
●●● Sie hat das Gedicht im Exil in New York geschrieben. Erläutere vor dem Hintergrund dieser Informationen die Gesamtaussage des Gedichts.

Eine Dramenszene analysieren und interpretieren

Methode	Leitfragen für die Dramenanalyse (1)

1 Stellung der Szene im Handlungsverlauf / Inhalt und Thema der Szene:
 – Wo steht die Szene im Handlungsverlauf? Was ist ihr vorausgegangen, was folgt ihr?
 – Worum geht es in der Szene? Welche Figuren treten auf?

Schritt 1: Die Dramenszene untersuchen

1 a Lies die folgende Szene aus dem Drama „Emilia Galotti".
 b Notiere einige Stichworte zur Einordnung der Szene in den Handlungsverlauf.

_____

_____

_____

 c Notiere stichwortartig im Heft, welche Figuren im siebten Auftritt des zweiten Aktes auftreten und worum es geht (Handlung auf der Bühne).

Gotthold Ephraim Lessing

Emilia Galotti. Trauerspiel in fünf Aufzügen Uraufführung 1772

Zweiter Akt, Siebenter Auftritt

Das bürgerliche Trauerspiel „Emilia Galotti" wurde zum Geburtstag der Herzogin in Braunschweig aufgeführt. Es spielt im damaligen Italien, am Hofe des Prinzen Hettore Gonzaga in Guastalla (bei Mantua). Lessing wollte vermeiden, dass der Bezug zur damaligen politischen Stituation in Deutschland zu offensichtlich wird (Auseinandersetzung zwischen Adel und Bürgertum). Die Hauptfiguren sind Emilia Galotti und Hettore Gonzaga, der die noch sehr junge Emilia zu seiner Geliebten machen möchte. Deshalb gibt er seinem Kammerherrn Marinelli den Auftrag, Emilias bevorstehende Hochzeit mit dem Grafen Appiani zu vereiteln.
Appiani weiß nichts von diesen Plänen, hat aber dunkle Vorahnungen. Er besucht Emilia und Claudia Galotti im Hause der Galottis. Die Frauen sind mit Hochzeitsvorbereitungen beschäftigt.

APPIANI *(tritt tiefsinnig, mit vor sich hin geschlagenen Augen herein und kömmt näher, ohne sie zu erblicken; bis Emilia ihm entgegenspringt).* Ah, meine Teuerste! – Ich war mir Sie in dem Vorzimmer nicht vermutend.

EMILIA. Ich wünschte Sie heiter, Herr Graf, auch wo Sie mich nicht vermuten. – So feierlich? so ernst-haft? – Ist dieser Tag keiner freudigern Aufwallung wert?

APPIANI. Er ist mehr wert als mein ganzes Leben. Aber schwanger mit so viel Glückseligkeit für mich – mag es wohl diese Glückseligkeit selbst sein, die mich so ernst, die mich, wie Sie es nennen, mein Fräulein, so feierlich macht. – *(Indem er die Mutter erblickt.)* Ha! auch Sie hier, meine gnädige Frau! – nun bald mir mit einem innigern Namen zu verehrende!

CLAUDIA. Der mein größter Stolz sein wird! – Wie glücklich bist du, meine Emilia! – Warum hat dein Vater unsere Entzückung nicht teilen wollen?

APPIANI. Eben habe ich mich aus seinen Armen gerissen: – oder vielmehr, er sich aus meinen. – Welch ein Mann, meine Emilia, Ihr Vater! Das Muster aller männlichen Tugend! Zu was für Gesinnungen erhebt sich meine Seele in seiner Gegenwart! Nie ist mein Entschluss, immer gut, immer edel zu sein, lebendiger, als wenn ich ihn sehe – wenn ich ihn mir denke. Und womit sonst als mit der Erfüllung dieses Entschlusses kann ich mich der Ehre würdig machen, sein Sohn zu heißen – der Ihrige zu sein, meine Emilia?

Graf Appiani, Emilia und Claudia Galotti. Staatstheater Wiesbaden. Regie: Ricarda Beilharz

EMILIA. Und er wollte mich nicht erwarten!

APPIANI. Ich urteile, weil ihn seine Emilia, für diesen augenblicklichen Besuch, zu sehr erschüttert, zu
35 sehr sich seiner ganzen Seele bemächtiget hätte.

CLAUDIA. Er glaubte dich mit deinem Brautschmucke beschäftiget zu finden: und hörte –

APPIANI. Was ich mit der zärtlichsten Bewunderung wieder von ihm gehört habe. – So recht, meine Emi-
40 lia! Ich werde eine fromme Frau an Ihnen haben; und die nicht stolz auf ihre Frömmigkeit ist.

CLAUDIA. Aber, meine Kinder, eines tun und das andere nicht lassen! – Nun ist es hohe Zeit; nun mach', Emilia!

45 **APPIANI.** Was? meine gnädige Frau.

CLAUDIA. Sie wollen sie doch nicht so, Herr Graf, – so wie sie da ist, zum Altare führen?

APPIANI. Wahrlich, das werd' ich nun erst gewahr. – Wer kann Sie sehen, Emilia, und auch auf Ihren Putz
50 achten? – Und warum nicht so, so wie sie da ist?

EMILIA. Nein, mein lieber Graf, nicht so; nicht ganz so. Aber auch nicht viel prächtiger, nicht viel. – Husch, husch, und ich bin fertig! – Nichts, gar nichts von dem Geschmeide, dem letzten Geschenke Ihrer
55 verschwenderischen Großmut! Nichts, gar nichts, was sich nur zu solchem Geschmeide schickte! – Ich könnte ihm gram sein, diesem Geschmeide, wenn es nicht von Ihnen wäre. Denn dreimal hat mir von ihm geträumet –

60 **CLAUDIA.** Nun! davon weiß ich ja nichts.

EMILIA. Als ob ich es trüge, und als ob plötzlich sich jeder Stein desselben in eine Perle verwandele. – Perlen aber, meine Mutter, Perlen bedeuten Tränen.

CLAUDIA. Kind! – Die Bedeutung ist träumerischer
65 als der Traum. – Warest du nicht von jeher eine grö-

ßere Liebhaberin von Perlen als von Steinen? –

EMILIA. Freilich, meine Mutter, freilich –

APPIANI *(nachdenkend und schwermütig)*. Bedeuten Tränen – bedeuten Tränen!

70 **EMILIA.** Wie? Ihnen fällt das auf? Ihnen?

APPIANI. Jawohl; ich sollte mich schämen. – Aber, wenn die Einbildungskraft einmal zu traurigen Bildern gestimmt ist –

EMILIA. Warum ist sie das auch? – Und was meinen
75 Sie, das ich mir ausgedacht habe? – Was trug ich, wie sah ich, als ich Ihnen zuerst gefiel? – Wissen Sie es noch?

APPIANI. Ob ich es noch weiß? Ich sehe Sie in Gedanken nie anders als so; und sehe Sie so, auch wenn
80 ich Sie nicht so sehe.

EMILIA. Also, ein Kleid von der nämlichen Farbe, von dem nämlichen Schnitte; fliegend und frei –

APPIANI. Vortrefflich!

EMILIA. Und das Haar –

85 **APPIANI.** In seinem eignen braunen Glanze; in Locken, wie sie die Natur schlug –

EMILIA. Die Rose darin nicht zu vergessen! Recht! recht! – Eine kleine Geduld, und ich stehe so vor Ihnen da!

Im folgenden 8. Auftritt gibt Graf Appiani auf Nachfrage Claudias den Grund für seine gedrückte Stimmung preis: Er hat versprochen, dem Rat seiner Freunde zu folgen und den Prinzen über seine bevorstehende Heirat mit Emilia zu informieren. Appiani ahnt, dass dieser Schritt ein Fehler sein könnte. Dies lässt vermuten, dass er das Interesse des Prinzen an Emilia erahnt und deshalb beunruhigt ist.

Methode	Leitfragen für die Dramenanalyse (2)

2 Figuren, Sprache, Gesprächssituation:
- In welcher **Beziehung** stehen die Figuren zueinander (persönlich, sozial über- oder untergeordnet usw.)?
- Um welche Themen geht es in dem Gespräch?
- Kommen die Figuren **gleichberechtigt** zu Wort? Wer ist initiativ, wer reagiert?
- Welche Absichten haben die Figuren? Wie **verhalten** sie sich?
- Welche **Gedanken und Gefühle** werden deutlich? Gibt es versteckte bzw. indirekte Botschaften, Verschleierungsversuche, Andeutungen oder Widersprüche usw.?
- Welche **Einstellungen** und **Haltungen** der Figuren kommen zum Ausdruck?
- Wie ist die **Sprache** der einzelnen Figuren (z. B. pathetisch, aggressiv, sachlich)? Welche **sprachlichen Mittel** werden mit welcher Absicht eingesetzt (z. B. rhetorische Fragen, Übertreibungen, Metaphern)?

3 Intention/Wirkung, Zeitbezug:
- Welche Intention hat die Szene? Wird ein Problem verdeutlicht? Hat sie eine besondere Wirkung auf das Publikum (weckt sie z. B. Mitgefühl)? Spielt der historische Kontext (Zeitbezug) eine Rolle?

2 **Analysiere die Gesprächssituation: Halte deine Ergebnisse stichwortartig fest:**

a Beziehung der Figuren (soziale Stellung)
Kreuze die richtige Aussage an:

A ☐ Graf Appiani gehört dem höheren Adel an und hat Zugang zur Welt des Hofes.
Sein sozialer Status ist höher als der der Galottis, die in einer bürgerlichen Welt leben.

B ☐ Als verarmter Adeliger will Appiani zu Geld kommen, indem er Emilia heiratet.

b Themen des Gesprächs

_____

_____

c Absichten:

Claudia: _____

Graf Appiani: _____

Emilia: _____

d Gefühle

„Emilia, Graf Appiani und Claudia sind voller Vorfreude auf die bevorstehende Hochzeit."
Begründe stichwortartig, für wen dieser Satz zutrifft, für wen weniger. Belege deine Einschätzung mit Textstellen, indem du Zeilenangaben notierst.

Emilia: _____

_____

Graf Appiani: _____

Claudia: _____

3 Die Figuren werden durch ihr Verhältnis zum Thema „Schmuck" charakterisiert.

a Markiere im folgenden Wortspeicher Begriffe, die zu dem Begriff „Brautschmuck" passen.

> bürgerliche Bescheidenheit • Welt des Hofes • hoher sozialer Status •
> Frömmigkeit • Natürlichkeit • Förmlichkeit • Tugend • Prunk

b Fasse in Stichworten zusammen, wie Emilia, Graf Appiani und Claudia zum Thema „Schmuck" stehen. Notiere Zeilenangaben.

Emilia: _____

Graf Appiani: _____

Claudia: _____

4 **a** Betrachte die Sprache des Grafen Appiani. Übertrage die folgenden Redebeiträge in heute geläufiges Deutsch.

APPIANI:

– „Ha! auch Sie hier, meine gnädige Frau! – nun bald mir mit einem innigern Namen zu verehrende!" (Z. 15–17)

– „Eben habe ich mich aus seinen Armen gerissen: – oder vielmehr, er sich aus meinen. – Welch ein Mann, meine Emilia, Ihr Vater! Das Muster aller männlichen Tugend! Zu was für Gesinnungen erhebt sich meine Seele in seiner Gegenwart!" (Z. 21–25)

_____
_____
_____
_____
_____
_____
_____

b Betrachte die Sprache von Emilia Galotti. Übertrage die folgenden Redebeiträge in heute geläufiges Deutsch.

EMILIA:

– „Ist dieser Tag keiner freudigern Aufwallung wert?" (Z. 8–9)

– „Nichts, gar nichts von dem Geschmeide, dem letzten Geschenke Ihrer verschwenderischen Großmut!" (Z. 53–55)

– „Ich könnte ihm gram sein, diesem Geschmeide, wenn es nicht von Ihnen wäre. Denn dreimal hat mir von ihm geträumet –" (Z. 56–59)

_____
_____
_____
_____
_____
_____
_____

5 Benenne die sprachlichen Mittel, die in den folgenden Äußerungen verwendet werden.
Du kannst Begriffe aus dem Wortspeicher verwenden.

> Übertreibung (Hyperbel) • Ausruf (Exclamatio) • rhetorische Frage •
> Symbol • Anapher • Personifikation • Metapher

Appiani: „ist mehr wert als mein ganzes Leben" (Z.10) _____

[der Hochzeitstag] „schwanger mit so viel Glückseligkeit für mich" (Z.11) _____

„Das Muster aller männlichen Tugend" (bezogen auf Odoardo Galotti) (Z.23–24) _____

Emilia: „So feierlich? so ernsthaft?" (Z.7–8) _____

– „Ist dieser Tag keiner freudigern Aufwallung wert?" (Z.8–9) _____

– „dem letzten Geschenke Ihrer verschwenderischen Großmut!" (Z.54–55) _____

– „[...] als ob plötzlich sich jeder Stein desselben in eine Perle verwandele" (Z.61–62) _____

6 Markiere, welche der folgenden Aussagen zur Sprechweise der Figuren zutreffen.
Notiere zu den richtigen Aussagen Belegstellen (Zeilenangaben).

A ☐ Die Sprache ist künstlich und komplex. So entsteht der Eindruck, dass die Figuren
sich nicht unmittelbar und frei aussprechen, sondern dass sie soziale Rollen erfüllen. Z. _____

B ☐ Die Sprache ist geprägt von Höflichkeit, Förmlichkeit, Komplimenten, Schmeicheleien. Es geht
eher um Gunstbezeugungen zur Anbahnung der Hochzeit als um den Ausdruck echter Gefühle. Z. _____

C ☐ Emilia und Claudia versuchen sich noch gewählter auszudrücken als Graf Appiani. Z. _____

D ☐ Appiani betont mit seiner eleganten, höfischen Redeweise
seine soziale Stellung und empfiehlt sich als geeigneter Bräutigam. Z. _____

7 Welche gesellschaftlichen Rollenbilder werden in der Szene deutlich?
Charakterisiere die Stellung und die Aufgaben des Familienvaters (Odoardo), der Mutter (Claudia),
des Schwiegersohnes/Ehegatten (Appiani) und der Tochter/Gattin (Emilia).

_____

_____

_____

_____

_____

_____

_____

_____

Schritt 2: Die Dramenszene schriftlich interpretieren

Methode	Schreibplan für die Analyse einer Dramenszene

Aufbau

- Nenne in der **Einleitung** die Textart, den Titel des Textes, den Autor/die Autorin, das Entstehungsjahr bzw. das Jahr der Uraufführung, die Szene und das Thema der Szene.
- Ordne die Szene im **Hauptteil** in den Handlungsverlauf des Dramas ein (Vorgeschichte, Folgen) und gib kurz ihren Inhalt wieder.
  Lege die Ergebnisse deiner Analyse sinnvoll geordnet dar, z. B. nach folgenden Aspekten: Figuren (und ihre Konstellation), Gesprächsverlauf, Sprache der Figuren. Belege deine Ergebnisse mit Zitaten.
- Ziehe zum **Schluss** z. B. ein Fazit oder erläutere die Funktion der Szene im Handlungsverlauf.

1
a Lies das folgende Beispiel einer Einleitung zur Analyse der Szene II, 4 (vierte Szene des zweiten Akts).
b Formuliere eine Einleitung zu einer Analyse der Szene II, 7. Schreibe ins Heft.

> *Die vorliegende vierte Szene aus dem zweiten Akt des bürgerlichen Trauerspiels „Emilia Galotti" von Gotthold Ephraim Lessing, uraufgeführt 1772, zeigt das Streitgespräch zwischen den Eltern Emilias am Tage vor deren Hochzeit. Thema der Szene ist die verschiedene Sicht der Eltern auf die Welt des Hofes. Die Mutter wünscht, dass die Tochter nahe bei ihr und damit in der Nähe des Hofes lebt. Sie ist stolz auf die Beachtung, die Emilia beim Prinzen findet. Der Vater hingegen wünscht sich für Emilia Distanz zur vergnügungssüchtigen Welt des Hofes und billigt den Plan seines zukünftigen Schwiegersohnes, mit Emilia aufs Land zu ziehen.*

2 Hauptteil: Ordne die Szene in den Handlungsverlauf des Dramas ein (▶ Aufgabe 1b auf S. 52).

> *In Lessings Drama geht es um den Konflikt zwischen den Machtansprüchen des absolutistischen Fürstenhofes und einem an Werten der Aufklärung orientiertem Bürgertum, das seine Vorstellungen von Tugend und Moral gegen Willkür der Adelsherrschaft durchzusetzen versucht. Prinz Hettore Gonzaga, Herrscher im Fürstentum Guastalla, möchte Emilia, Tochter von Claudia und Odoardo Galotti, zu seiner Geliebten machen ...*

3 Charakterisiere anhand deiner Gesprächsanalyse die Einstellungen und Haltungen der Figuren. Berücksichtige dabei auch die Stellungnahme zum Thema „Schmuck". Gehe auch auf Gefühle und Absichten der Figuren ein.

4 Stelle die Ergebnisse deiner sprachlichen Analyse dar (▶ Aufgabe 5, 6, S. 56).
Gehe auch auf gesellschaftliche Rollenbilder zur Zeit des Absolutismus ein, z. B. „Mann" – „Frau" ...
(▶ Aufgabe 7, S. 56). Beginne z. B. so:

> *Die Redeweise der Figuren zeigt, dass das Stück in der Zeit des Absolutismus in der städtischen Oberschicht spielt. Die Figuren drücken sich gewählt aus, die Kommunikation ist geprägt von Förmlichkeit und Höflichkeit ...*

5 Erarbeite den Schluss. Du kannst einen der folgenden Aspekte aufgreifen. Schreibe ins Heft.

A Fazit zur Funktion der Szene im Rahmen der Exposition, z. B.: Inwiefern trägt sie zur Charakterisierung der Figuren, zur Verdeutlichung des Grundkonflikts, zur Spannungssteigerung bei?

B Bewertung des Verhaltens einer Figur oder mehrerer Figuren, z. B.: Appianis Stillschweigen über die Gründe seiner Besorgnis, Claudias und Emilias Verschweigen von Emilias Begegnung mit dem Prinzen.

C Historischer Vergleich: Kommunikation zwischen den Figuren in der Szene im Vergleich mit heutiger Kommunikation. Oder: Rollenbilder bzw. Werte der Figuren in der Szene im Vergleich mit heutigen Rollenbildern oder Werten.

Was kannst du schon? – Grammatik

1 **a** Füge die Wortgruppen im Rahmen im richtigen Kasus in die Sätze ein. (5 Punkte)
b Unterstreiche Wortgruppen im Genitiv grün, im Dativ blau und im Akkusativ gelb. (5 Punkte)

Schützt Arrest vor Kriminalität?

Bei _____ ein Warnschussarrest werden jugendliche Straftäter auch

mit _____ eine Bewährungsstrafe für_____

eine kurze Zeit ins Gefängnis geschickt. Aufgrund _____

diese unangenehme Erfahrung sehen viele von _____ weitere Straftaten ab.

2 Streiche bei den folgenden Sätzen jeweils die Personalform im falschen Numerus durch. (4 Punkte)

Die Mehrzahl der Jugendlichen wird / werden nie straffällig. Eine kleine Anzahl junger Menschen wird / werden jedoch schon früh krimi-
nell. Der eine oder andere dieser Straftäter lässt / lassen sich durch
einfache Bewährungsstrafen aber nicht beeindrucken. Dieser Jugendliche sowie die Allgemeinheit soll / sollen durch den Warnschussarrest
vor weiteren Straftaten geschützt werden.

3 **a** Trage bei den beiden folgenden Sätzen das Verb in Klammern im richtigen Tempus ein. (2 Punkte)
b Notiere für jeden Satz, in welches Tempus du die Verben gesetzt hast. (2 Punkte)

A Während er im Gefängnis _____ (sitzen), dachte der Jugendliche über seine Taten nach.

B Nachdem er die Zeit im Arrest _____ (verbringen), wurde er nicht mehr straffällig.

A _____   B _____

4 Prüfe bei den folgenden Sätzen, ob in der indirekten Rede der Konjunktiv I oder II verwendet
werden muss. Streiche jeweils die falsche Form. (3 Punkte)

Ein Experte erklärt, man habe / hätte mit dem Warnschussarrest unterschiedliche Erfahrungen gemacht. Für ihn
sei / wäre aber entscheidend, dass die Richter damit häufig Erfolge erzielen können / könnten.

5 Unterstreiche im folgenden Text die Infinitivgruppen und setze die fehlenden Kommas. (3 Punkte)

Das Ziel des Warnschussarrests ist es jugendlichen Straftätern die Konsequenzen ihres Fehlverhaltens

nachdrücklich zu verdeutlichen. Zudem soll der Arrest bei dem jugendlichen Straftäter einen Impuls setzen

sein Verhalten zu ändern. Die Jugendlichen werden aus ihrem häufig „schädlichen Umfeld" herausgenommen

um zumindest einige Tage oder Wochen gezielt erzieherisch auf sie einzuwirken.

6 **a Dieser Satz ist unübersichtlich formuliert. Verbessere ihn stilistisch. (1 Punkt)**

Der Staat muss, wenn es Eltern gar nicht gelingt, sich angemessen um ihre Kinder zu kümmern, eingreifen.

b Forme diesen Schachtelsatz in zwei übersichtlichere Sätze um. (2 Punkte)

Nicht wenige Eltern machen den Fehler, dass sie ihren Kindern für unerwünschtes Verhalten harte Konsequenzen nur androhen, ohne diese Drohungen dann auch umzusetzen, wenn ihre Kinder sich danebenbenehmen.

c Notiere drei Synonyme, die du im folgenden Satz für „sagen" verwenden könntest. (3 Punkte)

Erziehungswissenschaftler sagen, dass junge Menschen Grenzen für ihr Verhalten erfahren müssen.

7 **a Füge die passende Konjunktion ein: „obwohl", „weil", „wenn", „denn", „indem". (5 Punkte)**
b Unterstreiche in den Sätzen die Nebensätze. (4 Punkte)
c Trage die fehlenden Kommas ein. (5 Punkte)

A Nicht alle halten einen Warnschussarrest für sinnvoll _____ Jugendliche mit Gefängnisstrafen ohne Bewährung werden häufiger rückfällig.

B Der Arrest trägt aus Sicht einiger Experten auch nicht zum Schutz der Opfer bei _____ er von den Richtern erst nach mehreren Wochen verhängt wird.

C _____ das wichtige Argumente sind befürworten andere den Warnschussarrest.

D _____ man die jugendlichen Straftäter für maximal vier Wochen inhaftiere würden ihnen die Folgen ihrer Taten drastisch vor Augen geführt.

E Schließlich sei es ja schon ein Erfolg _____ das auch nur bei einigen Tätern gelinge.

8 **a Überprüfe deine Lösungen mit Hilfe des Lösungsheftes. Für jede richtige Antwort bekommst du einen Punkt.**
b Trage ein, wie du die Aufgaben bewältigt hast: ✔ = das Meiste richtig   ? = noch etwas unsicher

Aufgabe	1	2	3	4	5	6	7
Weitere Übungen	Seite 60–61	Seite 60–61	Seite 65	Seite 63–64	Seite 74	Seite 68–69	Seite 70–75

Kasus und Numerus prüfen

Methode	Nomen und Pronomen: Den Kasus nach Präpositionen prüfen

Präpositionen fordern in der Regel einen **bestimmten Kasus,** d. h.: Das der Präposition folgende Wort oder die folgende Wortgruppe (z. B. ein Nomen mit Nomenbegleiter[n], ein Pronomen) muss in einem bestimmten Kasus stehen, z. B.:

- Den **Akkusativ** fordern: *bis, durch, für, gegen, ohne, um, wider;* z. B.: *Er verstößt gegen die Regeln.*
- Den **Dativ** fordern: *ab, aus, bei, gegenüber, mit, nach, nahe, seit, von, zu;* z. B.: *Bei einer Gewalttat sollte man nicht sofort eingreifen.*
- Einige Präpositionen stehen je nach Bedeutung mit **dem Dativ oder dem Akkusativ,** z. B.: *an, auf, hinter, in, neben, über, unter, vor, zwischen.*
  - Frageprobe: Bei „Wo …?" steht der Dativ, z. B.: *Ich bin in **der** Schule.*
  - Frageprobe: Bei „Wohin …?" steht der Akkusativ, z. B.: *Ich gehe in **die** Schule.*
- Den **Genitiv** fordern: *dank, mittels, seitens, außerhalb,* z. B.: *Innerhalb der Umzäunung geht es rund.* Einige Präpositionen mit Genitiv werden umgangssprachlich auch mit dem Dativ verwendet, z. B.: *wegen **seines** gewalttätigen Verhaltens / wegen **seinem** gewalttätigen Verhalten.*

1 **a** Streiche bei den folgenden Sätzen jeweils das Wort bzw. die Wortgruppe im falschen Kasus durch: Gefragt ist die Standardsprache, nicht die Umgangssprache.

b Kreuze an, welchen Kasus die Präposition fordert.

	Akkusativ	Dativ	Genitiv
A Viele sind unsicher, wenn sie mit eine / mit einer Gewalttat konfrontiert werden.	☐	☐	☐
B Bei einer / Bei eine Prügelei unter Schülern ist das nicht anders.	☐	☐	☐
C Fraglich ist, wann man sich für ein / für einem Opfer einsetzen sollte.	☐	☐	☐
D Schließlich möchte niemand wegen seinem beherzten / wegen seines beherzten Eingreifens verletzt werden.	☐	☐	☐
E Darum ist es häufig vernünftiger, zu einem / zu einen Lehrer zu gehen.	☐	☐	☐

2 Kläre für jedes Nomen den Kasus mit der Frageprobe. Notiere beides unter dem Satz und trage die Präposition und das Nomen (mit Artikel) bzw. das Pronomen ein.

A In + Schule   *In der Schule*   kommt es häufig zu Prügeleien.

Wo kommt es häufig zu Prügeleien? → Kasus: Dativ

B Besonders häufig passiert das auf + Schulhof _____

_____

C Da tritt ein Schüler dem anderen schneller gegen + Schienbein _____ , als der gucken kann.

_____

D Wenn der Geschädigte dann auf + er _____ einschlägt, ist die Prügelei sofort im Gange.

Methode	Übereinstimmung von Subjekt und Prädikat: Auf den Numerus achten

Das **Prädikat** (die gebeugte Verbform) hat **denselben Numerus** (Anzahl) **wie das Subjekt.** Sie müssen **kongruent** sein (übereinstimmen).
Wenn das Subjekt aus mehreren Teilen besteht, die mit *und* verbunden sind, steht das Prädikat in der Regel im Plural, z. B.: *Ben und sein bester Freund ärgern dauernd ihre Mitschüler.*

3 **a** Markiere in jedem der folgenden Sätze das Subjekt und prüfe: Singular oder Plural?
   b Streiche dann jeweils die Verbformen im falschen Numerus durch.

Mobbing verhindern

A Eine große Zahl von Schülerinnen und Schülern wird / werden irgendwann

im Laufe der Schulzeit einmal ein Opfer von Mobbingattacken.

B Mobbing zeichnet sich meist dadurch aus, dass eine Gruppe von Tätern

sich gegen eine einzelne Person wendet / wenden.

C Der gemobbte Schüler oder die gemobbte Schülerin kann / können sich

in der Regel nicht allein dagegen wehren.

D Deshalb soll / sollen Schülerinnen und Schüler sich in einem solchen Fall an Erwachsene wenden.

E Eine Lehrkraft oder ein Elternteil ist / sind nämlich meist sehr gut in der Lage, das Mobbing zu beenden.

F Das gelingt am besten, indem jeder einzelne Täter für das Mobbing hart bestraft wird / werden,

zum Beispiel durch Anordnung eines Schulverweises.

4 Setze in den folgenden Sätzen die Verben im Rahmen im richtigen Numerus ein.

Hinschauen, nicht wegschauen!

A Auch Mitschülerinnen und Mitschüler _____ können einem Mobbingopfer helfen.

B Allerdings _____ schauen die Mehrzahl der Schülerinnen und Schüler

häufig weg, wenn ein Schüler oder eine Schülerin gemobbt _____ werden.

C Jemand _____ machen sich aber mitverantwortlich, wenn er

oder sie dem Mobbingopfer nicht zur Seite _____ springen oder

nicht zumindest Hilfe _____ holen.

D Häufig reicht es aber schon, wenn die umstehenden Mitschülerinnen und Mitschüler den Tätern

deutlich _____ machen, dass sie mit ihrem Verhalten

nicht einverstanden _____ sein.

E Mobbingopfer _____ können jeder werden, darum _____ sein

Vorbeugung im Interesse eines jeden einzelnen Schülers wichtig.

Redewiedergaben richtig formulieren

Die direkte (wörtliche) Rede oder (Text-)Aussage einer anderen Person kannst du in unterschiedlicher Weise wiedergeben:

- **Indirekte Rede:** In einem einleitenden Hauptsatz wird gesagt, wessen Äußerung wiedergegeben wird. Die Wiedergabe der Äußerung erfolgt
  - in einem dass-Satz (möglicher Modus des Verbs: Indikativ oder Konjunktiv, ▶ S. 63), z. B.:
    Die Krankenkasse betont, dass übermäßiger PC-Konsum krank macht/mache.
  - oder in einem uneingeleiteten Nebensatz (im Konjunktiv), z. B.:
    Die Krankenkasse betont, übermäßiger PC-Konsum mache krank.
- **Paraphrase (Umschreibung):** Mit einer Paraphrase im Indikativ gibt man die Gedanken einer Person oder eines Ausgangstextes sinngemäß in eigenen Worten wieder. Durch sprachliche Signale wie *nach ihrer Meinung …, nach seiner Auffassung …* weist man darauf hin, dass es sich um eine fremde Äußerung handelt: *Nach Ansicht der Krankenkasse ist Aufklärung notwendig.*
- **Zitat:** Bei einem Zitat wird ein Teil der fremden Äußerung mit Anführungszeichen in den eigenen Satz eingebaut. Der Satz steht im Indikativ. Wie bei der Paraphrase gibt man einen Hinweis auf die Quelle der Äußerung: *IT-Verbände wenden sich gegen die „äußerst pauschalen" Aussagen der Krankenkassen.*

1   Markiere im folgenden Text Redewiedergaben in indirekter Rede <u>blau</u>, Paraphrasen <u>grün</u> und Zitate <u>rot.</u>

„Jugend 3.0" gefährdet – krank durch zu viel Medienkonsum!

Von Ulrich J. Zürcken

„Ich zocke lieber, statt langweilige Vokabeln zu lernen", gibt Alexa bereitwillig Auskunft. Ihr jüngerer Bruder Nathan gesteht, dass er sich sofort von seiner Matheaufgabe ablenken lässt, wenn sich sein Smartphone meldet. Das Handy wirke wie in die Handfläche eingewachsen, beschreibt die Mutter das Mediennutzungsverhalten ihrer Sprösslinge. Alle Aussagen zitiert der Film „Jugend 3.0 – mit Sicherheit im Netz", den jetzt eine große Krankenkasse vorgestellt hat. Ins Drehbuch eingeflossen ist eine Studie eines namhaften Meinungsforschungsinstituts, für die 1 000 Eltern Auskunft über den Medienkonsum ihrer Kinder im Alter von 12 bis 17 Jahren gaben. Immerhin 50 Prozent der Erziehungsberechtigten glauben, ihre Kinder sind zu oft und zu lange online. 80 Prozent aller Jugendlichen besitzen ein Smartphone, mit dem sie „rund um die Uhr erreichbar sind", wie der Film hervorhebt. Bei 17 Prozent der Jugendlichen vermuten die Eltern Anzeichen für eine Onlinesucht. Die Krankenkassen nehmen das Thema sehr ernst. Während die jungen Menschen sich mit digitalen Medien beschäftigen, bewegen sie sich zu wenig. Darunter leide ihre Gesundheit, bestätigen die Krankenkassen. Unter den Jugendlichen, die besonders häufig online sind, klagen immerhin 20 Prozent: „Ich habe Rückenbeschwerden!" Der Film zeigt auch, dass das Thema Mediennutzung in vielen Familien zu Konflikten führt. „Es gibt einen ständigen Kleinkrieg! Bei den Eltern herrscht ein Gefühl der Hilflosigkeit", hebt der Regisseur hervor. Mit dem Film, der unter anderem bei Youtube zu sehen ist, sollen sich Eltern, Lehrer und Jugendliche eine Meinung zu dem Thema bilden.

2   Untersuche, wie Äußerungen Dritter im Text oben verwendet werden. Erläutere deine Ergebnisse im Heft.

Der Konjunktiv I in der indirekten Rede

Äußerungen Dritter kannst du in der indirekten Rede wiedergeben. Das Verb steht im Konjunktiv I, z. B..
- **direkte Rede** – Indikativ: *Meine Schwester sagt: „Dieses Computerspiel macht mich aggressiv!"*
- **indirekte Rede** mit Konjunktiv I: *Meine Schwester sagt, das Spiel mache sie aggressiv.*

Bildung des Konjunktivs I: Stamm des Verbs (Infinitiv ohne -en) + entsprechende Personalendung:

Singular		Plural	
Indikativ Präsens	**Konjunktiv I**	**Indikativ Präsens**	**Konjunktiv I**
ich mach-e	*ich mach-e*	*wir mach-en*	*wir mach-en*
du mach-st	*du mach-est*	*ihr mach-t*	*ihr mach-et*
er/sie/es mach-t	*er/sie/es mach-e*	*sie mach-en*	*sie mach-en*

1 Notiere die folgenden Aussagen als indirekte Rede mit Konjunktiv I.

A „Ohne die WhatsApp auf meinem Handy weiß ich nicht, wo meine Freunde gerade sind", behauptet Nico.

Nico behauptet, ohne _____

_____

B Kinderärzte heben hervor: „Nur wenige Jugendliche kann man nicht zu jeder Tageszeit per Handy erreichen."

_____

_____

C Der Filmemacher sagt überrascht: „Offenbar schaltet ein Großteil der Jugendlichen das Handy niemals ab."

_____

_____

D „Wie sich das Medienverhalten auf die Gesundheit auswirkt, wird man bald feststellen", warnt der Kassenchef.

_____

_____

_____

2 **a** Forme die folgenden Sätze in dass-Sätze um. Schreibe in dein Heft.
   b Gib für deine Umformungen an, welchen Modus des Verbs (▶ S. 62) du verwendet hast.

A Man müsse Regeln für die Mediennutzung vereinbaren, fordern Erziehungswissenschaftler.

B Therapeuten warnen, die Suchtgefährdung durch medialen Dauerkonsum müsse man sehr ernst nehmen.

3 Formuliere die Information der Krankenkassen in indirekte Rede um. Wechsle zwischen dass-Sätzen und
●●● uneingeleiteten Nebensätzen im Konjunktiv! Schreibe in dein Heft.

Die Krankenkassen informieren: „Aufklärung hilft, die Nachteile intensiver Mediennutzung
zu erkennen. Ein angemessener Ausgleich erhält die Gesundheit. Sport, viel Bewegung
an der frischen Luft und gemeinsame Aktivitäten mit Freunden sind empfehlenswert."

Information   **Ersatzformen für den Konjunktiv I**

Wenn der **Konjunktiv I** (im Textzusammenhang) nicht vom Indikativ Präsens zu unterscheiden ist, werden der **Konjunktiv II** oder die **würde-Ersatzform** verwendet, z. B.:

Indikativ	Konjunktiv I	Konjunktiv II	würde-Ersatzform
Er sagt: „Netzwerke för- *dern soziales Handeln."*	*Er sagt, Netzwerke för-* *dern soziales Handeln.*	*Er sagt, Netzwerke för-* *derten soziales Handeln.*	*Er sagt, Netzwerke würden* *soziales Handeln fördern.*

Auch wenn der Konjunktiv II ungebräuchlich klingt, kann die würde-Ersatzform gewählt werden, z. B.:
Er empfähle jedem die Kontaktpflege. → Er würde jedem die Kontaktpflege empfehlen.

---

4   **Gib die Aussagen des Textes im Rahmen (A–C) in indirekter Rede wieder. Nutze die einleitenden Hauptsätze. Verwende den Konjunktiv II oder die würde-Ersatzform, wo es grammatisch notwendig oder stilistisch angemessen ist.**

> A Junge Menschen laufen durch die Fußgängerzone und lassen dabei nicht den Blick von ihrem Smartphone. Schülergruppen sitzen zusammen und tauschen gleichzeitig Textnachrichten mit anderen aus, die weit weg sind. Schon Kinder starren auf Displays.
>
> B Das sind heute vertraute Bilder. Smartphone, Facebook, WhatsApp begleiten Kindheit und Pubertät. Heutige Kinder und Jugendliche wachsen als Digital Natives von Anfang an mit mobilem Internet und in sozialen Netzwerken auf.
>
> C Hirnforscher warnen vor digitaler Demenz – doch überwiegen nicht die positiven Effekte?
>
> *Quelle: Philipp Sickmann, www.tagesspiegel.de (aufgerufen 8.1.2016)*

A Philipp Sickmann berichtet im „Tagesspiegel online", junge Menschen _____

_____

_____

B Er erklärt, dass _____

_____

C Der Journalist merkt an, _____

aber er fragt, ob _____

---

5   **Unterstreiche die Textstellen, an denen die würde-Ersatzform durch eine Konjunktivform ersetzt werden muss oder kann, und schreibe die richtige bzw. alternative Form darüber.**

●●●

A ☐ In einer aktuellen Umfrage in den USA geben viele Teenager an, sie würden durch den Umgang in Netz-werken selbstbewusster und extrovertierter handeln.

B ☐ Sie meinen, sie würden dadurch auch ein besseres Verhältnis zu Familie und Freunden haben.

C ☐ Sie sagen, sie würden weiterhin die direkte Kommunikation bevorzugen.

D ☐ Jugendliche erklären, wenn Facebook sie verärgern würde, würden sie in eine andere Community wechseln.

E ☐ Ein Medienpädagoge meint, die Probleme in der Pubertät würden die gleichen sein, egal ob on- oder offline.

Information	Tempuswahl in der indirekten Rede

- Das Tempus des <u>einleitenden Hauptsatzes</u> (Redebegleitsatz) beeinflusst das Tempus in der indirekten Rede nicht, z. B.:
  - Direkte Rede: *Sie <u>sagt/sagte/wird sagen</u>: „Die Jugendlichen **sind** befragt worden.“*
  - Indirekte Rede: *Sie <u>sagt/sagte/wird sagen</u>, die Jugendlichen **seien** befragt worden.*
- Das Tempus im Nebensatz der indirekten Rede richtet sich nach dem Tempus in der direkten Rede, z. B.:
  Er sagte: *„Die Studie <u>hat</u> überrascht.“* (Ind. Perfekt) → *Er sagte, sie <u>habe</u> überrascht.* (Konj. I Perfekt)
  Er sagte: *„Die Studie <u>wird</u> überraschen.“* (Ind. Futur) → *Er sagte, sie <u>werde</u> überraschen.* (Konj. I Futur).
  Beachte: Der Konjunktiv I Perfekt tritt auch für den Indikativ Präteritum sowie Plusquamperfekt ein, z. B.:
  Sie sagte: *„Ich <u>forschte</u> lange.“* (Ind. Prät.) → *Sie sagte, sie <u>habe</u> lange <u>geforscht</u>.* (Konj. I Perfekt)
  Sie sagte: *„Ich <u>hatte</u> lange <u>geforscht</u>.“* (Ind. Plusqu.) → *Sie sagte, sie <u>habe</u> lange <u>geforscht</u>.* (Konj. I Perf.)

6 Setze das Zitat in die indirekte Rede und wähle für den einleitenden Hauptsatz das passende Tempus.

Frau Prof. Clever erklärt: „Unser Institut hat in einer Langzeitstudie die Medienkompetenz von Jugendlichen untersucht.“

A **Bei der gestrigen Pressekonferenz** _____ Frau Prof. Clever, ihr Institut _____

_____

B Frau Prof. Clever _____ **bei der gerade laufenden Pressekonferenz, ihr Institut** _____

_____

C **Bei der bald stattfindenden Pressekonferenz** _____ , ihr Institut

_____

7 **a** Unterstreiche die Verben und trage in die rechte Spalte ein, in welchem Tempus sie stehen.
b Gib die Aussagen der Professorin in indirekter Rede wieder. Achte insbesondere auf die richtige Tempuswahl. Schreibe in dein Heft.

Frau Prof. Clever teilte in der Pressekonferenz mit:

Tempus

A „Experimente und Interviews unserer Studie <u>belegten,</u> wie vielfältig

Präteritum _____

sich Gewalt in Medien auswirkt.

B Zugespitzt kann man sagen: Wer intensiv Gewaltmedien konsumiert,

_____

wird sich wahrscheinlich insgesamt weniger sozial verhalten.

_____

C Es zeigte sich aber auch, dass sich solche Effekte positiv beeinflussen lassen.

_____

D Nachdem eine Gruppe Jugendlicher ein fünfwöchiges Medienkompetenztraining

_____

absolviert hatte, veränderte sich deren Verhalten signifikant.

_____

E Ob sich diese Effekte auch langfristig und wiederholt bestätigen,

_____

wird in weiteren Studien untersucht werden.“

_____

Texte überarbeiten: Arten der Redewiedergabe

1 Überprüfe im folgenden Text die Konjunktivformen in der indirekten Rede. Markiere falsche Konjunktivformen und notiere über dem Text die verbesserte Verbform.

VORSICHT FEHLER!

Facebook – Community oder Zeitkiller?

Bis auf wenige Ausnahmen wäre eigentlich jeder bei Facebook, sagt Bülent Meister. Wie viele andere Jugendliche nutzt der 16-Jährige das soziale Netzwerk. Er schätzt, etwa 300 Freunde hätte er dort. „So etwas vereint uns, weil einfach alle das haben", berichtet Bülent. Fast jeder in seiner Klasse würde zudem ein Smartphone besitzen. Er selbst hätte in der vierten Klasse sein erstes Handy bekommen, später hätten seine Eltern ihm

5 einen internetfähigen iPod geschenkt, Facebook-App und WhatsApp wären da inklusive gewesen. Beim Essen mit der Familie würde er seinen iPod aber aus der Hand legen, betont Bülent. Einige Mitschüler hätten sich von Facebook abgemeldet, manche wegen des NSA-Skandals, andere, weil es zu viel Zeit fressen würde und das Ablenkungspotenzial enorm ist. „Es macht Spaß und man erhält über Facebook ständig Neuigkeiten", so der Schüler. Andererseits vergäße man das Gelesene im flüchtigen Nachrichtenstream schnell wieder. Viel-

10 leicht würde er sich eines Tages auch aus der Community verabschieden, schließt Bülent.

2 **a** Die folgende Wiedergabe von Informationen aus einem Zeitungsartikel wirkt wenig abwechslungsreich: Markiere alle Konjunktivformen.
b Ersetze einige Konjunktivformen durch andere Arten der Redewiedergabe und formuliere einen flüssiger lesbaren Text. Achte auch auf abwechslungsreiche einleitende Hauptsätze.

Gewalttätig durch Brutalität in den Medien?

Frau Prof. Clever sagte im „Tagblatt-Forum", Eltern seien zwar besorgt über den Medienkonsum, wüssten jedoch wenig darüber. Sie sagte, dass die Medienindustrie daran interessiert sei, die aggressionsfördernden Wirkungen von Gewaltdarstellungen zu verharmlosen. Demgegenüber nenne die Waffenlobby die Gewalt in Medien als Sündenbock für die zunehmende Gewaltbereitschaft. Prof. Clever sagte auch, die Forschung verbreitere zwar ihre Datenbasis, es gebe aber noch offene

Fragen zu den Zusammenhängen. Gesichert sei aber, dass die Hilfsbereitschaft durch den Konsum gewalthaltiger Medien abnehme.

Teste dich!

Rund um die Redewiedergabe

1 a Kreuze für jeden Satz an, ob der Konjunktiv richtig oder falsch verwendet wurde. (5 Punkte)
b Schreibe die falschen Sätze verbessert in dein Heft. (3 Punkte)

	richtig	falsch
A Der Internetsoziologe sagt, das Online-Dasein gehöre heute zum Alltag.	☐	☐
B Er erklärt, was früher Zeit für den familiären Austausch gewesen wäre, würde heute Online-Zeit mit Freunden sein.	☐	☐
C Ohne Mobiltelefone würde es unterwegs gar nicht gehen, weil es kaum noch Telefonzellen gäbe.	☐	☐
D Die Lehrerin beharrt nachdrücklich darauf, dass es in der Schule onlinefreie Zeiten geben müsse, damit sich die Schülerinnen und Schüler auf den Unterricht konzentrieren könnten.	☐	☐
E In ihrer Schule würde deshalb auch weiterhin die Mobilfunknutzung konsequent verboten bleiben.	☐	☐

2 a Kreuze an, welche der Paraphrasen A bis C die Aussage der Lehrerin formal korrekt und inhaltlich angemessen wiedergibt. (1 Punkt)

> Wir sehen, dass Pausen nicht mehr zur Erholung genutzt, sondern Spiele gezockt werden – insbesondere von den jüngeren Schülern. Pausenaktivitäten wie Gespräche, Essen und Toilettengänge holen die Schüler dann während der Unterrichtszeit nach.

Vera Thies, Lehrerin

A ☐ Nach Aussage einer Lehrerin erfüllen die Pausen durch die Handynutzung nicht mehr ihre erholende Funktion, „insbesondere für jüngere Schüler".

B ☐ In der Kritik der Lehrerin steht, dass Schüler den Unterricht zur Pause machen, wenn „Pausen nicht mehr zur Erholung genutzt" werden.

C ☐ Nach Vera Thies ist die Pause nicht zum Spielen da, sondern für „Aktivitäten wie Gespräche, Essen und Toilettengänge".

b Begründe kurz, was an den beiden anderen Redewiedergaben formal nicht korrekt oder/und inhaltlich nicht angemessen ist. Schreibe ins Heft. (2 Punkte)
c Setze die Aussage der Lehrerin in die indirekte Rede. Verwende uneingeleitete Nebensätze mit dem Konjunktiv bzw., wo nötig, mit der würde-Ersatzform. Schreibe ins Heft. (3 Punkte)

Vergleiche deine Ergebnisse mit dem Lösungsheft. Für jede richtige Antwort bekommst du einen Punkt.

☺ 14–11 Punkte	☺ 10–7 Punkte	☹ 6–0 Punkte
Gut gemacht!	Gar nicht schlecht, aber lies dir die Informationskästen auf den Seiten 60 bis 66 noch einmal genau durch.	Arbeite die Seiten 60 bis 66 noch einmal genau durch.

Den Schreibstil verbessern

Gut lesbar und abwechslungsreich formulieren

Information	Satzbau: Schachtelsätze vermeiden

Zu einem guten Stil gehört es, Sätze übersichtlich zu formulieren. Das heißt z. B.,

- dass man **nicht mehr als sechs Wörter** zwischen zwei Teile eines Prädikats und zwischen Subjekt und Prädikat schieben sollte,
- und dass ein Satz **nicht länger** sein sollte, als beim lauten Lesen der Atem reichen würde, also z. B. **nicht:** *Heute werden Comics, nicht nur von Kindern, sondern auch von Jugendlichen und sogar Erwachsenen gern und bei vielen Gelegenheiten gelesen.* **Sondern** z. B.: *Heute werden Comics gern bei vielen Gelegenheiten (6 Wörter = Maximum) gelesen. Zu den Lesern zählen nicht nur Kinder, sondern auch …* (Einschub aufgelöst und zu einem eigenen Satz umgeformt).
- Auf **Einschübe (Nebensätze, Appositionen oder nachgestellte Erklärungen)** oder/und umfangreiche, **vorangestellte Attribute** sollte man verzichten, also z. B. **nicht:** *Diese äußerst beliebte und in vielen Variationen verfügbare Literaturgattung erfährt, aktuell noch aufgewertet durch die Graphic Novel, dauerhafte Wertschätzung seitens der Leser.* **Sondern** z. B.: *Diese Literaturgattung ist äußerst beliebt und in vielen Variationen verfügbar. Sie erfährt dauerhafte Wertschätzung seitens der Leser und wird aktuell …*

1 Die folgenden Schachtelsätze müssen überarbeitet werden.

a Analysiere jeden Satz. Gehe so vor:
  – Unterstreiche den Hauptsatz.
  – Markiere die Einschübe.

b Löse die Schachtelsätze auf und formuliere sie in mehreren Sätzen neu:
  Achte darauf, dass nicht mehr als sechs Wörter zwischen Subjekt und Prädikat oder zwischen zwei Teilen eines Prädikats stehen. Schreibe in dein Heft.

> Achte auf den **richtigen Satzbau.** Im **Hauptsatz** steht die Personalform des Verbs (das gebeugte Verb) immer an zweiter Satzgliedstelle, im **Nebensatz** an letzter Satzgliedstelle.

VORSICHT FEHLER!

Facharbeit: Sind Comics Literatur?

A Der nach Verkaufszahlen, allein in Deutschland über 100 Millionen Alben[1], beliebteste Comic ist die französische Serie „Asterix", von Autor René Goscinny und Zeichner Albert Uderzo geschaffen, dessen Titelheld, der mit seinem Freund Obelix viele Abenteuer erlebt, gleich in mehrfacher Hinsicht nicht dem Idealbild eines Helden entspricht.

B In Bezug auf Obelix muss, neben seinem äußerst korpulenten Erscheinungsbild, seine körperliche Stärke, wenngleich ganz unverdient erlangt, erwähnt werden, wobei auch seine Begriffsstutzigkeit legendär ist.

2 Stelle die zweitbeliebteste Comic-Serie knapp vor: „Lucky Luke". Verwende folgende Informationen und vermeide beim Formulieren Schachtelsätze. Schreibe ins Heft.

> erstmals 1946 veröffentlicht • Zeichner Morris •
> einsamer Cowboy • jagt Verbrecher • Pferd Jolly Jumper •
> Fähigkeit, den Colt schneller zu ziehen als sein Schatten •
> mehr als 30 Millionen verkaufte Alben in Deutschland

---

1 Album: gebundene Ausgabe eines Comic-Hefts

Information   **Wiederholungen vermeiden**

- Um einen Text gut und abwechslungsreich zu formulieren, ist es sinnvoll, die **Satzanfänge** zu **variieren** und häufig **wiederholte Wendungen** zu **ersetzen.**
- Ersetze sich wiederholende **Verben, Adverbien oder Adjektive** durch **Synonyme** (Wörter mit gleicher oder ähnlicher Bedeutung), z. B. *negativ → schlecht, pessimistisch, nachteilig, störend, ungünstig, ablehnend* usw. Zu prüfen ist allerdings immer, ob ein Synonym wirklich dieselbe Bedeutung hat. Nomen sollten nach Möglichkeit nicht durch Synonyme ersetzt werden, weil es meist keinen treffenden Ersatz gibt.

3 **a** Unterstreiche im Text Wörter oder Wendungen, die zu oft wiederholt werden.
  b Notiere sie unter dem Text und ergänze passende Synonyme.
  c Verbinde die Synonyme mit einer Linie mit den Textstellen, an denen sie eingefügt werden können.

Comic-Festivals

Für die deutschsprachige Comic-Szene gibt es einige wichtige Festivals. Der positive Trend der Branche spiegelt sich in der wachsenden Zahl der Künstler und Besucher. Den Comic-Salon Erlangen gibt es seit dem Jahr 1984. Damals präsentierten knapp 40 Zeichner ihre Comics und Cartoons. Inzwischen gibt es dort rund 200 Künstler/-innen. Für den positiven Eindruck des Festivals sorgen zahlreiche Veranstaltungen in der ganzen Stadt: Es gibt neben einer Comic-Tauschbörse auch Workshops, Lesungen und Filmabende. Ein besonders positives Erlebnis für jeden Zeichner ist die Auszeichnung mit dem Max-und-Moritz-Preis. Alle zwei Jahre im Juni gibt es diese wichtigste Auszeichnung für grafische Literatur im deutschsprachigen Raum.

A zu oft wiederholtes Verb: Synonyme:

_____   _____

B zu oft wiederholtes Adjektiv: Synonyme:

_____   _____

4 **a** Markiere im folgenden Text wiederholte Satzanfänge.
  b Überarbeite den Text: Wähle unten passende logische Verknüpfungen aus und schreibe den verbesserten Text ins Heft.

> Verzichte auf eine bloße Reihung der Gedanken mit „Des Weiteren" oder „Außerdem". **Verknüpfe Aussagen** stattdessen **logisch** (▶ S. 70).

Die Öffentlichkeit der Comic-Festivals nutzen auch die Cosplayer. Der Anglizismus „Cosplay" steht für „costume play" und meint das Hineinschlüpfen in das Kostüm und die Rolle einer Figur aus Manga, Computerspiel oder Film. Des Weiteren kann man sagen, dass Cosplayer eine Verkleidung benötigen, die möglichst exakt mit dem Original der Vorlage übereinstimmt. Auch Waffen oder Requisiten gehören dazu. Des Weiteren kann man sagen, dass die Cosplayerin sich nicht nur äußerlich, sondern auch in ihrem Verhalten der präsentierten Figur anpasst.

> Das Cosplay ist besonders gelungen, **wenn** ...
> Geschick beim Nähen, Schminken und Frisieren ist gefragt, **weil** ...
> Eine Cosplayerin imitiert ihre Lieblingsfigur, **indem** ...
> Cosplay ist ein buntes, fantasievolles Hobby, **obwohl** ...

Nebensätze richtig formulieren

Zusammenhänge herstellen mit Adverbialsätzen

Information	Logisch richtige Konjunktionen verwenden

Mit Hilfe von **Adverbialsätzen** kannst du Sachverhalte logisch verknüpfen oder begründen. Adverbialsätze sind **Nebensätze.** Sie werden mit einer **unterordnenden Konjunktion** (z. B. *weil, als, wenn, nachdem, damit, obwohl, indem, falls, sodass*) eingeleitet und durch **Komma** vom Hauptsatz getrennt. Die **Frageprobe** hilft, den logischen Zusammenhang zu klären und die richtige Konjunktion auszuwählen, z. B.:

Falls du ein Asterix-Fan bist, kennst du dich mit vielen Eigenheiten europäischer Völker ganz gut aus.
Unter welcher Bedingung? (Konditionalsatz: *wenn, falls, sofern*)

1 Formuliere drei Satzgefüge, die die logische Verbindung deutlich machen: Wähle für jedes zwei Informationen aus, die zueinander passen.

> USA, Belgien oder Frankreich: Aufblühen der Comic-Kultur nach dem Zweiten Weltkrieg

> Deutschland: kaum Veröffentlichungen von Comics in der Nachkriegszeit

> Comics bestehen zu großem Teil aus Bildern

> Kinder sollten möglichst wenig Comics lesen

> in Deutschland als niveauloser Kinderkram belächelt

> Kinder lernen, zusammenhängende Texte zu verstehen

A _____

_____

B _____

_____

C _____

_____

2 Überarbeite den Text, indem du falsch gewählte Konjunktionen durchstreichst und passende in der Randspalte notierst.

In den 1970er-Jahren änderte sich die comic-feindliche Atmosphäre in Deutschland, wenn das französische „Asterix" bekannt geworden war. Falls dieser Comic und auch amerikanische Comic-Serien das deutsche Publikum begeisterten, begannen nun auch deutsche Verlage, Comics zu publizieren. Erst damit diese Comics in Deutschland gelesen wurden, konnte endlich die Vielfalt dieses neuen Genres erkannt werden.

Methode	Texte überarbeiten: Verbstellung in Nebensätzen überprüfen

Im Nebensatz steht die **Personalform des Verbs** immer a**n letzter Satzgliedstelle,** z. B.:
Von vielen Comics gibt es unzählige Hefte, weil *die Leser immer neue Geschichten ihrer Helden* **wünschen.**

Achtung, **falsch:** *[...],* weil *die Leser* **wünschen** *immer neue Geschichten.*
Aber **richtig:** *[...],* denn *die Leser wünschen immer neue Geschichten. (Denn leitet einen Hauptsatz ein.)*

3 **a** Kreuze für jeden Satz an, ob die Satzstellung richtig oder falsch ist.
   b Schreibe, wo nötig, den verbesserten Satz auf.

VORSICHT
FEHLER!

	richtig	falsch
A Die Wiedervereinigung Deutschlands gab den Comic-Zeichnern in der BRD einen starken Impuls, weil in der DDR war eine viel größere Comic-Szene als in der BRD vorhanden.	☐	☐
B Im Osten wiederum waren bis dahin die Comics aus den westlichen Ländern fast unbekannt, weil das DDR-Regime stufte alles Westliche als feindlich ein und wollte es von den Bürgern fernhalten.	☐	☐
C Weil die Comic-Künstler im Osten unbeeinflusst von westlichen Comic-Moden zeichneten, wurden sie nach der Wiedervereinigung mit ihrem ganz eigenen Stil auch international bekannt.	☐	☐

_____

_____

_____

_____

_____

_____

4 Entscheide, je nach Verbstellung, ob „denn" oder „weil" eingesetzt werden muss.

Heiß geliebt und gesammelt: Alte Comics

A Das Comic-Geschäft erlebte in den 1990er-Jahren auch einen Boom durch Nostalgie-Käufe, _____ die

nun Erwachsenen erinnern sich an die wenigen Comics ihrer Kindheit. B _____ sich die Vorurteile

gegen Comics in Deutschland inzwischen gelegt haben, gibt es heute sogar Ausstellungen zu Comics und

ganze Museen, die sich dem Thema widmen. C Für Außenstehende besonders erheiternd sind die Festivals,

_____ auf diesen verkleiden sich Menschen erstaunlich echt als Comic-Figuren. D _____ nicht alle

Festival-Besucher ihre Kostüme selbst nähen können, gibt es hierfür vor allem im Internet vielfältige Anbieter.

Methode	Texte überarbeiten: Doppelung von Konjunktionen vermeiden

Der Satzbau wird oft fehlerhaft oder unübersichtlich, wenn zwei Konjunktionen direkt aufeinanderfolgen. Das lässt sich verbessern, indem man die logischen Verknüpfungen hintereinander ordnet, anstatt sie zu schachteln, z. B.:

Comics zu gestalten ist spannend, **weil wenn** *man Bilder nutzt, bleibt Freiraum für die Gedanken der Leser.*
———————— HS ———————— ———————— NS ———————— ———————— HS ————————

Comics zu gestalten ist spannend, **weil** *Freiraum für die Gedanken der Leser bleibt,* **wenn** *man Bilder nutzt.*
———————— HS ———————— ———————————— NS ———————————— ———————— NS ————————

5 **a** Unterstreiche jeweils den Hauptsatz und die einzelnen Nebensätze in unterschiedlichen Farben.

b Überarbeite: Formuliere den Satz so um, dass die Verschachtelung der Nebensätze aufgelöst ist.

A Beim Comic muss der Zeichner sich entscheiden, welchen Moment einer Handlung er darstellt, weil wenn man zeichnet, wählt man nur einzelne stehende Bilder aus einer bewegten Handlung aus.

_____

_____

_____

B Man malt nur genau so viele Bilder, dass wenn man sie hintereinander ansieht, im Kopf des Lesers selbst die Handlung als „Film" entsteht.

_____

_____

C Allerdings ist eine gute Geschichte für einen Comic genauso wichtig wie pfiffige Zeichnungen, weil wenn die Handlung nicht mitreißend ist, es den Leser nicht von einem Bild zum nächsten zieht.

_____

_____

_____

6 Nur einer der drei folgenden Sätze ist grammatisch richtig formuliert. Kreuze ihn an.

●●● Tipp: Wenn du unsicher bist, wie die Konjunktion „insofern" richtig eingesetzt wird, schlage im Rechtschreib-DUDEN nach.

VORSICHT FEHLER!

A ☐ Ein Comic ähnelt insofern dem Kino, als er eine Abfolge von Bildern zeigt.

B ☐ Ein Comic unterscheidet sich vom Kino insofern, dass er viele Bilder gleichzeitig zeigt.

C ☐ Die „Leinwand" des Comics ist insofern vielfältiger als die des Kinos, als dass Form und Größe jedes einzelnen Bildes frei festgelegt werden können.

dass-Sätze

Methode	Redewiedergaben mit *dass* richtig formulieren

Mit einem „dass"-Satz kann man Äußerungen Dritter wiedergeben, z. B.:
*Ein Verleger erklärt, **dass** die Vermarktung von Comics kein Selbstläufer ist.*
Die Konjunktion *dass* leitet einen Nebensatz ein und wird mit Komma vom Hauptsatz getrennt. Der Nebensatz kann vor, innerhalb oder nach dem Hauptsatz stehen, z. B.:
***Dass** die Vermarktung von Comics kein Selbstläufer ist, erklärt ein Verleger.*
*Die Erklärung, **dass** die Vermarktung von Comics kein Selbstläufer ist, überrascht einige Comic-Fans.*

1 Die folgenden Aussagen sollen in einer Facharbeit wiedergegeben werden. Wähle zu jedem Redebegleitsatz eine passende Aussage und gib die Aussagen in <u>dass</u>-Sätzen wieder.

Carl Komisch, Vertriebsleiter eines Comic-Verlags, gibt Auskunft über seine Arbeit:

A „Niveauvolle Comics haben eine noch geringere Auflage als anspruchsvolle Romane."
B „Ich könnte diese Comics nicht erfolgreich vermarkten, wenn ich selbst nicht ehrlich begeistert von ihnen wäre."
C „Meine Aufgabe ist es, Comics vor allem über Besprechungen in Zeitungen und Online-Foren zu vermarkten."
D „Ich habe mein Hobby zum Beruf gemacht und arbeite in einem Comic-Verlag."

A Carl Komisch berichtet erfreut, dass _____

_____

> Du kannst in einer Redewiedergabe mit *dass*-Satz sowohl den Indikativ als auch den Konjunktiv verwenden (▶ S. 63 f.).

_____

B Er weist darauf hin, _____

_____

C Er beschreibt, _____

_____

D Er betont, _____

_____

2 Überarbeite: Formuliere den Text abwechslungsreicher, indem du die <u>dass</u>-Sätze an unterschiedliche Stellen im Satzgefüge einfügst. Schreibe ins Heft.

Carl Komisch hebt abschließend hervor, dass fast alle, die in der Comic-Branche tätig sind, schon als Jugendliche

begeisterte Comic-Fans waren. Er stellt aber gleichzeitig richtig, dass es nicht ausreiche, Comic-Fan zu sein, um in

der Branche erfolgreich zu sein. Carl Komisch dämpft zu große Hoffnungen, indem er darauf hinweist, dass nur ein

verschwindend geringer Teil der Comic-Fans das Hobby zum Beruf machen könne.

Infinitivgruppen

| Information | **Die Infinitivgruppe** (auch: satzwertiger Infinitiv, Infinitivsatz) |

Eine Infinitivgruppe besteht aus einem **Infinitiv mit „zu"** und mindestens einem weiteren Wort, z. B.:
Viele Zeichner beginnen schon als Jugendliche, eigene Comics zu zeichnen.
Infinitivgruppen <u>darf</u> man immer durch **Komma** vom Hauptsatz trennen. Ein **Komma muss** stehen,
- wenn die Infinitivgruppe durch *um, statt, anstatt, außer, als, ohne* eingeleitet wird, z. B.:
  Es gibt keine spezielle Ausbildung, um Comic-Zeichner zu werden.
- wenn die Infinitivgruppe von einem **Nomen** oder von einem **hinweisenden Wort** abhängt (z. B. *daran, darauf, es*), z. B.: *Es ist hilfreich, ein Studium der Grafik oder Illustration zu absolvieren.*

1 Ersetze die indirekte Rede durch Infinitivgruppen.

Der Comic-Zeichner Mawil erklärt in einem Interview, er entwerfe Comics wie Filme.

Der Comic-Zeichner Mawil erklärt in einem Interview, Comics wie Filme zu entwerfen.

A Seine Empfehlung lautet, man solle Comics mit mehr Größenwahn und mehr Hollywood ausstatten.

_____

B Er verrät, er achte besonders auf das richtige Timing.

_____

C Mawil nennt als bewährten Trick, dass er Zeitraffer und Pausen in seinen Comics bewusst einsetze.

_____

2 **a** Unterstreiche im folgenden Text die Infinitivgruppen.
b Setze die fehlenden Kommas.

Seine Eigenart Geschichten über liebenswerte Verlierer zu erzählen brachte Mawil die Bezeichnung „der Woody Allen des deutschen Comics" ein. Dabei spielte vielleicht auch die Äußerlichkeit wie Woody Allen eine Brille zu tragen eine Rolle. Tatsächlich hat Mawil Spaß daran eigene Schwächen aufzugreifen. Anstatt sein „Schtttotttern" zu verheimlichen hat er über die Probleme als Kind und den Besuch einer Sprachheilschule einen Comic gezeichnet. Er scheute sich auch nicht selbstironisch die Zeiten von Liebeskummer oder das Leben als Zeichner zu dokumentieren. Seine Kindheit in Ost-Berlin hatte für Mawil die Folge den Mauerfall als 13-Jähriger mitzuerleben. Ohne exakt autobiografisch zu erzählen basiert sein neues Buch „Kinderland" auf Mawils eigener DDR-Jugend.

3 Vergleiche die beiden Beispielsätze und kreuze an, welche Regeln zutreffen.
●●●

Er hat Angst, bei seiner Rede zu stottern. – Er hat Angst, dass du sein Stottern bemerkst.

A ☐ Beim Infinitiv mit „zu" haben beide Verben dasselbe Subjekt.

B ☐ Beim Infinitiv mit „zu" können der Hauptsatz und der Nebensatz unterschiedliche Subjekte haben.

C ☐ Wenn das Verb im Nebensatz ein anderes Subjekt hat, muss man einen „dass"-Satz formulieren.

Relativsätze

Information	**Näher erklären mit einem Relativsatz** (auch: Attributsatz)

Relativsätze sind Nebensätze, die ein vorausgehendes Bezugswort (Nomen oder Pronomen) näher erklären.
Sie werden mit einem **Relativpronomen** eingeleitet, z. B. *der, die, das, welcher, welche, welches.*
Ein Relativsatz wird **immer** durch ein **Komma** vom Hauptsatz getrennt. Eingeschobene Relativsätze werden
durch zwei Kommas abgetrennt, z. B.: *Der Comic-Zeichner Mawil, der richtig Markus Witzel heißt, erhielt 2014
den Max-und-Moritz-Preis für das beste deutschsprachige Comic-Album.*
Relativsätze nehmen im Satz die Rolle eines Attributs ein und werden deshalb auch Attributsätze genannt.

1 **a** Unterstreiche im Text die Relativsätze.
   b Setze die fehlenden Kommas.

Mawils und Mircos Kinderland

VORSICHT FEHLER!

Markus Witzel hat einen Comic über Mirco Watzke geschrieben der wie der Autor leidenschaftlich Tischtennis spielt. Eine weitere Gemeinsamkeit die Autor und Protagonist verbindet ist der Ablauf des ersten Westbesuchs nach dem Mauerfall: Beide Jungen welche
1989 als Siebtklässler in Ost-Berlin leben kaufen sich im Westen als Erstes einen Tisch-
⁵ tennisschläger. Über 30 Seiten dieses umfangreichen Comic-Buches an dem der Zeichner sechs Jahre lang gearbeitet hat widmen sich einem einzigen Tischtennismatch. Dank
seiner Tischtennisbegabung kann Mirco der die „Angabe des Todes" beherrscht sich als
schüchterner Brillenträger Respekt verschaffen. Mircos Kinderland dessen Alltag auch
von Pionierversammlungen und linientreuen Russischlehrerinnen geprägt wird gibt es
¹⁰ nach dem Ende der DDR nicht mehr.

2 Setze die richtigen Relativpronomen ein. Achte auf den richtigen Kasus (▶ S. 60).

Der neue Mitschüler, mit _____ Mirco schließlich als Doppelpartner spielt, ist ein lässiger, selbstbewusster Typ.

Gegen den Widerstand der strengen Lehrerin, für _____ der Tischtennissport nicht förderungswürdig ist, pla-

nen die beiden ein großes Schulturnier, bei _____ Mirco und Torsten siegen wollen. Zu Mircos Schulkameraden

zählt die Streberin Angela, hinter _____ der Leser die junge Angela Merkel vermuten darf.

3 Umkreise in den folgenden Satzgefügen das korrekte Relativpronomen.
●●

Mirco, dessen / deren Eltern sich in der Kirche engagieren, muss bei

den Messdienern mitmachen. Seine Eltern, dessen / deren Einstellung

gegenüber dem SED-Regime kritisch ist, verlangen auch, dass er Klavier

lernt. In den Augen seiner Mitschüler, dessen / deren Spitzname für

Mirco „Heulsuse" lautet, macht ihn das zum Außenseiter. Vor allem

Dominik und Karsten, dessen / deren Schikane Mirco ertragen muss, halten ihn für ein „Muttersöhnchen".

> Das **possessive Relativpronomen**
> ist abhängig vom Bezugswort:
> maskulines Bezugswort: *dessen;*
> feminines Bezugswort: *deren;*
> neutrales Bezugswort: *dessen;*
> Bezugswort im Plural: *deren.*

Teste dich!

Nebensätze richtig formulieren

1 Kreuze für jede der Regeln an, ob sie richtig oder falsch ist. (5 Punkte)

	richtig	falsch
A Die Konjunktion „denn" leitet einen Nebensatz ein.	☐	☐
B Wenn die Infinitivgruppe durch „anstatt" eingeleitet wird, muss ein Komma stehen.	☐	☐
C Der Relativsatz beschreibt die Relation zwischen Hauptsatz und Nebensatz.	☐	☐
D Im Nebensatz steht das finite Verb an zweiter Stelle.	☐	☐
E In einem Satz sollten nicht mehr als sechs Wörter zwischen den Teilen der Prädikatsklammer stehen.	☐	☐

2 Welche Art der logischen Verknüpfung wird in den Sätzen ausgedrückt? Trage den Buchstaben ein. (4 Punkte)

Begründung: ☐   Bedingung: ☐   Folge: ☐   Ziel/Absicht: ☐

A Viele Zeichner können nicht allein von Comics leben, sodass sie auch andere Grafikarbeiten übernehmen.

B Damit sie Comics schreiben kann, hat selbst die preisgekrönte Autorin Isabel Kreitz einen Brotjob.

C Viele ihrer Comics spielen in Hamburg, weil Isabel Kreitz dort geboren wurde und seit vielen Jahren lebt.

D Falls dich interessiert, was Kinder und Jugendliche in der Nachkriegszeit erlebt haben, lies ihr Werk „Rohrkrepierer – Eine Jugend auf St. Pauli".

3 Setze die fehlenden Kommas. (8 Punkte)

Rohrkrepierer – Eine Jugend auf St. Pauli

Kalle wächst in den 1950er- und 1960er-Jahren in St. Pauli auf während überall in Deutschland die Mütter das Überleben organisieren. Die Väter falls sie wieder auftauchen sind oft kriegsgeschädigt was sie in den Alkohol flüchten lässt. Die Last zwischen zerbombten Gebäuden und zerstörten Familien aufzuwachsen bedeutet für Kalle und seine Kumpel auch eine ungeheure Freiheit: Auf sich allein gestellt ziehen sie durch St. Pauli und entdecken ohne von den üblichen bürgerlichen Moralvorstellungen umgeben zu sein die erste Liebe und andere Abenteuer.

Vergleiche deine Ergebnisse mit dem Lösungsheft. Für jede richtige Antwort bekommst du einen Punkt.

☺ 17–13 Punkte	☺ 12–8 Punkte	☹ 7–0 Punkte
Gut gemacht!	Gar nicht schlecht, aber lies dir die Informationskästen auf den Seiten 67 bis 75 noch einmal genau durch.	Arbeite die Seiten 67 bis 75 noch einmal genau durch.

Texte überarbeiten: Den Schreibstil verbessern

1 **Für den folgenden Text sind in der Randspalte Fehler ausgewiesen. Markiere diese Fehler im Text.**

a Notiere Verbesserungen für die Wiederholungen, die Grammatik- und Logik-Fehler
in der Randspalte.

V O R S I C H T
FEHLER!

Comics aus Japan: Mangas	Fehlertyp	Überarbeitungen
Seit den 1990er-Jahren des 20. Jahrhunderts gibt es auch in		
Deutschland Mangas, eine Comic-Art der aus Japan stammt.	Z/Gr	
Übersetzt heißt Manga „zwangloses ungezügeltes Wort" und es	Z	
bezeichnet in Japan alle Arten von Comics, nicht nur die spezielle	Sb	
5 Art die man hier in Deutschland darunter versteht die eben eine	Z/Z/Wdh	
besondere Art zu zeichnen meint und von hinten gelesen wird was	Z, Wdh	
aber in Japan sowieso ganz normal ist. Viele Manga-Serien haben		
inzwischen auch in Deutschland Kult-Status, weil sie haben oft	Gr/Wdh	
keine normalen Geschichten, sondern sehr fantasievolle oder	Wdh	
10 verrückte Ideen. Zum Beispiel schreibt Yūsei Matsui die Serie		
„Assassination Classroom", in dem ein Außerirdischer, der schon	Gr	
den Mond zerstört hat Lehrer der schlechtesten Klasse Japans	Z	
wird, bevor er auch die Erde vernichten will. Die Klasse muss nun		
den Versuch starten ihn zu töten, wenn die Welt gerettet wird.	Z/Logik?	
15 Interessanterweise entpuppt sich dieser Alien aber als sehr		
begabter und zugewandter Lehrer. Matsui sagt dazu, dass er		
versucht, klassische Heldentypen zu vermeiden. Er sagt, er	Wdh / Stil	
gestalte stattdessen möglichst ausgewogene Figuren. Er sagt dass	Z, Wdh	
dabei dann niedlich-böse oder lustig-schlechte Helden entstünden.		

b **Überarbeite den gesamten Text:**
- „Knacke" den Schachtelsatz in den Zeilen 3 bis 7: Formuliere ihn um.
- Überarbeite die Zeilen 16 bis 19 stilistisch, indem du abwechslungsreiche Redebegleitsätze findest und
sie an unterschiedliche Positionen im Satz stellst.
Schreibe den überarbeiteten Text in dein Heft und achte besonders auch auf die Zeichensetzung.

Was kannst du schon? – Rechtschreibung

1 **a** Schreibe die Sätze A bis E in dein Heft ab.
Prüfe die Großschreibung mit der Probe: Gibt es Nomenbegleiter? (5 Punkte)
b Unterstreiche in jedem Satz die Nominalisierung. (5 Punkte)

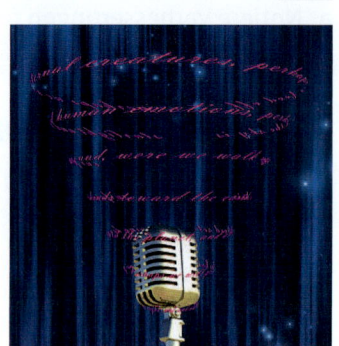

A JULIUS HAT BEI SEINER ANMELDUNG ZUM POETRY-SLAM NEUES ERFAHREN.

B WICHTIG IST VOR ALLEM AUSDRUCKSVOLLES SPRECHEN.

C OHNE MODERATION ENTSTEHT BEIM SLAM EIN CHAOTISCHES HIN UND HER.

D WÄHREND DES VORTRAGS IST DAZWISCHENRUFEN STÖREND.

E NACH SEINEM AUFTRITT HÖRTE JULIUS EIN LAUTES „BRAVO".

2 Umkreise bei farbig unterlegten Wörtern den richtigen Anfangsbuchstaben. (13 Punkte)

Ist Rechtschreibung überbewertet?

Während manche behaupten, r / Rechtschreiben werde überbewertet, halten andere richtige Orthographie für

ein m / Muss für j / Jung und a / Alt. Einige Banken zum Beispiel recherchieren bei neuen Kunden im Netz nach

g / Geschriebenem, um von deren Bildung auf ihre Kreditwürdigkeit zu schließen. Das kann j / Jemandem bei

Rechtschreibunsicherheiten a / Angst und b / Bange machen. Nach mehreren Rechtschreibreformen ist manch

einer dauerhaft u / Unsicher. Einige literarische Texte, etwa von Bertolt Brecht, darf man bis auf w / Weiteres

nur in der nicht r / Reformierten Rechtschreibung abdrucken. Über k / Kurz oder l / Lang verliert da jeder einmal

die Orientierung und schlägt im Wörterbuch nach.

3 Im Text von Aufgabe 2 kommt das Fremdwort für Rechtschreibung vor: Notiere es hier und
schreibe auch die eingedeutschte Schreibung des Fremdwortes auf. (2 Punkte)

Fremdwort: _____

eingedeutschte Schreibung: _____

4 Prüfe die folgenden Schreibweisen der Tageszeiten und Wochentage:
Jeweils eine ist falsch geschrieben, streiche sie durch. (6 Punkte)

VORSICHT
FEHLER!

A am kommenden Montag – am Kommenden Montag

B vor Einiger Zeit – vor einiger Zeit

C Samstagnacht – Samstag Nacht

D jeden Dienstag – jeden dienstag

E heute Morgen – Heute Morgen

F am gestrigen Abend – am Gestrigenabend

5 Schreibe die Eigennamen und Herkunftsbezeichnungen richtig ins Heft. (6 Punkte)

Am 1.8.2006 ist IN DEUTSCHLAND, ÖSTERREICH UND DER SCHWEIZ sowie

IN ALLEN ANDEREN DEUTSCHSPRACHIGEN TEILEN EUROPAS

die Neuregelung der deutschen Rechtschreibung in Kraft getreten,

die VOM RAT FÜR DEUTSCHE RECHTSCHREIBUNG, der für die Orthografie

verbindlichen zwischenstaatlichen Instanz, erarbeitet wurde.

Nach dem BESCHLUSS DER STÄNDIGEN KONFERENZ DER KULTUSMINISTER

DER LÄNDER IN DER BUNDESREPUBLIK DEUTSCHLAND galt eine einjährige

Übergangsfrist, bevor die neue Rechtschreibung an DEUTSCHEN SCHULEN

notenrelevant wurde. Am 31.7.2009 ist diese Frist auch an SCHWEIZER UND

LIECHTENSTEINISCHEN SCHULEN abgelaufen.

6 Drei der Wörter mit Fragezeichen werden zusammengeschrieben. Schreibe sie auf. (3 Punkte)

Handschrift – eine vergessene Kunst

Schon in der Grundschule sollen Schüler/-innen sauber?schreiben. Manche lang?weilen sich dabei.

Zunehmend ist zu beobachten, dass Kindern, aber auch Erwachsenen eine schöne, individuelle Handschrift

abhanden?kommt. In Finnland bevorzugt man es, dass Schüler/-innen nur noch tippen?lernen.

Kritisch?beäugen dies Lehrkräfte in deutschen Schulen. Sie heben hervor, dass sie diese Schreibmethode

nicht statt der Handschrift ein?führen wollen.

Zusammengeschrieben werden: _____

_____

7 a Kreuze für jede Zeile an: Welche Strategie hilft, die richtige Schreibweise zu klären?
 Tipp: Kreuze, wo nötig, zwei Strategien an. (5 Punkte)
 b Notiere das richtige Wort rechts. (3 Punkte)

	zerlegen	ableiten	verlängern	
A Ste-?hvermögen	☐	☐	☐	_____
B Gleu?äubiger	☐	☐	☐	_____
C ent?dgültig	☐	☐	☐	_____

8 a Überprüfe deine Lösungen mit Hilfe des Lösungsheftes. Für jede richtige Antwort bekommst du einen Punkt.
 b Trage ein, wie du die Aufgaben bewältigt hast: ✔ = das Meiste richtig   ? = noch etwas unsicher

Aufgabe	1 ☐	2 ☐	3 ☐	4 ☐	5 ☐	6 ☐	7 ☐
Weitere Übungen	Seite 80	Seite 80	Seite 92	Seite 81	Seite 82	Seite 84–86	Seite 89

Groß- und Kleinschreibung

Methode	Nominalisierungen und Denominalisierungen

Verben, Adjektive, Adverbien und Wörter anderer Wortarten schreibt man in der Regel **groß,** wenn sie **im Satz als Nomen gebraucht** werden. Du erkennst eine **Nominalisierung** meist an ihrem **Begleitwort.**
Das kann z. B. sein:

- ein **Artikel,** z. B. *das Zuhören, das Für und Wider.*
- ein **Pronomen,** z. B. *dieses Suchen, etwas Faszinierendes.*
- ein **Adjektiv,** z. B. *viel Originelles, langes Zögern.*
- eine **Präposition,** z. B. *beim (bei + dem) Reisen, im Allgemeinen.*

Tipp: Nicht jedes nominalisierte Wort wird durch einen Nomenbegleiter angekündigt. Mache die **Probe:** Wenn du einen **Nomenbegleiter** (z. B. einen Artikel) ergänzen kannst, schreibst du groß, z. B.:
In der Schule bereitet mir (das/intensives) Theaterspielen große Freude.

Wörter, die formgleich als Nomen vorkommen, aber selbst keine Merkmale von Nomen aufweisen **(Denominalisierungen),** schreibt man **klein,** z. B.: *kraft seines Amtes als Theaterdirektor, zeit seines Lebens als Schauspieler.*

---

 1 Einige der Wörter in Großbuchstaben sind Nominalisierungen: Markiere sie.
Tipp: Wende die Probe an, falls kein Nomenbegleiter vorhanden ist.

Alles Theater? Rumoren im Zuschauerraum

Klagen über mangelndes BENEHMEN von Theaterbesuchern sind so ALT wie die Kunst selbst. Man beanstandet HUSTEN, KNISTERN, FLÜSTERN. Nun sehen sich die Schauspieler auf der Bühne neuerdings etwas STÖRENDEM ausgesetzt, das kaum zu STOPPEN ist:
5 dem Smartphone. Unter den ZUSCHAUENDEN sind viele daran gewöhnt, ständig ONLINE zu sein. Durch KOMBINIEREN von Geräuschen, Kamerafunktionen und leuchtenden Displays sind die TECHNISCHEN Geräte im Zuschauerraum für die Schauspieler immer IRRITIEREND. „Wenn man auf der Bühne steht, sieht man jeden
10 EINZELNEN, der Textbotschaften VERSCHICKT." Dann wisse man sofort, dass ein konzentriertes WAHRNEHMEN des Bühnengeschehens unmöglich ist. Bei Umfragen zum Thema „Theater als handyfreie Zone?" fand man heraus, dass TELEFONIEREN und lautes SPRECHEN Theatergäste am meisten störten. Allerdings lag der Prozentsatz derer, die das TEXTEN und FOTOGRAFIEREN in Ordnung fanden, im zweistelligen Bereich. Ausdrückliches AUS-
15 WEISEN von Tweet Seats in den HINTEREN Reihen war dagegen der Einfall eines Broadway-Produzenten. Ausgiebiges TWITTERN während des Stückes war hier nicht nur erlaubt, sondern sogar gewünscht.

 2 Markiere in den folgenden Sätzen die Nominalisierungen grün und die Denominalisierungen gelb.

So etwas habe ich zeit meines langen Lebens als Theaterfan noch nicht erlebt: Gestern erhob sich mitten in der Vorstellung ein Jugendlicher zum Aufladen seines Smartphones – in einer Steckdose auf der Bühne. Erst war Totenstille, dann lachte Groß und Klein gleichermaßen laut los. Nur am Rande sei bemerkt, dass die Steckdose eine Requisite ohne Strom war. Das war wirklich das Letzte! Aber es war dem jungen Mann nicht im Geringsten peinlich. Wer ist eigentlich schuld an solchem Fehlverhalten? Diejenigen Eltern, denen alles recht ist, solange sie selbst ihre Ruhe haben? Oder die Lehrenden in den Schulen, die das Besuchen eines Theaters zu selten veranlassen? Wer höfliches und angemessenes Verhalten nicht von klein auf lernt, wird als Erwachsener keine Rücksicht auf andere nehmen wollen. Ich bin es leid! Vielleicht gibt es im Theater bald Popcorn und Nachos wie im Kino? Da wird es jedem Theaterfreund angst und bange …

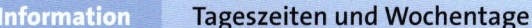

Information	Tageszeiten und Wochentage

- Bezeichnungen für **Tageszeiten und Wochentage** werden **großgeschrieben,** wenn sie **Nomen** sind.
  Du erkennst ein Nomen an seinem **Begleitwort** (Probe ▶ S. 80). Das kann z. B. sein:
    – ein **Artikel,** z. B. *der* Montag, *die* Sonntage,
    – ein **Pronomen,** z. B. *diesen* Montag, *jeden* Freitag,
    – ein vorangestelltes **Adjektiv,** z. B. *letzten* Montag,
    – eine **Präposition,** z. B. *gegen* Abend, *am (an + dem)* Morgen.
- **Tageszeiten und Wochentage** werden **kleingeschrieben,** wenn sie **Adverbien** sind, z. B.:
  heute, mittags, montags.
- Bei **kombinierten Angaben** schreibt man die **Adverbien klein** und die **Nomen groß,** z. B.:
  heute Morgen, gestern Mittag.
- **Für zusammengesetzte Zeitangaben aus Wochentagen und Tageszeit** gilt:
    – Nomen werden großgeschrieben, z. B. *am Sonntagabend,*
    – Adverbien werden kleingeschrieben, z. B. *sonntagabends.*

3 Prüfe die Schreibung der Tageszeiten und Wochentage im folgenden SMS-Dialog:
a Umkreise falsche Schreibweisen.
b Notiere jeweils die Verbesserung und begründe die richtige Schreibweise.

VORSICHT
FEHLER!

Verabredung mit Hindernissen

Hi, lass uns (morgen mittag) in den Döner-Grill
gehen. Muss dir was erzählen! Lol Adriane

A Habe leider Mittags einen Zahnarzttermin.
Wie wär's Mittwoch Mittag? CU Birsen

morgen Mittag – Adverb + Nomen

_____

_____

B Geht nicht, habe Nachmittags Training
wegen des Spiels am samstag. A.

C Dann am abend bei Pia? B.

_____

_____

_____

D Sorry, nach dem Training bin ich alle. Könnte
Donnerstagfrüh vor 9:00 oder Spätabends. A.

E Habe zur ersten und muss Früh ins Bett.
Schreibe Übermorgen die Mathearbeit. B.

_____

_____

_____

_____

F Dann wäre doch freitagabend genau richtig?! A.

G Da ist Party bei Andy. Kann bis mitternacht
dauern. Kommst du auch? B.

_____

_____

H Stimmt! Da sehen wir uns. 😊 A.

_____

> **Information** | **Schreibung von Eigennamen und Herkunftsbezeichnungen**
>
> - **Eigennamen** schreibt man **groß,** z. B. Namen von Personen, Städten, Ländern oder Flüssen sowie von Institutionen und Einrichtungen.
> - In **mehrteiligen Eigennamen** schreibt man alle Wörter groß mit Ausnahme der Artikel, Konjunktionen oder Präpositionen, z. B.: *der Türkische Rote Halbmond, die Freiwillige Feuerwehr, Karl der Große.* **Zusammensetzungen** aus mehreren oder mehrteilige Eigennamen schreibt man meist **mit Bindestrich,** z. B.: *Baden-Württemberg, Friedrich-Schiller-Platz.*
> - **Herkunftsbezeichnungen:**
>   - Von geografischen Namen abgeleitete **Wörter auf -er** schreibt man immer **groß,** z. B.: *Ulmer Münster, Stuttgarter Zeitung, Kölner Dom, das Potsdamer Abkommen.*
>   - Von (geografischen) Namen abgeleitete **Adjektive auf -isch** werden **kleingeschrieben,** z. B. *die europäische Intelligenz, der französische Aufklärer.*
> **Beachte:** In Wortgruppen (festen Verbindungen), die keine Eigennamen oder Herkunftsbezeichnungen sind, schreibt man die Adjektive klein, z. B.: *die modernen Zeiten, ein historischer Wendepunkt.*
> **Tipp:** Schlage in Zweifelsfällen **im Wörterbuch nach.**

4 Notiere hinter jeder Unterstreichung, worum es sich handelt:
1 = Eigennamen, *2* = mehrteilige Eigennamen, *3* = Herkunftsbezeichnung, *4* = Adjektiv (Attribut).

2017 – 500 Jahre Reformation

Martin Luther [1] wurde 1483 in Eisleben geboren. Luther, ein katholischer Mönch, trat aus dem Augustinerorden [ ] aus. Er heiratete 1525 Katharina von Bora [ ], eine ehemalige Nonne. Am 31. Oktober 1517 schlug Martin Luther der Überlieferung nach seine 95 Thesen an die Tür der Wittenberger Schlosskirche [ ], womit er die grundlegende Reform der römisch-katholischen [ ] Kirche einleitete. Das 500. Jubiläum feiert die Evangelische Kirche Deutschland [ ] mit einem bundesweiten [ ] Feiertag, begleitet von vielen ökumenischen [ ] Projekten.

5 Schreibe die folgenden Stichworte verbessert ins Heft:
Achte auf die Groß- und Kleinschreibung.

A 2016/2017: luther-ausstellungen in den vereinigten staaten von amerika

B im wittenberger lutherhaus befinden sich schätze von welthistorischer bedeutung, z. B. die 500 jahre alte mönchskutte martin luthers

C zum jubiläum: sanierung und neugestaltung des lutherhauses

D über 500 exponate reisen in der zeit in die usa

E waffen aus der berliner zeughaus-sammlung ergänzen ausstellungsstücke

F organisation: landesmuseum für vorgeschichte in halle, die stiftung luthergedenkstätten in sachsen-anhalt, das deutsche historische museum berlin und die stiftung schloss friedenstein gotha

6 **Für wie viele Wörter von Aufgabe 5 gilt die folgende Regel? Trage ein.**

●●●

Die von geografischen Namen abgeleiteten Wörter auf *-er* schreibt man immer _____ .

Anzahl: _____

Teste dich!

Groß- oder Kleinschreibung?

1 Ergänze die folgende Regel zur Schreibung von Nominalisierungen.
Streiche falsche Angaben und trage Fehlendes ein. (6 Punkte)

Nominalisierungen / Denominalisierungen nennt man Wörter anderer Wortarten, die im Satz

als Nomen gebraucht werden. Man schreibt sie groß / klein. Begleitwörter im Satz sind:

A ein _____ , z. B. *das* Prüfen.　　B ein _____ , z. B. *dieses* Helfen.

C ein _____ , z. B. *viel* Nützliches.　　D eine _____ , z. B. *im* Allgemeinen.

2 Nominalisierung oder Denominalisierung? Umkreise den richtigen Buchstaben. (4 Punkte).

A Ein P / paar Übungen mehr wären hilfreich.　　B Du hast nur ein P / paar Schuhe dabei?

C Ich bin völlig P / pleite!　　D Diese P / pleite kann wohl keiner ertragen.

3 Ergänze die Regeln zur Schreibung von Tageszeiten und Wochentagen und füge die folgenden
Wortgruppen in der richtigen Schreibweise passend als Beispiele hinzu. (9 Punkte)

> MORGENS • ÜBERMORGENVORMITTAG • WERKTAGS •
> GESTERNABEND • AM MORGEN
>
> **VORSICHT FEHLER!**

A Bezeichnungen für Tageszeiten und Wochentage schreibt man groß, wenn sie _____ sind.

　Beispiel(e): _____

B Bezeichnungen für Tageszeiten und Wochentage schreibt man klein, wenn sie _____ sind.

　Beispiel(e): _____

C Bei kombinierten Angaben schreibt man das Adverb _____ und das Nomen _____ .

　Beispiel(e): _____

4 Schreibe die Eigennamen und Herkunftsbezeichnungen richtig in dein Heft. (6 Punkte)

> die griechische Insel • die freiburger Innenstadt • die mexikanische Regierung •
> der esslinger Weihnachtsmarkt • die deutsche Nationalbibliothek • schweizer Raclette
>
> **VORSICHT FEHLER!**

Vergleiche deine Ergebnisse mit dem Lösungsheft. Für jede richtige Antwort bekommst du einen Punkt.

☺ 25–19 Punkte	☺ 18–12 Punkte	☹ 11–0 Punkte
Gut gemacht!	Gar nicht schlecht, aber lies dir die Informationskästen auf den Seiten 80 bis 82 noch einmal genau durch.	Arbeite die Seiten 80 bis 82 noch einmal genau durch.

Getrennt- und Zusammenschreibung

Wortgruppen aus Nomen und Verb

Wortgruppen aus **Nomen und Verb** werden **immer getrennt** geschrieben, z. B.:
Schlittschuh laufen, Fußball spielen.
Achtung: Wird die Wortgruppe nominalisiert, schreibt man sie zusammen und groß, z. B.:
Das morgendliche Vokabellernen im Bus bringt meist wenig.

1 Im folgenden Text sind einige Stellen markiert. Schreibe die Wörter richtig ins Heft.
Tipp: Achte auf Nominalisierungen und schreibe diese zusammen und groß.

Was passiert in meinem Kopf, wenn ich lerne? – Gehirngerechtes Lernen

Lernen kann anstrengend sein. Viele denken dabei nun sicher an Vokabel❓lernen oder
Gedicht❓aufsagen. Wenn man wüsste, wie das Gehirn❓funktioniert, könnte man die eigenen
Lernerfolge❓steigern. Diese Frage❓stellen sich auch Hirnforscher, die festgestellt haben, dass man
beim Text❓abschreiben von der Tafel mehr lernt als beim bloßen Zuhören. Der Grund ist einfach:
Wenn man Lerninhalte❓aufschreibt, wird das Gehirn intensiv beschäftigt. Beim reinen
Text❓erfassen ist es weniger aktiv. Man muss allerdings mit der Hand❓schreiben. Tippen
funktioniert weniger gut, mit Copy-and-Paste lernt man gar nichts. Während des Lernens kann
auch Bewegung❓helfen, sie regt die Hirntätigkeit an. Langsames Fahrrad❓fahren kann
beim Lernen von Vokabeln also durchaus eine Hilfe sein.

Zusammensetzungen mit einem Nomen als erstem Bestandteil

Zusammensetzungen mit einem Nomen als erstem Bestandteil sind oft Verkürzungen von Wortgruppen.
Es wird dabei ein Artikel oder eine Präposition eingespart. In solchen Fällen werden Nomen und Adjektiv
zusammengeschrieben, z. B.:
Lernen wird systembedingt (= durch das System bedingt) leichter, wenn man die Inhalte wiederholt.
Bei sauerstoffreicher (= reich an Sauerstoff) Luft lernt es sich besser.
Achtung: Verbindungen, die ein Fugenelement enthalten, werden immer zusammengeschrieben, z. B.:
*freiheit**s**liebend, hoffnung**s**los, atmung**s**aktiv, antrieb**s**arm.*

2 Verbinde die Wörter zu Adjektiven. Ergänze ein Fugenelement, wo nötig, und schreibe jedes Wort auf.

Kenntnis	schädlich	*kenntnisarm* 
Wunsch	gemäß	A _____
Verhandlung	fähig	B _____
Erwartung	arm	C _____
Gesundheit	bereit	D _____
Team	voll	E _____

| Information | Wortgruppen aus Adjektiv und Verb |

Wortgruppen aus Adjektiv und Verb werden **meist getrennt** geschrieben, z. B.: *vernünftig begründen.*
Aber: Entsteht durch die Verbindung ein Wort mit **neuer Gesamtbedeutung,** schreibt man zusammen, z. B.:
schwerfallen (= Mühe bereiten), *blaumachen* (= schwänzen), *schwarzfahren* (= ohne Ticket).

3 **a** Markiere in den folgenden Beispielen zwei Wortgruppen aus Adjektiv und Verb, die immer getrennt geschrieben werden müssen.

> schwarz❓malen • frei❓halten • nahe❓liegen • fertig❓werden • näher❓bringen •
>
> frei❓setzen • fertig❓machen • fern❓bleiben • froh❓sein • fern❓liegen •
>
> fest❓halten • groß❓ziehen • tief❓stapeln • fest❓legen • fertig❓bringen

b Erkläre für sechs der Wortgruppen die neue Gesamtbedeutung bei Zusammenschreibung.

_____   _____

_____   _____

_____   _____

| Information | Verbindungen aus Präposition und Verb/Adverb und Verb |

- **Verbindungen aus Präposition und Verb** schreibt man in der Regel **zusammen,** z. B.:
  anlernen, hinführen, aufzeigen, aufbereiten.
  Im Satz sind diese Verbindungen trennbar, z. B.: *Lerninhalte bereitet man in der Regel strukturiert auf.*
  Aber: Liegt die Hauptbetonung auf dem Verb, ist die Verbindung nicht trennbar, z. B.:
  wiederholen, durchbrechen, übersetzen. Im Satz: *Vokabeln wiederholt man am besten oft.*
- **Verbindungen aus Adverb und Verb** werden in der Regel
  - **zusammengeschrieben, wenn** die Hauptbetonung auf dem Adverb liegt, z. B.:
    Das Gehirn lernt am liebsten sozial, darum sollte man auch in der Schule zusámmenarbeiten.
  - **getrennt geschrieben, wenn** Adverb und Verb gleich betont werden, z. B.:
    Konzentration hilft immer, wenn man zusámmen (an einem Projekt) árbeitet.

4 **a** Bilde mit jeder der folgenden Präpositionen zwei Verbindungen und schreibe sie auf.
b Unterstreiche alle trennbaren Verbindungen und bilde mit mindestens vier Verbindungen je einen Satz,
der eine Zusammenschreibung verlangt. Schreibe die Sätze ins Heft.

> vor • nach • über •   **+**   fragen • machen • sprechen • geben •
> unter • hinter • mit •   denken • nehmen • führen • sehen • legen •
> bei • durch • auf • ab   kommen • laufen • schreiben • hören

_____

_____

_____

Methode	Erweiterungsprobe bei Wortgruppen aus Adverb und Verb

- Wenn du unsicher bist, ob getrennt oder zusammengeschrieben wird, hilft dir die **Erweiterungsprobe:** Wenn du ein Wort oder eine **Wortgruppe zwischen Adverb und Verb einfügen** kannst, schreibst du getrennt, z. B.: *Lernende sollen in Ruhe mit anderen zusammen (an einer Aufgabe) arbeiten.*
- Werden **Wortgruppen aus Adverb und Verb** in einer Infinitivgruppe **mit *zu* erweitert,** richtet sich die Getrennt- oder Zusammenschreibung nach der Grundform des Verbs: Wird zusammengeschrieben (▶ S. 85), gilt das auch für die Erweiterung mit *zu*, z. B.: *wéglaufen → Es lohnt nicht, wégzulaufen.*

---

5 **a** Kreuze für jede der folgenden Verbindungen aus Adverb und Verb an, ob Getrennt- oder Zusammenschreibung richtig ist.

b Begründe die Fälle von Getrenntschreibung.

	zusammen	getrennt
Zwei Forscher haben ein Buch zusammen❓geschrieben, das „Schlau wie ein Fuchs" heißt und über gehirngerechtes Lernen informiert.	☐	☐
Die Forschung hat heraus❓gefunden, dass man Lerninhalte regelmäßig wieder❓holen muss.	☐	☐
Vielen Menschen hilft es, wenn man dem Lernstoff eine Übersicht mit allen Inhalten voraus❓schickt.	☐	☐
Manche unterstützt es beim Auswendiglernen, wenn sie dabei❓stehen oder sogar herum❓springen.	☐	☐

_____

_____

_____

6 Setze die Satzanfänge als Infinitivgruppen mit <u>zu</u> fort.

A Lernen funktioniert in eigenen Strukturen. Lernenden kann es helfen, _____

_____ | Lerninhalte in Mind-Maps • zusammen❓stellen |

B Es ist sehr sinnvoll, _____

_____ | neue Lerninhalte in geeigneten Abständen • wieder❓holen |

C Dazu sollte man den Lernstoff gut strukturieren und einteilen. So schafft man es, _____

_____ | die Lernintervalle vor Klassenarbeiten • voraus❓planen |

D Lernen im Team erscheint sehr sinnvoll. Es lohnt sich also, _____

_____ | Aufgaben zusammen❓bearbeiten |

E Damit die Arbeit im Team gelingen kann, _____

_____ | ist es wichtig • miteinander❓sprechen |

<table>
<tr><td>

Methode   Bindestriche zur Hervorhebung und Verdeutlichung

</td></tr>
</table>

- Zur **Hervorhebung einzelner Bestandteile von Zusammensetzungen** und Ableitungen **kann** man einen Bindestrich setzen, z. B.: *Ich-Sucht, Lern-Strategie, Fehler-Bogen.*
- **Unübersichtliche Zusammensetzungen** können durch einen Bindestrich gegliedert werden, z. B.: *Mehrzweckhallen-Grundausstattung, Klausurtermin-Planungsprogamm.*
  Dies gilt auch für fremdsprachliche Fügungen, z. B.: *Desktop-Publishing, Learning-Center.*
- In unübersichtlichen oder sonst **schlecht lesbaren Zusammensetzungen aus gleichrangigen Adjektiven** wird ein Bindestrich gesetzt, z. B.: *französisch-deutsches Wörterbuch* (auch möglich: frz.-dt. Wörterbuch), *römisch-katholische Kirche* (auch möglich: röm.-kath. Kirche).

7   **Notiere für die unterstrichenen Zusammensetzungen besser lesbare Bindestrich-Schreibweisen.**

Lernprozesse sichtbar machen

In der <u>Neuropsychologie</u> helfen bildgebende Verfahren, die Funktion bestimmter Hirnareale zu untersuchen. Beispielsweise zeigt eine <u>Positronenemissionstomografie</u> (PET) einen <u>gelborangefarbenen</u> Fleck, wenn im Gehirn gerade eine Aktivität herrscht. Allerdings sind solche <u>medizintechnischen</u> Untersuchungsmethoden nicht belastungsfrei, weshalb sie zurückhaltend angewandt werden. Wie diese farbigen <u>Computerlandkarten</u> des Gehirns zu deuten sind, darüber besteht jedoch keine Einigkeit. Je nach Interpretation sprechen Erziehungswissenschaftler zum Beispiel von <u>visuellorientierten</u> oder <u>auditivorientierten</u> Lernertypen.

<table>
<tr><td>

Methode   Bindestriche bei Aneinanderreihungen

</td></tr>
</table>

- In **Aneinanderreihungen und Zusammensetzungen mit Wortgruppen** setzt man Bindestriche zwischen die einzelnen Wörter, z. B.: *das Sowohl-als-auch, Mund-zu-Mund-Beatmung, Latte-macchiato-Glas.*
  Das gilt auch, wenn **Buchstaben, Ziffern oder Abkürzungen Teile einer Zusammensetzung sind,** z. B.: *G-Moll-Tonleiter, 2.-Klasse-Abteil, 2-Zimmer-Wohnung, 1000-m-Lauf.*
- Auch **Zusammensetzungen mit Abkürzunge**n werden meist mit Bindestrich geschrieben, z. B.: *IQ-Test, ca.-Preis, die 1980er-Jahre, US-amerikanische Forscher.*
  Achtung: Bei Nominalisierungen schreibt man nach dem Bindestrich groß, z. B.: *das 10-Fache.*

8   **Im Text fehlen in fünf Zusammensetzungen die Bindestriche. Trage sie ein.**

Selbst ein erfahrener Lehrer kann leider von außen nicht sehen, ob ein Gehirn gerade lernt. Aber das weiß er:

- Lernen ist kein linearer Prozess. Eher gleicht es einer Berg und Tal Fahrt. Immer wieder muss man die Lerninhalte wiederholen und immer neue 1 a Herausforderungen suchen.

- Die Social brain Forschung hat gezeigt, dass das menschliche Gehirn nicht nur ein Denk-, sondern insbesondere auch ein Beziehungsorgan ist: Menschen lernen am besten mit anderen zusammen.

- Um das Gehirn aus dem morgendlichen Stand by Modus zu holen, kann Bewegung helfen: Jonglieren beispielsweise kann helfen, Lernprozesse zu unterstützen.

- Jedes Gehirn denkt in Mustern und Strukturen. Die Struktur Lege Technik, bei der Begriffe in Zusammenhänge geordnet werden, ist dabei eine große Hilfe.

Teste dich!

Getrennt- oder Zusammenschreibung?

1 Notiere für jede Wortgruppe mit ❓ die richtige Schreibung. (7 Punkte)

Dem Gehirn auf die Sprünge helfen

A Schüler/-innen sollten wissen, wie man gehirn❓gerecht lernen❓kann.

B Auswendig❓lernen von Daten in Geschichte kann z. B. große Mühe❓bereiten.

C Den Einsatz eines Zeitstrahls sollte man dabei zumindest über❓denken.

D Auch Struktur hilft. Man sollte die wichtigsten Informationen zusammen❓tragen und sinnvoll❓ordnen.

2 **a** Getrennt oder zusammen?
Streiche jeweils die falsche Form durch. (8 Punkte)
b Bei zwei Wortgruppen fehlen Bindestriche. Setze sie ein. (2 Punkte)

Hirnforschung trifft Schule

Englischunterricht in der Klasse 10 b: Michaela Sambanis, Forscherin am

XYZ Institut, wirft ihr Multimedia System aus Beamer und Laptop an,

damit die Kinder die Wörter lesen können / lesenkönnen.

Aber mit Lesen ist es nicht getan. Beim szenischen Lernen geht es nämlich

5 um Bewegungen und um gemeinsames Sprechen im Chor.

Beides soll einen gehirngerechten / Gehirn gerechten Lernprozess

unterstützen / unter stützen. Beim Beobachten gewinnt man schnell

den Eindruck, dass das Lernen auf diese Weise viel mehr

Freudebereitet / Freude bereitet. Die Schüler/-innen setzen den gesamten

10 Körper ein, um die Vokabeln szenisch wiederzugeben/wieder zu geben.

Aber es zählt nicht nur der Spaß! Professor Spitzer, ein international be-

kannter Experte auf dem Gebiet der Hirnforschung, hat eine Studie

dazuerstellt / dazu erstellt. Er konnte belegen, dass das szenische

Vokabellernen / Vokabel lernen gerade in den Fremdsprachen sehr gut funktioniert. Kurze Zeit nach dem ersten

15 Lernen der Vokabeln sind die Kontrollgruppen zwar ähnlich gut, aber nach drei oder sechs Wochen können Kin-

der nach szenischem Lernen 15 von 20 Wörtern wiedergeben / wieder geben, in der Kontrollgruppe

sind es gerade noch fünf.

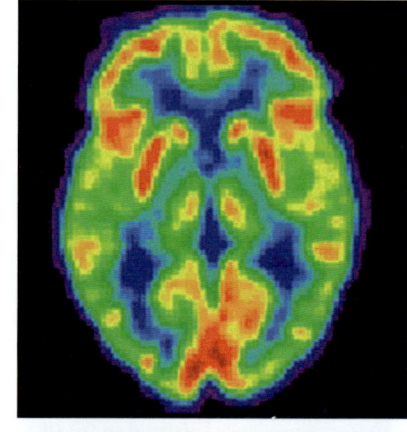

Vergleiche deine Ergebnisse mit dem Lösungsheft. Für jede richtige Antwort bekommst du einen Punkt.

🙂 17–13 Punkte	😐 12–8 Punkte	🙁 7–0 Punkte
Gut gemacht!	Gar nicht schlecht, aber lies dir die Informationskästen auf den Seiten 84 bis 87 noch einmal genau durch.	Arbeite die Seiten 84 bis 87 noch einmal genau durch.

Strategien zur Vermeidung von Rechtschreibfehlern

Ableitungs- und Verlängerungsprobe, Probe zur Großschreibung

Information	Tipps zum Rechtschreiben: Ableiten, zerlegen und verlängern

- **Stammprinzip (Ableitungsprobe):**
  Bist du bei einer Schreibung unsicher, hilft fast immer die Suche nach einem **verwandten Wort.**
  Der Wortstamm wird in fast allen verwandten Wörtern gleich oder ähnlich geschrieben, z. B.:
  - *läuten – laut, Nähe – nah.* Gibt es kein verwandtes Wort mit **a** oder **au,** schreibt man mit **e** oder **eu:** *Werke, heute, Leute.*
  - *verjähren – Jahre, Wahl – wählen.* Ein **h** nach einem betonten langen Vokal steht besonders **häufig vor den Konsonanten l, m, n** und **r** und bleibt in verwandten Wörtern erhalten.
  - *Gehweg – ge-hen.* Das silbentrennende **h** (zwischen zwei Vokalen an der Silbengrenze) bleibt in allen Wörtern der Wortfamilie erhalten.
- **Zusammengesetzte Wörter** musst du **zerlegen,** um zu prüfen, ob es für den Wortstamm verwandte Wörter gibt, die die Schreibung erklären, z. B.: *ge|mäßigt → Maß, ehr|los → Ehre, Geh|gips → gehen.*
- **Verlängerungsprobe:**
  Wenn du nicht sicher bist, ob ein Wort am Silbenende mit **t** oder **d, k** oder **g, p** oder **b, ß** oder **s** geschrieben wird, hilft die Verlängerungsprobe, z. B.: *Rad – (die) Rä**d**er, (es) gras**t** – gra**s**en, hei**ß** – hei**ß**er.* Zusammengesetzte Wörter musst du **zerlegen,** damit du den Wortstamm verlängern kannst, z. B.: *Bad|teppich → (die) Bä**d**er; Flug|sand → (die) Flü**g**e, san**d**ig; Hub|raum → he**b**en.*

1 äu oder eu, ä oder e? Wende, wo sinnvoll, die <u>Ableitungsprobe</u> an und schreibe die Wörter richtig auf.

erb**?**rmlich • Exp**?**rte • Geb**?**de • ber**?**en • gef**?**hrlich • L**?**te • schl**?**ndern • ausw**?**ndig

erbärmlich → Erbarmen,

2 **a** Kreuze die beiden Wörter an, die aufgrund des <u>Stammprinzips</u> mit <u>h</u> geschrieben werden.
b Begründe für die anderen Wörter die Schreibweise mit <u>silbentrennendem h.</u>

| A ☐ Sehstärke | B ☐ belohnen | C ☐ Ernährung | D ☐ Drehtür | E ☐ Drohgebärde |

Seh | stärke → se-hen,

3 Kläre die Schreibung des unklaren Lauts mit der <u>Verlängerungsprobe.</u>
Tipp: Zusammengesetzte Wörter musst du zuerst zerlegen.

end/tgültig • Standard/t • Betrieb/p • empfind/tlich • Korb/ptasche •
unend/tlich • leng/kbar • unerträg/klich

end | gültig → Ende,

| Information | Probe zur Prüfung der Großschreibung |

Meist wird ein Nomen oder ein nominalisiertes Wort im Satz durch einen Nomenbegleiter angekündigt (▶ S. 80). Ist dies nicht der Fall, wende die **Probe** an: Prüfe, ob du einen **Nomenbegleiter ergänzen** kannst (z. B. einen Artikel). Dann schreibst du groß, z. B.: *Meist verringert (das) Trainieren von Strategien Fehler.*

4   a   Streiche bei den unterlegten Wörtern jeweils den falschen Buchstaben durch.
      b   Unterstreiche bei diesen Wörtern Nomenbegleiter. Bei zwei Wörtern musst du Nomenbegleiter einfügen: Schreibe sie mit möglichen Begleitern auf.

Fehlerfrei durch Strategien

Die e / Entscheidende h / Herausforderung beim g / Großschreiben von Wörtern besteht im w / Wesentlichen darin, dass n / Nominalisierungen nicht auf den ersten Blick zu erkennen sind. Meist aber hilft n / Nachdenken beim v / Vermeiden solcher Fehler. Prüfen sollte man vor allem, ob das Wort durch einen Nomenbegleiter angekündigt wird oder ob das e / Ergänzen eines Nomenbegleiters möglich ist. Dann ist nämlich klar, dass das Wort g / Großgeschrieben werden muss.

5   Im folgenden Text hat das Computerprogramm die falsch geschriebenen Wörter unterstrichen.
●●●   a   Markiere in jedem unterstrichenen Wort den Fehler.
      b   Notiere das verbesserte Wort unten bei der Probe, die die Schreibung klärt.

Das regelmäßige wiederholen von Rechtschreibregeln ist sinnvoll, damit man beim schreiben nicht so viele Fehler macht. Das gelinkt besonders gut, wenn man eine Fehleranalyse durchführt. Man kann sich anschauen, in welchem Bereich man besonders viele Fehler macht, oder seinen Deutschlehrer um Rad bitten. Kennt man die eigenen Fehlerschwerpunkte, ist das gezielte üben effektiver. Wenn man einen Text geschrieben hat, ist sorgsames überarbeiten empfehlenswert, um vielleicht noch den einen oder anderen Fehler zu enddecken.
Fehlerfreie Texte sind besonders in Klassenarbeiten oder in offiziellen schreiben wichtig.
Des weiteren ist es für die meisten Leser endtäuschend, wenn eine Mitteilung an sie voller Rechtschreipfehler ist. Denn dadurch wird heufig däutlich, dass der Verfasser oder die Verfasserin sich beim Schreiben nicht besonders bemüt hat.

A   Ableitungsprobe: _____

B   Verlängerungsprobe: _____

_____

C   Artikelprobe: _____

_____

_____

„das" oder „dass"?

Relativpronomen (das) oder Konjunktion (dass)?

- Das **Relativpronomen „das"** leitet einen Relativsatz ein, der sich auf ein Bezugswort im Hauptsatz bezieht, z. B.: *Rechtschreibung ist ein Thema, das die meisten Menschen ihr Leben lang beschäftigt.*
  Probe: Ein Relativpronomen erkennt man daran, dass man es durch „welches" ersetzen kann, z. B.: *Rechtschreibung ist ein Thema, das welches die meisten Menschen ihr Leben lang beschäftigt.*
- Die **Konjunktion „dass"** leitet in der Regel einen Nebensatz ein, der auf die Fragen „Wer oder was?", „Wen oder was?" oder „Mit welcher Folge?" antwortet, z. B.: *Es ist bekannt, dass Rechtschreibfehler einen schlechten Eindruck machen.*

1 Erkläre, warum der erste Nebensatz mit <u>das</u> und der zweite Nebensatz mit <u>dass</u> eingeleitet wird.

Das Problem, <u>das</u> viele Schreiber nicht lösen können, ist die Frage nach der Schreibung von „das" mit einem oder zwei s. Dabei muss man sich klarmachen, <u>dass</u> die Unterscheidung gar nicht so schwierig ist.

Im ersten Nebensatz _____

_____

Im zweiten Nebensatz _____

_____

2 **a** Prüfe bei den folgenden Sätzen, wo du „das" durch „welches" ersetzen kannst.
   Schreibe den Satz mit „welches" in dein Heft.
   b Streiche in den Sätzen die falsche Schreibung von „das/dass" durch.

A Besonders bei Bewerbungsschreiben sollte man darauf achten, das/dass die Rechtschreibung perfekt ist.

B Untersuchungen haben nämlich ergeben, das/dass fehlerhafte Rechtschreibung für die Personalverantwortlichen das wichtigste Kriterium für eine Absage ist. C Ein Anschreiben, das/dass Rechtschreibfehler enthält, braucht man also im Grunde genommen gar nicht abzuschicken.

3 Setze in die Lücken „das" oder „dass" ein. Wende die „welches"-Probe an, wenn du unsicher bist.

Es lässt sich leicht erklären, A _____ Rechtschreibung für Personaler eine große Rolle

spielt. Schließlich ist eine perfekte Rechtschreibung ein Hinweis darauf, B _____ der

Verfasser seine Bewerbung sehr ernst nimmt. Das Entscheidende aber, C _____ noch

hinzukommt, ist, D _____ viele Personaler aus einem fehlerhaften Anschreiben noch

weitere Schlussfolgerungen ziehen. Sie denken zum Beispiel, E _____ jemand, der viele Rechtschreibfehler

macht, auch bei anderen Aufgaben eher Fehler macht und sich insgesamt nicht gern an Regeln hält. Das Gute,

F _____ man nicht vergessen sollte, ist, G _____ man solche Rechtschreibfehler leicht vermeiden kann.

Fremdwörter und Fachbegriffe

Information	Fremdwörter und Fachbegriffe

- Fremdwörter sind **Wörter,** die **aus anderen Sprachen** kommen, z. B.: *Grammatik* (griech.), *Loggia* (ital.), *konservieren* (lat.), *Bonbon* (frz.), *Cliffhanger* (engl.). Häufig erkennt man sie an der Aussprache und der Schreibung, wenn sie den Regeln ihrer Herkunftssprache noch folgen.
- **Häufig gebrauchte Fremdwörter** werden **eingedeutscht,** d. h. in ihrer Schreibweise dem Deutschen angepasst. In diesen Fällen ist sowohl die eingedeutschte als auch die fremdsprachige Schreibung korrekt, z. B. *Biographie – Biografie, Spaghetti – Spagetti, Friseur – Frisör.* Tipp: Die Wortbestandteile „graph", „phon" und „phot" können grundsätzlich auch „graf", „fon" und „fot" geschrieben werden.
- Fremdwörter aus **Fachsprachen (Fachbegriffe)** werden dagegen nicht eingedeutscht und behalten die typischen fremdsprachigen Buchstabengruppen bei, z. B.: *Strophe, Metapher, Enjambement.*

1 a Streiche bei den folgenden Fremdwörtern jeweils das falsch geschriebene Wort durch.
   b Schreibe für jedes Wort die Bedeutung auf.

A Absorption – Absorbtion _____

B Akkustik – Akustik _____

C Algorhythmus – Algorithmus _____

D Allierte – Alliierte _____

E Chemiekalie – Chemikalie _____

F Emmission – Emission _____

G Hypotenuse – Hypothenuse _____

H Progrom – Pogrom _____

I Reflektion – Reflexion _____

J Resourcen – Ressourcen _____

K Rythmus – Rhythmus _____

L symetrisch – symmetrisch _____

2 Überlege, in welchen Unterrichtsfächern dir die Fachbegriffe aus Aufgabe 1 begegnen könnten.
●●● Schreibe für jeden Fachbegriff dieses Fach/diese Fächer in dein Heft.

3 Überlege bei den folgenden Wörtern, ob neben der fremdsprachigen auch eine eingedeutschte Schreibung möglich ist. Notiere diese auf der entsprechenden Schreiblinie, wo möglich.

A Geographie _____ B Exposé _____ C Philosophie _____

D synthetisch _____ E essentiell _____ F Mikrophon _____

Teste dich!

Strategien zur Fehlervermeidung anwenden

1 Trage die Wörter im Rahmen in der richtigen Schreibung in die Lücken ein. (10 Punkte)

Rechtschreibung im Internet?

Das _____ Kommunizieren / kommunizieren in sozialen Netzwerken ist

ein Bereich, in dem das _____ Beachten / beachten von Rechtschreib-, Komma- und

Grammatikregeln beim _____ Schreiben / schreiben kaum eine Rolle spielt. Vor allem

Jugendliche nutzen dabei _____ heufig / häufig Abkürzungen, Auslassungen und Emojis.

Diese Entwicklung wird von Sprachbewahrern im _____ Allgemeinen / allgemeinen

nicht als etwas _____ Positives / positives gesehen. Sie glauben darin einen Verlust der

deutschen Sprache zu _____ enddecken / entdecken. Ihr _____ Rad / Rat

lautet, die Rechtschreibregeln nicht nur _____ gründlich / grüntlich zu lernen,

sondern diese auch in Kurznachrichten zu _____ Befolgen / befolgen.

2 Das oder dass? Trage in jede Lücke das richtige Wort ein. (6 Punkte)

Der Umstand, A _____ Rechtschreibregeln in Kurznachrichten nicht konsequent angewendet werden,

wird von vielen Sprachwissenschaftlern jedoch nicht negativ bewertet. Sie erklären, B _____ diese Art der

Kommunikation auch eine andere Art der sprachlichen Ausgestaltung erfordert. Das Positive, C _____

viele Kritiker aber nicht sehen, sei, D _____ mit Sprache kreativ umgegangen wird. Außerdem müsse

man bedenken, E _____ der Einfluss auf die Standardsprache sehr gering sei.

3 Streiche die fünf Fremdwörter durch, die falsch geschrieben sind. (8 Punkte)

> retorische Frage • Poente • These • Gothik • Ethymologie •
> Hypotaxe • Antonym • Elipse

VORSICHT FEHLER!

Vergleiche deine Ergebnisse mit dem Lösungsheft. Für jede richtige Antwort bekommst du einen Punkt.

☺ 23–18 Punkte	☺ 17–11 Punkte	☹ 10–0 Punkte
Gut gemacht!	Gar nicht schlecht, aber lies dir die Informationskästen auf den Seiten 89 bis 92 noch einmal genau durch.	Arbeite die Seiten 89 bis 92 noch einmal genau durch.

Texte überarbeiten:
Strategien und Proben zur Überprüfung der Rechtschreibung

1 a Überarbeite den folgenden Entwurf: Unterstreiche 16 Fehler.
  b Notiere in der Randspalte das verbesserte Wort und die Probe, die du zur Verbesserung angewendet hast.

A = Ableitungsprobe (Stammprinzip)   *V* = Verlängerungsprobe
N = Probe zur Prüfung der Großschreibung

Big Data, also das sammeln und analysieren riesiger

Datenmengen, ist ein wichtiges Thema geworden: Beim

untersuchen eines Patienten, z.B. beim röntgen, bei Blut-

untersuchungen oder Setests, wird eine große Menge an

⁵ Patientendaten erzeukt. Wenn diese systematisch

analysiert werden, kann man die Behandlung von Patien-

ten besser stäuern und so däutlich optimieren. Dies gelinkt

z.B., wenn man die Patientendaten mit anderen vergleicht

und daraus eine besonders erfolkreiche Beträuung,

¹⁰ Behandlungsmethode oder Medikation ableitet. Dies fräut

schlussentlich auch die Krankenkassen, da man die kosten

für täure Behandlungen dadurch endscheidend senken kann.

2 Überarbeite den folgenden Text: Unterstreiche alle Stellen, an denen „das/dass" falsch geschrieben wurde.

Mediziner weisen darauf hin, das Big Data einen Patienten auch bei Fragen
der gesunden Ernährung beraten kann. Schließlich ist bekannt, das immer
mehr Menschen ihre Lebensmittel online im Internet bestellen. Das Besondere,
dass damit verbunden ist, ist die Möglichkeit der Verknüpfung verschiedener Daten.
⁵ So weisen Ernährungswissenschaftler darauf hin, dass das Online-Versandhaus,
das die Inhaltsstoffe der ausgewählten Lebensmittel in Beziehung setzt, Kaufempfehlungen im Sinne einer gesunden Ernährung geben kann. Denkbar wäre auch,
das Online-Händler mit Ärzten oder Krankenkassen zusammenarbeiten. Das
würde bedeuten, das Hinweise auf Diabetes oder Laktoseintoleranz beim Kauf
¹⁰ mit berücksichtigt werden können.

3 Überarbeite den folgenden Entwurf für einen informierenden Text. Unterstreiche 25 Fehler und notiere in der Randspalte das verbesserte Wort.

VORSICHT FEHLER!

Mit Hilfe von Big Data kann man sogar Säuchen und

Epedemien eindemmen. Das verarbeiten und analysieren

riesiger Datenmengen zu Infektionskrankheiten wie

Ebola, Colera oder Lassa-Fieber kann nämlich dafür

5 sorgen, das man schnell die aktuelle Lage erfassen und

mögliche Entwicklungen simmulieren kann.

Des weiteren kann das schnelle erfassen von Verdachts-

fellen besonders ansteckender Krankheiten dabei helfen,

das vor Ort eine weitere Ausbreitung der Krankheit

10 verhindert wird. Das Hasso-Plattner-Institut, dass

intensiev zu diesem Thema forscht, teilt mit, das in diesem

Zusammenhang vor allem das auffinden und befragen von

möglichen Kontaktpersonen wichtig ist. Beim letzten

Ebola-Ausbruch in Nigeria wurden Personen, die mit

15 infizierten Kontakt hatten, täglich von medizinischem

Personal besucht und befragt. Dies soll künftik mit Hilfe

endsprechender Apps erleichtert werden, die in Echtzeit

Auffelligkeiten erfassen und rückmelden.

Dies ist nämlich die Bedingung dafür, das möglichst

20 schnell endscheidende Gegenmaßnahmen eingeleitet werden,

um ein weiteres ausbreiten der Krankheit wirgsam zu

verhindern.

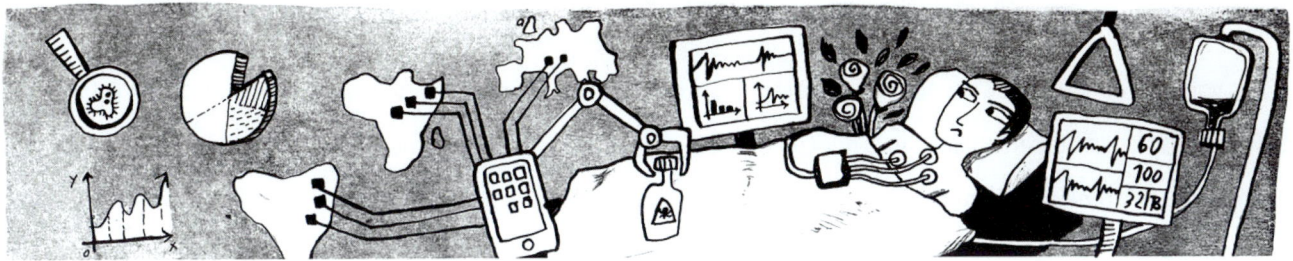

Texte überarbeiten: Zeichensetzung

Die Kommasetzung in Satzreihen und Satzgefügen

Information	Das Komma in Satzreihe (Hs + Hs) und Satzgefüge (Hs + Ns)

- Die einzelnen **Hauptsätze einer Satzreihe** werden durch **Komma** voneinander getrennt, z. B: *Schon im Mittelalter war die Selbstdarstellung beliebt, Porträts leisteten sich vorwiegend Reiche.*
  Häufig werden Hauptsätze durch nebenordnende Konjunktionen wie *und, oder, aber, doch, sondern, denn* miteinander verbunden. Nur vor den Konjunktionen *und* bzw. *oder* darf das Komma entfallen, z.B.:
  Wer wichtige Menschen oder Vorbilder trifft, möchte den Moment gern festhalten (,) und er möchte sich dabei selbst mit abbilden.
- **Zwischen Haupt- und Nebensatz** (Satzgefüge, ▶ S. 68) muss immer ein **Komma** stehen. Ein Nebensatz kann **vor, zwischen oder hinter dem Hauptsatz** stehen. Ein Satzgefüge kann mehrere Nebensätze enthalten, die alle mit Komma abgetrennt werden, z. B.:
  Die Frage, ob man Selfies mit Staatsvertretern verbieten sollte, wird immer wieder diskutiert.

 a In den folgenden Sätzen fehlen sieben Kommas. Trage sie ein.
b Unterstreiche die Nebensätze. Prüfe so, ob du alle Kommas richtig gesetzt hast.

Selfies? Nichts wirklich Neues ...

Porträts haben unterschiedliche Funktionen die wesentlich von ihren Gebrauchskontexten abhängen. Diese sind durch den Erinnerungswert des Porträts bestimmt sie sind also an einen individuellen Menschen gebunden der durch seinen sozialen Rang, seine Persönlichkeit oder seine besonderen Taten bildniswürdig ist. Als Beispiele dafür sind ägyptische Mumienporträts ebenso wie Stifterbilder und Totenmasken zu nennen aber auch Porträts mit zeremoniellem Bezug wie Hochzeitsfotos oder Inthronisationsporträts von Monarchen. In der Politik wird ein Herrscherbild oder das Porträt eines Regierungschefs oft als staatliches Symbol gebraucht es ziert öffentliche Gebäude, Münzen, Banknoten oder auch Briefmarken. In der bürgerlichen Briefkultur von der Aufklärung bis zur Moderne dienten Porträts die einem Schreiben beigelegt wurden zur Festigung der Beziehungen.

 a Unterstreiche im folgenden Text falsch gesetzte Kommas und markiere das Komma, das stehen darf, aber nicht muss.
b Schreibe den Text verbessert in dein Heft.

Selfies sind meist mit dem Smartphone am langen Arm aufgenommene Selbstporträts sie werden, vor allem über soziale Netzwerke verbreitet. Mit der rasanten Ausbreitung der Smartphones mit Frontkamera begann ein wahrer Handyfoto-Boom, und das „Selfie" zog in den allgemeinen Sprachgebrauch ein. Das Oxford English Dictionary, wählte den Begriff 2013 zum Wort des Jahres. Selfies werden bei jeder Gelegenheit geschossen ob es vor Sehenswürdigkeiten, oder beim Feiern mit Freunden ist auch, Prominente machen mit. Jedes fünfte Selfie entsteht Umfragen zufolge in einer Gruppe, bekannt sind vor allem Fotos jubelnder Fußballer aus der Mannschaftskabine nach einem Sieg. Es scheint als gebe es kaum noch jemanden der, kein Selbstbild von sich postet.

Das Komma in Infinitivgruppen

Information	Das Komma in Infinitivgruppen

Ein **Komma muss** stehen,
- wenn die Infinitivgruppe mit *um, anstatt, statt, außer, ohne, als* eingeleitet wird, z. B.:
  *Ich mache Selfies, **um** eine Urlaubserinnerung zu haben.*
- wenn die Infinitivgruppe von einem Nomen oder einem hinweisenden Wort wie *dazu, daran, darauf*
  oder *es* im Hauptsatz abhängt, z. B.:
  *Das Posten von Selfies während des Urlaubs dient **dazu**, die eigene Reisefreude mitzuteilen.*

Bei einfachen Infinitiven kann das Komma entfallen, z. B.: *Ich hoffe(,) zu posten.*

Tipp: Bei Infinitivgruppen empfiehlt es sich, immer Kommas zu setzen, weil sie die Gliederung eines Satzes
verdeutlichen, niemals falsch sind und Missverständnisse vermeiden, z. B.:
Ich plane im Urlaub, coole Selfies zu machen. – Ich plane, im Urlaub coole Selfies zu machen.

1 a Unterstreiche die Infinitivgruppen und markiere einleitende bzw. hinweisende Wörter.
   b Prüfe, ob die Kommas richtig gesetzt sind: Streiche falsch gesetzte Kommas durch,
      ergänze fehlende Kommas.

Bei Facebook & Co. Einbrecher einladen

„Und wo wart ihr heute Morgen um zu frühstücken?", fragt Paul über einen Kurznachrich-
tendienst. Dazu postet er ein Selbstporträt um
seinen Meerblick mit Palmen zu demonstrieren.

5 „Das Posten von Urlaubsfotos dient leider nicht
nur, dazu Urlaubsgrüße zu verschicken", lautet
der Kommentar der Polizei, „denn manche, geben sogar ihren Klarnamen preis statt persön-

liche Daten zu verheimlichen." „Natürlich nutzen Einbrecher soziale Netzwerke um Opfer auszuspähen", sagt

10 ein ehemaliger Täter. Mittlerweile, hält er Vorträge um Verhaltensweisen der kriminellen Szene zu erläutern.
Anstatt, wie früher durch die Straßen zu schleichen und auf überfüllte Briefkästen oder geschlossene Roll-
läden zu achten, kundschaften die Kriminellen ohne große Anstrengung Opfer über das Internet aus. Ohne
über mögliche Folgen, nachzudenken weisen nicht wenige durch automatische Antworten des E-Mail-
Programms mit Angaben der Urlaubsdaten oder entsprechende Ansagen auf Anrufbeantwortern auf ver-

15 lassene Wohnungen hin. Um solch unbedarfte Nutzer, mit einem Augenzwinkern aufzuklären hat die Polizei
Hagen ihre Warnung bei Facebook gepostet.

2 Lies die Warnung der Polizei. Erkläre die Kommasetzung der Infinitivgruppe.
   Schreibe in dein Heft.

3 Wo kann im folgenden Satz sinnvoll ein Komma stehen? Füge es ein.

Schon jetzt verspricht die Kampagne der Polizei durch Tausende von Klicks ein Erfolg zu werden.

Das Komma bei Appositionen und Erläuterungen

1   a Setze im folgenden Text die fehlenden Kommas.
b Unterstreiche bei Appositionen und nachgestellten Erläuterungen einleitende Wörter, wo vorhanden.

Broschüre warnt vor gefährlichen Selbstinszenierungen

Immer mehr Jugendliche vor allem Hasardeure[1] klettern ungesichert auf Wolkenkratzer oder surfen auf fahrenden Zügen alles nur für ein vermeintlich cooles Selfie. Das russische Innenministerium trug eine schockierende Bilanz vor: Seit Jahresbeginn 2015 d. h. von

5 Januar bis Juli sind in dem Land zehn Menschen bei dem Versuch gestorben, ein „cooles" Selfie also ein Foto von sich selbst in einer gefährlichen Situation zu machen. Mindestens weitere 100 Abenteuersüchtige wurden verletzt und zwar in erheblichem Umfang. Das Innenministerium will dem tödlichen Trend jetzt entgegenwirken nämlich mit der Broschüre „Sichere Selfies". „Ein cooles Selfie kann dich dein Leben kosten", heißt es da die Warnung plakativ

10 hervorhebend. Piktogramme vorwiegend in Verbotsschild-Optik zeigen zahlreiche Situationen teils absurd gefährlich in denen man auf keinen Fall auch nur an ein Selfie denken sollte.

2   Erkläre die Kommasetzung in den folgenden Sätzen.
●●●

A Auch in Deutschland ist die gefährliche Selbstinszenierung längst angekommen, laut Bundespolizei schon seit einigen Jahren. B 2011 hatte ein Zug im schwäbischen Memmingen zwei Jugendliche getötet, und zwar beim Fotografieren. C Die beiden Mädchen, eine 13- und eine 16-Jährige, hatten zuvor schon verschiedene Fotos von sich auf Bahnschienen über ihre sozialen Netzwerke verbreitet. D Für ein Selfie kletterten drei Mädchen, leicht angetrunken, die Böschung an einer Eisenbahnbrücke in Bremen hoch und posierten auf den Gleisen.
E Der Lokführer des Regionalzuges, ein erfahrener Mann, konnte rechtzeitig bremsen und kam kurz vor den beiden Teenagern zum Stehen, allerdings nicht ohne Schockerfahrung.

A _____   B _____

C _____   D _____

E _____

---

1 Hasardeur: jemand, der verantwortungslos handelt und alles aufs Spiel setzt

Die Zeichensetzung bei Zitaten

Wörtlich wiedergegebene Textstellen (Zitate) müssen durch **Anführungszeichen** gekennzeichnet werden. Innerhalb des gekennzeichneten Zitats darf der **Originaltext nicht verändert** werden. Geringfügige Änderungen werden durch [eckige Klammern], Auslassungen durch […] gekennzeichnet.

Treffen **Punkt, Frage- oder Ausrufezeichen** mit den Anführungszeichen zusammen, stehen die Satzschlusszeichen

- **außerhalb der Anführungszeichen,** wenn sie nicht zu der zitierten Äußerung gehören, z. B.:
  Immer wieder gibt es Diskussionen über die Frage „Ist die kommerzielle Verwertung von Aufnahmen bekannter Bauwerke im öffentlichen Raum uneingeschränkt erlaubt?".
- **innerhalb der Anführungszeichen,** wenn sie zu der wiedergegebenen Äußerung gehören, z. B.:
  „Können Fotografen in öffentlichen Parks wie Sanssouci Gebäude ohne Genehmigung fotografieren und diese in Bilddatenbanken zum Vertrieb anbieten?", fragt die Stiftung Preußische Schlösser und Gärten.
  Bei einem angeführten Satz lässt man den Schlusspunkt am Ende des Zitats weg, z. B.:
  Eigentümer von Gärten und Parkanlagen können Fotoaufnahmen reglementieren.
  „Eigentümer von Gärten und Parkanlagen können Fotoaufnahmen reglementieren", das entschied der Bundesgerichtshof (BGH) am 17. Dezember 2010.

1 Prüfe die Zitierweise des folgenden Paragrafen:
Unterstreiche die Fehlerstellen mit Rot und verbessere im Heft.

> **Paragraf 59** des Urheberrechtsgesetzes (UrhG)
> (1) Zulässig ist, Werke, die sich bleibend an öffentlichen Wegen, Straßen oder Plätzen befinden, mit Mitteln der Malerei oder Grafik, durch Lichtbild oder durch Film zu vervielfältigen, zu verbreiten und öffentlich wiederzugeben. Bei Bauwerken erstrecken sich diese Befugnisse nur auf die äußere Ansicht.

A Paragraf 59 des Urheberrechtsgesetzes (UrhG) gestattet es, Werke, die sich „bleibend an öffentlichen Wegen, Straßen oder Plätzen befinden, mit Mitteln der Malerei oder Grafik, durch Lichtbild oder durch Film zu vervielfältigen, zu verbreiten und öffentlich wiederzugeben." Klärend heißt es weiter, dass dies jedoch bei Bauwerken „nur für die äußere Ansicht" gilt.

B Laut Paragraf 59 des Urheberrechtsgesetzes (UrhG) ist es nicht untersagt, bleibende Werke „an öffentlichen Wegen, Straßen oder Plätzen durch Lichtbild oder durch Film zu vervielfältigen, zu verbreiten und öffentlich wiederzugeben". „Bei Bauwerken erstrecken sich diese Befugnisse nur auf die äußere Ansicht.", heißt es weiter.

2 Schreibe den Text mit allen fehlenden Zeichen (Anführungszeichen, Komma, Satzschlusszeichen) ins Heft ab.

Recht auf Panoramafreiheit

Schlagzeilen wie Verwertung bleibt legal oder EU-Parlament zu Panoramafreiheit Klicken und Posten – kein Problem oder „Selfies vor öffentlichen Gebäuden bleiben erlaubt kursierten im Juli 2015. Entscheidungen trifft die EU-Kommission. Und die, verspricht EU-Kommissar Günther Oettinger, hat nicht vor, die Panoramafreiheit einzuschränken: Was man als Bürger auf öffentlichen Plätzen und Straßen in Europa sehen darf, sollte man auch mit der Kamera fotografieren dürfen. Aber: Panoramafreiheit gilt nicht überall. Mancherorts können historische Bauwerke abgelichtet werden, moderne Kunst nicht. Sollte die Panoramafreiheit beschränkt werden, wäre Wikipedia massiv davon betroffen, schreibt Jimmy Wales in der britischen Tageszeitung „The Guardian". Und weiter: Hunderttausende Bilder auf Wikipedia wären Gegenstand dieser Urheberrechtsrestriktionen und der Gefahr ausgesetzt, entfernt zu werden.

Teste dich!

Zeichensetzung

1 Im folgenden Text fehlen Kommas. Trage sie ein. (8 Punkte)

Biometrie

Das Gesicht eines der wichtigsten biometrischen Merkmale des Menschen steht im Fokus der Identifizierungsmöglichkeiten. Gesichtserkennung meint die Analyse der Ausprägung sichtbarer Merkmale im vorderen Bereich des Kopfes also geometrische Anordnung und Eigenschaften der Oberfläche. Fachleute unterscheiden zwischen der Erkennung eines Gesichts im Bild und dessen Zuordnung zu einer bestimmten Person: Im ersten Fall wird geprüft ob und wo ein Gesicht zu sehen ist im zweiten um wen es sich handelt. Im englischen Sprachraum wird bei einer Gesichtserkennung durch Menschen von *face perception* gesprochen eine Gesichtserkennung durch Maschinen wird als *face recognition* bezeichnet. Es ist möglich Überwachungskameras im öffentlichen Raum mit Systemen der Gesichtserkennung auszustatten.

2 Prüfe die Kommasetzung. Schreibe die entsprechende Ziffer hinter das Komma: *1* muss stehen, *2* darf nicht stehen. (8 Punkte)

Selbst, ☐ wer auf Facebook sein Gesicht nur schemenhaft präsentiert, ☐ hat möglicherweise keine Chance auf Nicht-Erkennen. Facebook-Forscher entwickelten einen Algorithmus, ☐ der Menschen auf Fotos auch dann erkennen kann, ☐ wenn ihr Gesicht nicht klar zu sehen ist. Der Algorithmus verwendet demnach Eigenschaften, ☐ z. B. Frisur, Kleidung, Figur und Körperhaltung, ☐ um eine Person zu identifizieren. In den USA, ☐ und einigen anderen Ländern setzt Facebook auch Verfahren der klassischen Gesichtserkennung ein, ☐ aber in Deutschland verzichtet das Netzwerk bisher darauf.

3 Die Kennzeichnung von Zitaten im folgenden Text weist Fehler auf. Unterstreiche sie und schreibe den Text verbessert ins Heft. (5 Punkte)

Bei der Bilderkennung sollen heute nicht nur Gesichter, sondern viele verschiedene Dinge erkannt werden.", erklärt Prof. Ortwin Kox vom Lehrstuhl für Bildverarbeitung der Universität Herfurt". Die Algorithmen würden zwar mit Millionen von Einzelbildern trainiert und verbesserten sich stetig, doch Fehler ließen sich bei dieser „komplizierten Aufgabe" nicht ausschließen." Denn, so Kox „nach wie vor verstehen Computer die Welt bei weitem nicht so gut wie Menschen."

Vergleiche deine Ergebnisse mit dem Lösungsheft. Für jede richtige Antwort bekommst du einen Punkt.

☺ 21–17 Punkte	☺ 16–11 Punkte	☹ 10–0 Punkte
Gut gemacht!	Gar nicht schlecht, aber lies dir die Informationskästen auf den Seiten 96 bis 99 noch einmal genau durch.	Arbeite die Seiten 96 bis 99 noch einmal genau durch.

Texte überarbeiten: Die Zeichensetzung prüfen

1 In Julians Facharbeit zum Thema „Stadtentwicklung und Umweltschutz: Urban Gardening" fehlen 12 Kommas. Überarbeite seinen Text, indem du die Kommas an den richtigen Stellen einfügst.

Urban-Gardening

Die Idee von Gärten und landwirtschaftlich genutzten Flächen in Städten zum Beispiel in Innenhöfen ist nicht neu. Die Stadtbürger der Antike und des Mittelalters waren auch Ackerbürger eigene Gärten um die Häuser waren ein fester Bestandteil des

5 Stadtbilds. Seit dem 19. Jahrhundert gibt es Klein- bzw. Schrebergärten vor allem an den Stadträndern und in eigenen Kleingartenkolonien. Die urbane Gartenbewegung die seit Mitte der 1990er-Jahre stetig wächst scheint ihre Wurzeln jedoch ganz woanders zu haben und zwar in den New Yorker Gemeinschaftsgärten der Siebzigerjahre. Die Community Gardens waren und sind grüne Oasen auf innerstädtischen Brachen mit

10 Blumenbeeten und Gemüseanbau um eine Selbstversorgung zu ermöglichen. Neu an diesen Gärten war dass sie gärtnerische, ernährungspolitische, ökonomische, soziale, künstlerische und stadtgestalterische Fragen miteinander verknüpften. Um das Jahr 2000 kam der Begriff Urban Gardening auf. Er wurde auch in Deutschland schnell zum Trend. Vor wenigen Jahren noch als „Großstadt-Ökos" belächelt die am Straßenrand ihr Gemüse anbauen sind Urban Gardener mittlerweile in vielen deutschen Städten

15 anzutreffen zum Beispiel in Berlin, München oder Bonn.

2 **a** Schau dir die Fehler im Text oben an. Formuliere im Lückentext Tipps für die Zeichensetzung aus.
b Schreibe die Nummer des passenden Tipps über die eingetragenen Kommas in Julians Text.

1 Trenne _____ mit Komma ab, Einleitewörter sind *und zwar, z. B., vor allem.*

2 Werden zwei Hauptsätze aneinandergereiht, musst du _____ ihnen ein Komma setzen.

3 Einen Nebensatz erkennst du an der_____ am Ende des Nebensatzes.

4 Ist ein Relativsatz eingeschoben, dann musst du _____ und _____ ein Komma setzen.

5 Die _____ leitet einen _____ ein, du musst ihn mit Komma abtrennen.

6 Wenn ein _____ mit „um" eingeleitet wird, musst du ein Komma setzen.

Übungen für einen Abschlusstest

Wie kannst du mit der folgenden Einheit arbeiten?

1 Der folgende Test (S. 102–111) hilft dir zu erkennen, was du im Fach Deutsch schon alles gelernt hast: Was weiß ich? Was kann ich? Wo bin ich noch unsicher? Wo habe ich Lücken?
Du kannst mit dem Test verschiedene Bereiche prüfen:
  – das **Verstehen von literarischen Texten und von Sachtexten** (Aufgaben Teil A),
  – **Grammatik und Rechtschreibung** (Aufgaben Teil B) und
  – das materialgestützte **Schreiben von informierenden Texten** (Aufgaben Teil C).
Am Ende des Schuljahres kannst du herausfinden, ob du erfolgreich gelernt hast. In der Mitte des Schuljahres kannst du testen, wo du Schwächen hast und was du noch einmal üben musst.

2 In dem Test begegnen dir verschiedene **Aufgabenarten**, z. B.: in einer Auswahl an möglichen Antworten die richtige ankreuzen (Multiple-Choice), Kurzantworten geben, Lückentexte füllen oder zu Materialien einen informierenden Text schreiben.

3 Lies die Texte und die **Aufgabenstellungen** immer sehr aufmerksam und überlege, bevor du z. B. vorschnell ankreuzt, ob du jeweils **genau verstanden** hast, **was verlangt wird.**

4 Du kannst deine Antworten mit Hilfe des Lösungsheftes selbst prüfen und anhand der erreichten Punktzahl deinen **Lernstand bewerten**.
Vielleicht kannst du den Test auch zusammen mit einem Partner/einer Partnerin schreiben. Abschließend könnt ihr eure Fehlerschwerpunkte feststellen und beraten, was ihr noch einmal üben solltet.

A   Texte verstehen

Lies den Romanauszug über die Kommunikation zwischen einem Jungen und verschiedenen Mädchen und löse die folgenden Aufgaben auf den nächsten Seiten.
Beachte: Bei Multiple-Choice-Aufgaben ist immer nur eine Lösung richtig.

Daniel Kehlmann

F (2013)

Lisa ging in meine Klasse und saß schräg vor mir. Wenn sie kurze Ärmel trug, sah ich ihre Sommersprossen, und wenn die Sonne im Fenster stand, spielte das Licht auf ihrem glatten braunen Haar.
5 Fünf Tage hatte ich gebraucht, um mir die richtigen Worte zurechtzulegen.
„Wollen wir ins Theater gehen? Wer hat Angst vor Virginia Woolf?"
„Wer hat … was?"
10 Nicht, dass ich gerne ins Theater gegangen wäre. Ich fand es langweilig, immer war es stickig und man verstand die Leute auf der Bühne schlecht. Aber jemand hatte mir gesagt, dass Lisa sich dafür interessierte.
15 „So heißt das Stück."

Sie betrachtete mich freundlich. Ich hatte nicht gestottert, und es fühlte sich auch nicht so an, als ob ich rot geworden wäre.
„Welches Stück?"
„Im … Theater."
20 „Was ist das für ein Stück?"
„Wenn wir es sehen, wissen wir es."
Sie lachte. Es lief gut. Vor Erleichterung lachte ich auch.
Sie wurde ernst.
25 Tatsächlich war etwas nicht richtig gewesen an meinem Lachen; ein wenig zu laut und zu hoch, ich war nervös. Schnell versuchte ich, es zu korrigieren und so zu lachen, wie es sich gehörte, doch ich hatte auf einmal vergessen, wie das ging. Als ich merkte, wie
30

seltsam ich klang, wurde ich nun doch rot: Meine
Haut prickelte heiß. Um über den Moment hinweg-
zukommen, lachte ich noch einmal, aber diesmal
klang es sogar schlimmer, und plötzlich sah ich mich
35 vor Lisa stehen und sie anstarren und immer noch
lachen und mich dabei beobachten, wie ich lachend
vor ihr stand und starrte und lachte. Die Röte brann-
te auf meiner Haut.
Heute gehe es leider nicht, sagte Lisa.
40 „Aber gerade hast du –"
Leider, sagte sie. Es sei ihr eben eingefallen. Keine
Zeit.
„Schade", sagte ich heiser. „Und morgen?"
Sie schwieg eine Sekunde. Leider, sagte sie dann.
45 Auch morgen nicht.
„Übermorgen?"
Leider habe sie viel vor in den nächsten Wochen.
Danach wagte ich es kaum noch, sie von hinten anzusehen. [...]
50 Ein paar Monate später kam ich auf einer Party mit
Hanna Larisch aus der Nebenklasse ins Gespräch.
Ich hatte schon die zweite Flasche Bier getrunken,
die Luft nahm eine samtig weiche Konsistenz an
und mit einem Mal unterhielten wir uns über den
55 Würfel[1]. Sie besaß auch einen, jeder besaß einen in
diesen Jahren, aber wie fast alle hatte sie nie mehr als
eine Seite geschafft.
Es sei ganz leicht, erklärte ich, man beginne am besten mit der weißen Fläche, dann setze man auf der
60 blauen und der roten ein T zusammen: Grundkante
und Mittelstein. Dann vervollständige man den zweiten Ring, indem man das Mittelstück nach rechts
oder links eindrehe, dann bringe man das Mittelstück des dritten Rings an die richtige Stelle, wofür
65 es wiederum mehrere Möglichkeiten gebe: so und so
und so, ich zeigte die Handbewegungen. Der Trick
liege darin, schnell zu entscheiden, welche Kanten-
stücke man kippen müsse, dafür gebe es keine For-
mel, das gehe nur mit Übung und Intuition.
70 Sie hörte mir zu. Der Würfel war damals auf seinem
Zenit, im Fernsehen sprachen Experten über ihn
und in den Magazinen gab es Artikel über die Gewinner der Meisterschaften. Meine Stimme stockte
sogar dann nicht, als ich wie absichtslos ihre Schul-
75 ter berührte; und als ich einen Schritt näher trat, um
sie besser hören zu können, denn die Musik war
laut, strich sie ihre Haare zurück und sah mich aufmerksam an. Ja, dachte ich plötzlich, so kann es gehen, so macht man es wohl. Ich nahm eine neue
80 Flasche, das Sprechen fiel mir leicht. Und das war
das Unglück.

Ich redete und redete. Ich sprach davon, wie schwierig es war, ganz am Schluss noch die Ecken zu drehen. Ich sprach davon, dass ich mit etwas mehr
Übung Chancen auf den Landesmeistertitel hatte 85
und dass dann sogar die nationale Meisterschaft in
Reichweite war. Ich spürte, dass Zeit verging und
bald etwas geschehen musste, und um zu verste-
cken, wie nervös ich war, redete ich weiter.
Sie strich sich durch die Haare, sah auf den Boden, 90
sah mich wieder an, und jetzt war etwas Gezwunge-
nes in ihren Bewegungen. Besorgt redete ich schneller. Sie strich sich wieder durch die Haare, aber sie
sagte nichts mehr. Und ich redete. Ich wartete darauf, dass ein Instinkt mir verraten würde, was ich 95
jetzt tun musste, aber dieser Instinkt blieb stumm.
Woher wussten andere, wie man vorging, wo stand
es geschrieben, wie lernte man es? Ich sah auf die
Uhr, um mich zu überzeugen, dass wir noch genug
Zeit hatten, aber sie missverstand den Blick und sag- 100
te, sie müsse auch heimgehen. „Schon?", rief ich,
und: „Nein!", und: „Jetzt noch nicht!", aber dann fiel
mir nichts mehr ein. Beide schwiegen wir ins Dröh-
nen der Musik. Neben uns tanzten betrunkene Schüler, die Leiber aneinandergepresst im dichten Ziga- 105
rettenrauch, am Fenster küssten sich zwei. Hanna
ging zögernd hinaus.

---

1 Würfel = sogenannter Zauberwürfel; mechanisches Geduldsspiel, bei dem man durch Drehen einheitliche Flächen schaffen soll

Aufgabe 1

Kreuze die richtige Antwort an. In dem Romanauszug geht es um ... 1 Punkt

A ☐ typisches Kommunikationsverhalten von Jungen.

B ☐ korrektes Benehmen.

C ☐ typisches Kommunikationsverhalten von Mädchen.

D ☐ Kommunikationsstrategien. ☐ Punkt

Aufgabe 2

Kreuze für jede der folgenden Aussagen an, 10 Punkte
ob sie richtig oder falsch ist.

	richtig	falsch
A Der Ich-Erzähler ist ein Draufgänger, der Mädchen problemlos anspricht.	☐	☐
B Lisa ist erst freundlich und offen, dann wird sie ernst und abweisend.	☐	☐
C Der Ich-Erzähler lacht falsch, weil er zu viel über richtiges Lachen nachdenkt.	☐	☐
D Er kann durch Selbstbeobachtung falsches Verhalten weitgehend abwenden.	☐	☐
E Dass ihm das Sprechen bei Hanna leichtfällt, erkennt er später als sein Unglück.	☐	☐
F Hanna reagiert nonverbal, indem sie sich mehrfach durch die Haare streicht.	☐	☐
G Der Ich-Erzähler redet immer mehr, weil er sich zunehmend sicherer fühlt.	☐	☐
H Er zeigt „Übung und Intuition" (Z. 69) in der Kommunikation mit Hanna.	☐	☐
I Er hält es für einen Instinkt, richtig kommunizieren zu können.	☐	☐
J Der Ich-Erzähler hatte von Anfang an keine Chance bei Hanna.	☐	☐ ☐ Punkte

Aufgabe 3

Kreuze die richtige Antwort an. Der Ich-Erzähler in dem Romanauszug ... 1 Punkt

A ☐ denkt zu viel über Ratschläge nach.

B ☐ ist ratlos.

C ☐ fühlt sich als Opfer falscher Ratschläge.

D ☐ lehnt den Rat anderer ab. ☐ Punkt

Aufgabe 4

Zwei Schüler äußern sich zur Komik in Kehlmanns Romanauszug: Lies ihre Beiträge: 2 Punkte
Kreuze den zutreffenden Beitrag an und begründe deine Wahl im Heft.

A Der Romanauszug erzeugt dadurch Komik, dass der Ich-Erzähler sein Ziel in den Gesprächen gerade deshalb verfehlt, weil er intensiv darüber nachdenkt, wie er es erreichen kann.

B Komisch ist, dass der Ich-Erzähler zweimal in dieselbe Situation gerät und der Leser so vorher weiß, was als Nächstes passiert. Er kann quasi „zusehen", wie der Erzähler ins Fettnäpfchen tritt. ☐ Punkte

Lies das Interview über die Kommunikation beim Flirten und löse die nachfolgenden Aufgaben.

Männer reden zu viel über den Job
von Alexander Kohnen

Margit Steiner führt seit fünf Jahren in Düsseldorf eine Flirt-Schule. Hier sollen Männer und Frauen lernen, wie man leichter miteinander ins Gespräch kommt und welche Fehler es zu vermeiden gilt.

Flirten ist für Sie also ein Forum der Kommunikation.
Steiner: Flirten ist für mich nichts anderes als eine andere Art der Kommunikation. Früher hieß es im-
5 mer: Ich flirte doch nur mit jemandem, den ich mag, von dem ich glaube, er wird der Mann meines Lebens. Also zielgerichtet. Doch da streiten sich die Verhaltensforscher: Manche sagen heute noch, Flirten ist zielgerichtet. Aber ich vertrete den Stand-punkt: Nichts ist zielgerichtet, alles sollte man erst
10 einmal aus Spaß machen, aus Freude. Also ist Flir-ten für mich, so wie es auch die Italiener verstehen,
nichts anderes als: einer alten Frau Komplimente zu machen – weil ich einfach Lebensfreude habe. Flirten kann ich ja nur, wenn ich eine positive Grundein-
15 stellung habe.
Welches Problem haben Frauen?
Steiner: Frauen werden meist angesprochen – haben also das Problem: Wie löse ich mich aus einem Kontakt, wenn ich sehe, dass es doch nicht der Richtige
20 ist? Dann gehen sie lieber nach Hause, obwohl sie noch in der Bar bleiben möchten – statt einfach die
Wahrheit zu sagen.
Wie sollten sie das machen?
Steiner: Sich für das Gespräch bedanken und sagen:
25 Ich bleibe noch etwas hier, mal sehen, ob ich noch andere Leute kennen lerne. Oder, falls er hartnäckig
bleibt, wirklich sagen: Sie haben doch bestimmt auch schon mal ein Gespräch angefangen und festgestellt: Es ist nicht so, wie ich es mir vorgestellt
30 habe. Wenn er es bis dahin nicht geschnallt hat, müssen sie so hart sein. Auf jeden Fall ist es ganz
schlecht fürs Selbstbewusstsein, zu lügen, falsche Telefonnummern zu geben. Das machen Frauen
gern falsch. Aber wichtig ist für Frauen immer, dass
35 sie da ehrlich rauskommen. Dann fühlen sie sich selbst auch gut!
Was macht Männern Probleme?
Steiner: Das Ansprechen, auf Frauen zuzugehen. Und Männer reden oft zu viel über ihren Job – die
40 hören gar nicht mehr auf. Vor lauter Unsicherheit. Weil sie so froh sind, dass sie ein Thema gefunden
haben. Fragen zu stellen ist wichtig. Und deutsche Männer tun sich sehr schwer mit Körben. Dabei
muss man sich erst einmal klarmachen: Was ist
45 denn ein Korb überhaupt?

Und was ist ein Korb?
Steiner: Körbe wird man sein Leben lang bekom-men. Das ist nichts, was man persönlich nehmen
muss. Möglicherweise hat das Gegenüber Stress mit seinem Boss. Oder seinen Job verloren. Oder man
50 sieht jemandem ähnlich, den er oder sie nicht mag, einem Lehrer, der immer eine Fünf gegeben hat. Das
hat aber nichts mit Ihnen zu tun. Der andere kennt Sie ja überhaupt nicht. Und noch etwas: Für Männer
ist Rotwerden ein Problem. Die Teilnehmerinnen
55 empfinden das hingegen immer als etwas Positives.
In Ihrer Broschüre stehen verschiedene Übungen. Was ist eine „Haltestellenübung"?
Steiner: Ganz einfach! Zwei Teilnehmer stehen auf – ein Mann und eine Frau – und warten auf den Bus.
60 Sie müssen ins Gespräch kommen. Es ist nicht vor-gegeben, wer wen anspricht. Es ist kein Rollenspiel
– sondern spontan.
Und was fällt Ihren Schülern so ein?
Steiner: Ganz unterschiedlich. Meistens: Wartest du
65 schon lange auf den Bus? Oder: Ich bin neu hier, wo kann man denn hier abends weggehen? Und so
kommen sie ins Gespräch. Wenn man wirklich lo-cker ist, kann man auf vieles eingehen. Und es ist
auch gar nicht so wichtig, was ich sage. Wichtig sind
70 zunächst: Mimik, Gestik, Augenkontakt. Körper-sprache ist ganz wichtig. Darüber gibt es auch eine
Menge Untersuchungen: Das, **was** ich sage, kommt viel weniger beim anderen an als **wie** ich es sage.
Man sollte einfach einmal üben, Menschen an der
75 Haltestelle anzusprechen. Umso leichter fällt es dann, wenn einem ein Mensch wirklich sympathisch
ist.

Aufgabe 5

Trage die angebotenen Wörter so in den Lückentext ein, dass er den Text auf Seite 105 sinnvoll zusammenfasst. **6 Punkte**

> Unsicherheit · beziehen · Unklaren · unverfänglichen · Reaktionen · Vorstellungen ·
> kommunikativen · Workshops · Freundlichkeit · Kommunikation · signalisieren · falsche

Frau Steiner bietet _____ an, die helfen, falsche Scham in der _____

zwischen den Geschlechtern abzubauen. Diese entsteht oft, weil Männer und Frauen falsche

_____ über die sozialen und _____ Erwartungen

des anderen Geschlechts haben. Frau Steiner weist ihre Teilnehmer z. B. darauf hin, dass Frauen Männern

nicht deutlich genug _____ , dass sie kein weitergehendes Interesse an ihnen haben.

Aus missverstandener _____ lassen sie ihr Gegenüber im _____ und

machen ihm damit _____ Hoffnungen. Männer hingegen neigen dazu, negative

_____ ihrer Gesprächspartnerinnen zu sehr auf sich zu _____ .

Um _____ abzubauen, empfiehlt die Trainerin, das Flirten in _____

Alltagssituationen einfach zu üben. ☐ Punkte

Aufgabe 6

Kreuze die richtige Antwort an. Einen „Korb kriegen" (Z. 43 ff.) bedeutet, beim Flirten … **1 Punkt**

A ☐ abgewiesen zu werden.

B ☐ einen Treffer zu landen.

C ☐ Blumen zu bekommen.

D ☐ rot zu werden.

☐ Punkt

Aufgabe 7

Im Interview (S. 105) und im Romanauszug (S. 102–103) finden sich jeweils vier Textstellen, die sich aufeinander beziehen lassen. Gib für jeden Text die Zeilen an. **8 Punkte**

Interview: _____ Romanauszug: _____

_____ _____

_____ _____

_____ _____

_____ _____ ☐ Punkte

Schau dir das Balkendiagramm an. Es zeigt Unterschiede in der Wahrnehmung geschlechtsspezifischer Kommunikation.

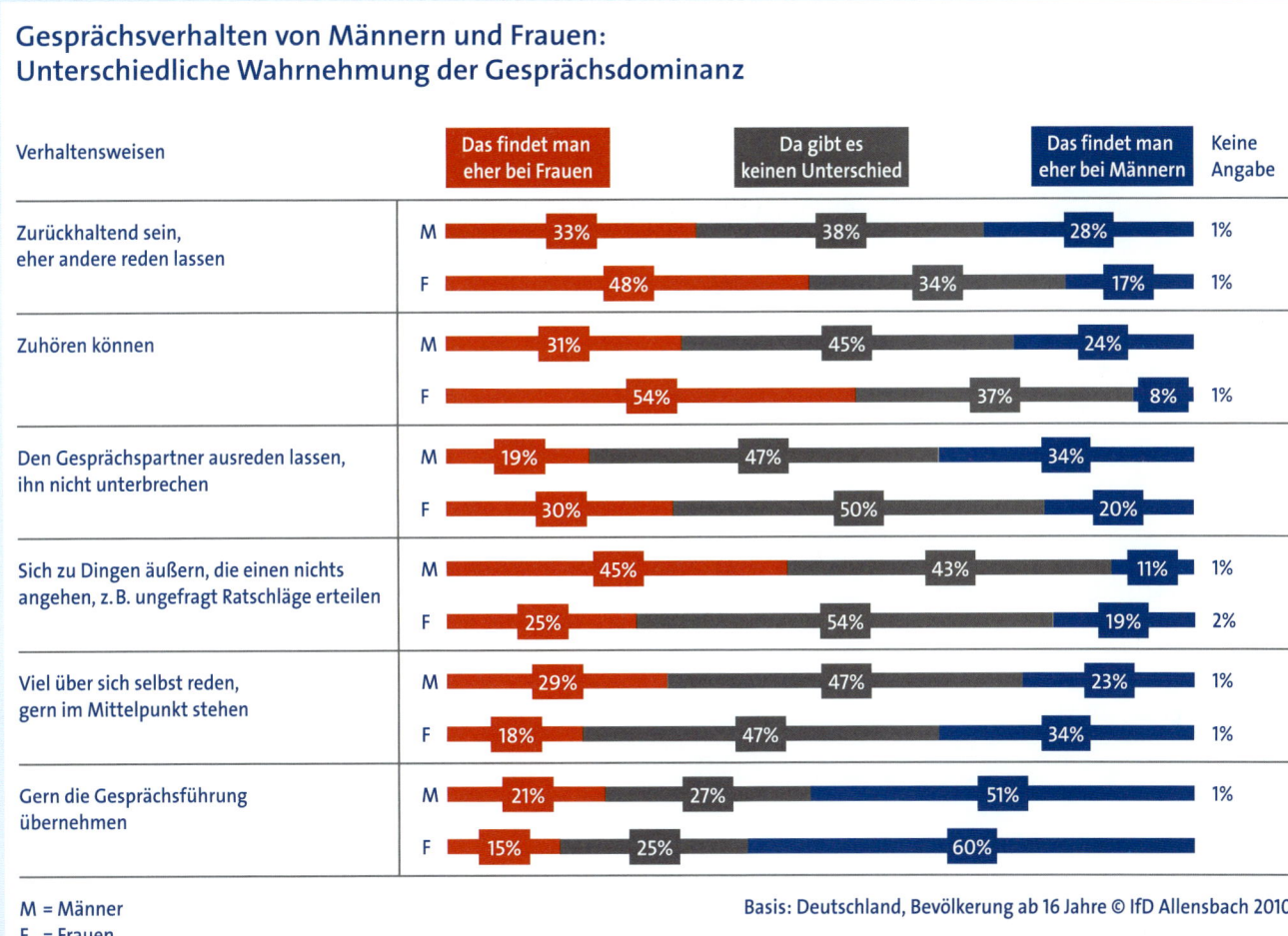

Gesprächsverhalten von Männern und Frauen: Unterschiedliche Wahrnehmung der Gesprächsdominanz

Verhaltensweisen		Das findet man eher bei Frauen	Da gibt es keinen Unterschied	Das findet man eher bei Männern	Keine Angabe
Zurückhaltend sein, eher andere reden lassen	M	33%	38%	28%	1%
	F	48%	34%	17%	1%
Zuhören können	M	31%	45%	24%	
	F	54%	37%	8%	1%
Den Gesprächspartner ausreden lassen, ihn nicht unterbrechen	M	19%	47%	34%	
	F	30%	50%	20%	
Sich zu Dingen äußern, die einen nichts angehen, z.B. ungefragt Ratschläge erteilen	M	45%	43%	11%	1%
	F	25%	54%	19%	2%
Viel über sich selbst reden, gern im Mittelpunkt stehen	M	29%	47%	23%	1%
	F	18%	47%	34%	1%
Gern die Gesprächsführung übernehmen	M	21%	27%	51%	1%
	F	15%	25%	60%	

M = Männer
F = Frauen

Basis: Deutschland, Bevölkerung ab 16 Jahre © IfD Allensbach 2010

Aufgabe 8

Kreuze für jede der folgenden Aussagen an, ob sie richtig oder falsch ist.

6 Punkte

	richtig	falsch

A Männer denken, Frauen und Männer seien ähnlich zurückhaltend. ☐ ☐

B Beide Geschlechter finden, dass Männer oft die Gesprächsführung übernehmen. ☐ ☐

C Die meisten Frauen sind der Ansicht, dass Männer gern im Mittelpunkt stehen. ☐ ☐

D Viele Frauen meinen, dass Männer gern ungefragt Ratschläge erteilen. ☐ ☐

E 91% der Frauen sind davon überzeugt, dass Männer die besseren Zuhörer sind. ☐ ☐

F Beim Ausredenlassen sieht die Hälfte beider Geschlechter keinen Unterschied. ☐ ☐ ☐ Punkte

Aufgabe 9

Für eine Aussage in der Grafik oben lässt sich eine passende Textstelle im Romanauszug nachweisen: 2 Punkte Welche? Notiere.

☐ Punkte

B Grammatik und Rechtschreibung

Aufgabe 10

Forme die Schachtelsätze in jeweils zwei übersichtliche Sätze um.   **4 Punkte**
Nutze die Umstellprobe und passende Konjunktionen für sinnvolle Übergänge.
Schreibe in dein Heft.

A Im Zeitalter der Globalisierung ist, weil in internationalen Geschäftsbeziehungen, in denen
es besonders darauf ankommt, die Körpersprache des Gegenübers zu verstehen und angemessen darauf zu reagieren, unbewusst eingesetzte Gesten eine besondere Rolle spielen, die
Verständigung zwischen Menschen aus verschiedenen Kulturen wichtiger denn je.

B Nicht nur Geschäftsleute sollten Kommunikationsprobleme, die entstehen, weil Menschen
dazu neigen, eigene kulturelle Normen auf andere zu übertragen, vermeiden, sondern auch
Touristen, damit keine Missverständnisse aufkommen.   ☐ Punkte

Aufgabe 11

Trage die Wortgruppen im Rahmen im richtigen Kasus in die Lücken ein.   **6 Punkte**
Bestimme für jede: *D* für Dativ, *G* für Genitiv oder *A* für Akkusativ.

Menschen _____ ☐ verschiedene Kulturen zeigen Gefühle

mehr oder weniger deutlich. So verbergen Menschen _____

☐ asiatische Herkunft ihre Gefühle eher, während Südeuropäer sie _____

☐ ihr Gegenüber offen zeigen.   ☐ Punkte

Aufgabe 12

Streiche bei den folgenden Sätzen jeweils die Personalform im falschen Numerus durch.   **3 Punkte**

Mimik und Gestik spielt / spielen in allen Kulturen eine wichtige Rolle, wenngleich auf sehr verschiedene Weise.

Die Mehrzahl der Menschen setzt / setzen den Blick in kommunikativen Situationen gezielt ein. Bei dem einen

oder anderen kann / können es dabei zu Missverständnissen kommen.   ☐ Punkte

Aufgabe 13

Notiere für jeden Satz in der indirekten Rede das Verb in der richtigen Form: **4 Punkte**
Konjunktiv I oder würde-Ersatzform.

A Ein Psychologe erklärt, der Blick sein ein wirkungsvolles Signal.

B Der Blickkontakt erfahren kulturell eine sehr unterschiedliche Auslegung.

C So gelten es in Japan als Zeichen des Respekts, den Blick zu senken, während Araber sich

meist tief in Augen schauen.

_____

_____   ☐ Punkte

Aufgabe 14

Forme Satz A ins Passiv und Satz B ins Aktiv um.   2 Punkte

A Westliche Kulturen empfinden einen direkten Blickkontakt als vertrauensbildend.

B Die Vermeidung des direkten Blicks wird dort als Signal von Unehrlichkeit wahrgenommen.

A _____

B _____   ☐ Punkte

Aufgabe 15

Unterstreiche im Text die falsch geschriebenen Wörter und verbessere sie in der rechten Spalte.   (je ½ Punkt) 7 Punkte

Fremde Länder, fremde Sitten

VORSICHT
FEHLER!

Wenn man sich in fremden Ländern untereinanderverstehen möchte,   _____

muss man die Gepflogenheiten einheimischer kennen. Dass beginnt   _____

schon mit den Ritualen beim begrüßen. Deutsche schütteln sich die   _____

Hand, Eskimos klopfen sich auf die Schulter und Japaner zelebrieren   _____

5 das verbeugen.   _____

Unterschiedliche kulturelle Auffassungen von räumlicher Distanz   _____

sorgen häufig dafür, das Missverständnisse entstehen. Wer hier dass   _____

jeweils angemessene nicht kennt, erzeugt schnell Irritationen. So gibt _____

es Kulturen, in denen man sich häufigerberührt als dass andere mögen.   _____

10 Japaner vermeiden Körperkontakt ebenso wie Engländer, während Süd-   _____

europäer sich beim sprechen gern einanderannähern und sich anfassen.   _____

Allerdings suchen eher Männer oder Frauen untereinander Nähe.   _____

Nordeuropäer erwarten, das man diese nur bei vertrauten sucht.   _____

☐ Punkte

Aufgabe 16

Notiere, welche Fehlerschwerpunkte der Text enthält.   3 Punkte

_____

_____   ☐ Punkte

C   Einen Essay verfassen

Aufgabe 17

„So sehen Sieger aus ..." – Verfasse einen Essay zum Thema: „Körpersprache entscheidet mit über den Erfolg im Leben." Du kannst dabei auf die Materialien im folgenden Dossier zurückgreifen (M1–M5).
Gehe so vor:
– Lies noch einmal die Merkkästen auf S. 9 und 14 und mache dir klar, welche Merkmale ein Essay aufweist.
– Lies das Dossier und markiere zentrale Aussagen.
– Lege in deinem Heft eine Mind-Map an und trage Bereiche ein, in denen Körpersprache wichtig ist.

– Überlege dir, welche Aspekte du in deinem Essay berücksichtigen willst.
  Greife auf deine Mind-Map und auf das Dossier zurück. Entwirf einen Schreibplan für deinen Essay.
– Verfasse den Essay. Beachte die Hinweise zur sprachlichen Gestaltung auf S. 14.
– Überprüfe und überarbeite den Essay anhand der Checkliste auf S. 14.

M1

Marco Schleufert

Körpersprache und Mimik

Wir sind es gewohnt, menschliche Kommunikation als verbale Kommunikation zu betrachten. Dabei übersehen wir, dass wichtige Signale nonverbal gesendet werden, z. B. durch Körpersprache und Mimik. Diese nonverbalen Signale bestimmen einen wesentlichen Teil unseres Miteinanders. Dominanz und Stärke zum Beispiel werden oft vorwiegend durch Mimik und Körpersprache vermittelt.
Die große Bedeutung der nonverbalen Signale für die Einschätzung unseres Gegenübers und für das menschliche Zusammenwirken ist nicht erstaunlich, denn verbale menschliche Sprache gibt es vermutlich erst seit maximal 350 000 Jahren, der Mensch selbst existiert hingegen bereits rund 3 Millionen Jahre. Die nonverbale Kommunikation ist evolutionär tief verankert und prägt unsere Gefühle und Beziehungen – meist unbewusst.

M2

Einfluss der nonverbalen Kommunikation auf die Glaubwürdigkeit

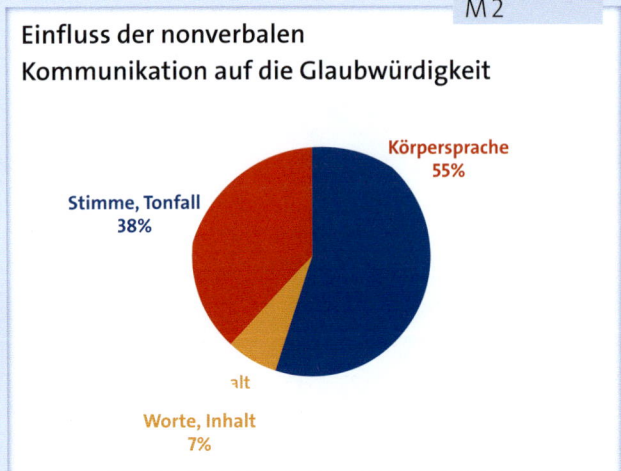

Körpersprache 55%
Stimme, Tonfall 38%
Worte, Inhalt 7%

M3

Zitate:

Man kann nicht nicht kommunizieren.
(Paul Watzlawick, Kommunikationsforscher, 1921–2007)

Gesten sind sichtbar gewordene Gedanken.
(Marcel Marceau, Pantomime, 1923–2007)

Der Körper erzählt mehr von der Seele,
als es dieser lieb ist.
*(Martin Gerhard Reisenberg, Autor, *1949)*

M 4

Birgit Schönberger

Körpersprache

„Die meisten Menschen sind überrascht, wenn sie sich auf einem Video sehen", sagt die Psychologin Monika Matschnig, die sich auf Körpersprache spezialisiert hat. „Vielen wird zum ersten Mal bewusst, dass sie die Schultern nach vorn fallen lassen, ständig die Brille hochschieben, sich hektisch am Arm reiben oder gar nicht gestikulieren und dadurch sehr gehemmt wirken." Ob im Seminar, im Büro, bei der Geburtstagsfeier, beim ersten Date, im Mitarbeitergespräch oder bei einer öffentlichen Präsentation, unser Körper spricht immer, auch wenn wir schweigen.

„Der Körper ist der Übersetzer der Seele ins Sichtbare." Was Christian Morgenstern poetisch ausgedrückt hat, übersetzt Monika Matschnig in Businesssprache. „Die Körpersprache ist unsere persönliche Visitenkarte." Der Körper verrät mehr über die Persönlichkeit als tausend Worte.

Zwar schöpfen alle Menschen aus demselben Reservoir an Signalen, Gesten und Mimik, dennoch spricht jeder Körper seine eigene unverwechselbare Sprache. Die Festigkeit des Händedrucks, die Haltung, aufrecht oder gebeugt, die Atmung, regelmäßig oder hektisch, tief oder flach, die Art der Bewegung, eckig, fließend, dynamisch oder langsam, erzählen etwas von biografischen Prägungen, vergangenen Erfahrungen, Konflikten, Begegnungen und Überlebensstrategien.

Holger Nastes

Körpersprache bei Sportlern

Wissenschaftler haben herausgefunden, wie deutlich wir allein an der Körpersprache von Sportlerinnen und Sportlern ablesen können, ob sie sich auf dem Weg zu einem Sieg oder zu einer Niederlage befinden. Der Sportwissenschaftler Dr. Philip Furley und der Psychologe Dr. Geoffrey Schweizer machten einen Test, in dem Versuchspersonen sehr kurze Ausschnitte aus Spielszenen in verschiedenen Sportarten gezeigt wurden. Ob es um Basketball ging oder um Handball oder Tischtennis – die Beobachter konnten in fast 90 Prozent der Fälle zutreffend an der Körpersprache der Sportler ablesen, ob sie im Spiel führten oder zurücklagen. Dabei wählten die Wissenschaftler die über 70 gezeigten Szenen so aus, dass es keine offensichtlichen Hinweise auf den Spielstand gab – Gesten von Jubel, Ärger oder Enttäuschung blieben ausgespart.

Einziger Anhaltspunkt für die Beurteilung war die vorwiegend unbewusste Körpersprache der Athleten – und die Betrachter beurteilten beeindruckend sicher, wer auf Siegeskurs lag oder einem Rückstand hinterherlief. Dabei spielte Expertenwissen offenbar keine Rolle. Handball-Laien urteilten genauso treffsicher wie fachkundige Zuschauer. Auch Kinder im Alter von 8 bis 12 Jahren wiesen eine fast ebenso hohe Trefferquote auf wie die erwachsenen Versuchsteilnehmer.

Die Interpretation der Körpersignale in den nur sekundenlangen Spielszenen geschieht offenbar blitzschnell und unwillkürlich. Welche Anzeichen sind es, die uns so zuverlässig über den inneren Zustand der

Sportler informieren? So leicht uns die Interpretation fällt, so schwer lassen sich die Details bestimmen, aus denen sich der Gesamteindruck zusammensetzt. Erstaunlicherweise spielt der Gesichtsausdruck wohl nur eine untergeordnete Rolle. Dies zeigten Versuche, in denen die Gesichter der Sportler in den gezeigten Spielszenen abgedeckt wurden. Generell gibt es bei Sportlern auf der Siegerstraße die Tendenz, mehr Platz einzunehmen: Man bewegt sich mit aufrechter Haltung, etwas nach außen gedrückten Schultern, breiter Brust, nach vorne gerichtetem Blick. Sportler auf dem Weg zu einer Niederlage sacken oft etwas in sich zusammen und neigen dazu, den Kopf hängen zu lassen.

Autoren- und Quellenverzeichnis

S. 6: Marcel Reich-Ranicki: Die Lyrikerin Mascha Kaléko (Auszug). Aus: Ders.: Zur Heimat erkor sie sich die Liebe. In: Frankfurter Allgemeine Zeitung. 8. 6. 2007. Michaela Schmitz: Mascha Kaléko zum 100. Geburtstag (Auszug). Aus: Deutschlandfunk, 3. 6. 2007, www.michaela-schmitz.de/kaleko. Ruth Klüger: Sie hatte so ein Heimweh …. Online unter: www.welt.de/kultur/literarischewelt […] (alle: 3. 11. 2015). Mascha Kaléko: Heimweh, wonach? Aus: Mascha Kaléko: Mein Lied geht weiter: 100 Gedichte. G. Zoch-Westphal (Hrsg.) © 2007 Deutscher Taschenbuch-Verlag, München. **S. 10:** Raghunathan, Raj: Weniger vergleichen, mehr Spaß haben! Interview von Yvonne Vávra. In: Psychologie heute, Heft 9/2016, S. 26/27. **S. 11:** Klein, Stefan: Die Glücksformel oder wie die guten Gefühle entstehen. Reinbek bei Hamburg: Rowohlt Verlag 2002, S. 28. **S. 12:** Schmid, Wilhelm: Glück: Alles, was Sie darüber wissen müssen, und warum es nicht das Wichtigste im Leben ist. Frankfurt a. M., Leipzig: Insel Verlag 2007, S. 45 ff. **S. 30 f.:** Carolin Wiedemann: „Transhumanismus: Bring mir den Kopf von Raymond Kurzweil!" In: FAS, 12. 7. 2015, S. 44 f. **S. 36–38:** Angela Merkel: Rede anlässlich der Gedenkveranstaltung des Internationalen Auschwitz-Komitees am 26. 1. 2015. Online unter: www.bundesregierung.de/Content/DE/Rede/2015/01/2015-01-26-merkel-auschwitz.html (3. 11. 2015). **S. 42:** Bertolt Brecht: Freundschaftsdienste. Aus: Ders.: Kalendergeschichten. Reinbek b. Hamburg: rororo 1953. S. 126 f. **S. 48:** Mascha Kaléko: Mit auf die Reise. Aus: Dies.: Liebesgedichte. Hrsg. von Gisela Zoch-Westphal / Eva-Maria Prokop (Hrsg.). © 2015 dtv, München, S. 8. **S. 52:** Gotthold Ephraim Lessing: Emilia Galotti. In: Kurt Wölfel (Hg.): Lessings Werke. Bd. 1. Insel, Frankfurt a. M. 1967, Aufl. 1982, S. 422 f. **S. 64:** Philipp Sickmann: Junge Menschen laufen. Online unter: www.tagesspiegel.de/medien/mediennutzung-von-jugendlichen-immer-mehr-internet-via-smartphone/9652054-2.html (3. 11. 2015). **S. 102 f.:** Daniel Kehlmann: F. Aus: Ders.: F. Rowohlt, Reinbek b. Hamburg , 2013, S. 65–69. **S. 105:** Alexander Kohnen: Interview mit M. Steiner. Online unter: www.welt.de/print-welt/article155009/Maenner-reden-zu-viel […]. **S. 111:** Birgit Schönberger: Körpersprache. In: Psychologie heute, Heft 4/2014, S. 20 ff.

Bildquellenverzeichnis

Titelfoto: shutterstock.com/Edyta Pawlowska; **S. 15:** stock.adobe.com/Konaysa; **S. 16:** stock.adobe.com/crimson; **S. 18:** stock.adobe.com/runzelkorn; **S. 24:** stock.adobe.com/francovolpato; **S. 25:** Cornelsen/Lernsatz (Diagramm); **S. 53:** Gotthold Ephraim Lessing: Emilia Galotti (in der Bearbeitung von Ricarda Beilharz), Hessisches Staatstheater Wiesbaden (2010) © Martin Kaufhold; **S. 58:** akg images/viennaslide/© Harald A. Jahn/BIG; **S. 61:** stock.adobe.com/shootingankauf; **S. 62:** stock.adobe.com/bokan; **S. 64:** stock.adobe.com/Syda Productions; **S. 66:** stock.adobe.com/Robert Kneschke; **S. 67:** stock.adobe.com/sylv1rob1; **S. 73:** stock.adobe.com/Christian Stoll; **S. 74:** Mawil: Schtttotttern. Reproduktiv Verlag, Berlin 2005; **S. 75:** Mawil: Kinderland. Reproduktiv Verlag, Berlin 2016; **S. 76:** Coverabbildung: Isabel Kreitz: Rohrkrepierer – Eine Jugend auf St. Pauli. Graphic Novel nach einem Roman von Konrad Lorenz. Carlsen Verlag 2015; **S. 78:** stock.adobe.com/rolffimages; **S. 80:** stock.adobe.com/StockPhotoPro; **S. 81:** stock.adobe.com/eugenesergeev; **S. 82 o:** Bildnis Martin Luthers (1529), bpk/Deutsches Historiches Museum/Sebastian Ahlers; **S. 82 u:** stock.adobe.com/LiliGraphie; **S. 88 o:** Mauritius Images/Photo Researchers/National Institute on Aging; **S. 88 u:** stock.adobe.com/contrastwerkstatt; **S. 97:** Mit freundlicher Genehmigung der Polizei NRW Hagen; **S. 98:** shutterstock.com/Zanariah Salam; **S. 99:** stock.adobe.com/Rasulov; **S. 101:** stock.adobe.com/AYAimages; **S. 105:** stock.adobe.com/Antonioguillem; **S. 106:** imago/Laci Perenyi

Impressum

Redaktion: Stefan Windte

Illustrationen:
Marie Geißler, Berlin (S. 39, 41, 68 f., 72, 91, 92, 95),
Nils Fliegner, Hamburg (S. 20, 23, 28 f., 31, 33, 34, 35),
Bianca Schaalburg, Berlin (S. 60, 78, 79, 84),
Juiane Steinbach, Wuppertal (S. 42, 44, 45),
Sulu Trüstedt, Berlin (S. 11, 12, 50, 55, 103 f., 106)

Gesamtgestaltung: werkstatt für gebrauchsgrafik, Berlin
Umschlagfoto: shutterstock.com/Edyta Pawlowska
Technische Umsetzung: lernsatz.de

www.cornelsen.de

1. Auflage, 3. Druck 2021

Alle Drucke dieser Auflage sind inhaltlich unverändert und können im Unterricht nebeneinander verwendet werden.

© 2017 Cornelsen Verlag GmbH, Berlin

Druck: Athesiadruck GmbH

ISBN 978-3-06-062648-9